한국어로 내려온

New Bible

새로운 성경

제118권

8부 | 총10부

하얀마음

하나님 말씀 중에서

1. 사랑의 하나님

▪ 세상을 창조하신 하나님은 모두를 사랑하신다. 인간만 특별히 더 사랑하지 않고, 우주 만물을 다 똑같이 사랑하신다. 그러니 하나님이 창조하신 천지 만물과 화친하고, 미물까지도 소중히 대하라.

▪ 하나님은 특정 종파나 민족만을 더 사랑하지 않으신다. 자기 자신만 구원받겠다는 욕심을 버리고, 자기 종파만 구원받는다는 편협한 교리에서 벗어나야 한다. 종파를 초월해서, 모두를 사랑하라.

▪ 원수까지 사랑하라 했으니, 이 세상에 사랑하지 못할 자가 누가 있겠는가? 종파가 다르다고 해서 부모 형제와 원수처럼 지내는 자는 인간의 근본을 모르는 자다. 가장 가까운 가족부터 사랑할 때 남도 진심으로 사랑할 수 있다.

▪ 한 사람을 원수같이 생각하던 마음에서 사랑하는 마음으로 돌리면, 자기 자신의 마음이 가장 기쁘고 행복하다. 하나님께서는 인간의 마음속에 무거움이 없이 기쁘고 행복한 삶을 살기를 바라신다.

▪ 이웃을 "내 몸처럼" 사랑하라 했으니, 마지막 한 장 남은 천국의 티켓도 이웃에게 양보하라. 자기 중심적인 신앙에서 벗어나서 남을 위해 살아야 한다.

▪ 독초도, 약초도, 이단도 사탄도 천사도 다 필요하기에 존재한다. 독초일지라도 극소량을 사용해서 생명을 살릴 수 있고, 약초라 하더라도 남용하면 생명을 잃을 수 있다.

▪ 세상 모든 것을 명약으로 활용하는 것은 인간의 지혜에 달렸다. 어떤 것이든 어떤 사람이든 적재적소에 꼭 필요한 명약으로 승화시키라.

▪ 사탄도 이단도 천사도 모두 하나님의 주관하에 존재한다. 진정한 하나님의 백성은 사탄과 마귀까지도 감화시켜서 천사로 거듭나게 한다.

2. 기도

- 하나님은 인간의 생각까지 모두를 다 알고 계신다. 우리의 소원도 이미 알고 계시기에, 소원의 기도를 할 필요가 없다. 우리가 받을 자격이 되면 내려 주신다.

- 죄를 짓고 아무리 회개를 해도 용서받지 못한다. 도둑질한 자는 용서해 달라고 기도하고, 도둑맞은 자는 도둑을 잡게 해 달라고 기도하면, 공의의 하나님은 누구의 편에 서시겠는가?

- 자기가 잘못한 것은 그 사람에게 직접 갚고 용서를 구하라. 그가 용서하면 하나님도 용서하신다. 땅에서 매면 하늘에서도 매이고, 땅에서 풀리면 하늘에서도 풀리는 이치다.

- "회당에서 기도하지 말고 골방에서 기도하라" 했다. 눈에 보이는 골방이 아니라, 골방과 같이 고요한 마음이다. 잡념을 버리고 하나님을 향해 마음을 집중하며, 사랑하고 용서하는 아름다운 생각만 나오도록 하라.

- "두드리면 열릴 것이다." 하는 것은 육의 소원을 위해 두드리라는 것이 아니라, 진리의 깨달음을 얻기 위해 두드리라는 것이다.

- 기도하는 방법: 생활 속에서 수시로 기도하는 삶을 살아야 한다.

- "저의 죄를 용서하여 주옵소서." 하는 회개의 기도를 하라.
- 범사에 "하나님! 감사합니다." 하라. 현재 가진 것에 감사하며, 과욕하지 말라. 자기 노력 이상의 것을 더 갖고자 기도하는 것은 도둑놈심보다. 공의의 하나님은 각자 노력한 만큼 주신다.
- "하나님 뜻대로 살아가겠나이다." 하며 마음의 각오를 다지라.

- 기도는 하나님의 말씀을 받아서 "행하는 것"이다. 하나님이 계심을 굳건히 믿고, 하늘을 향하여 한 점 부끄럼 없이 사는 삶 자체가 가장 위대한 기도이며, 삶이 곧 예배다.

3. 지도자

- 똑같이 사랑한다는 말을 해도, 순수하게 하는 말은 천사의 말이지만, 사기 쳐서 재산을 가로채려고 하는 말은 사탄의 말이다.

- 종교 지도자가 아무리 훌륭한 설교를 해도, 신도의 재물을 거둬서 더 큰 교회를 짓고 자기의 부귀영화를 바라며 설교하면 사탄의 가르침이 된다.

- "저희 교회는 만원사례요, 믿음은 다 같으니 이웃의 개척 교회에 가서 예배를 드리시오." 하며, 이웃 교회의 부흥을 먼저 생각하여 제 신도를 보내는 종교 지도자가 있다면 그를 따르라. 그가 하나님의 사랑을 실천하는 자다.

- "부자가 천국에 들어가는 것은 낙타가 바늘구멍을 통과하는 것보다 더 힘들다" 하였거늘, 지금의 교회에서는 부자가 되기만을 기도하고 소원하니, 이는 곧 천국을 포기하고 지옥 행 열차의 티켓을 사는 것과 같다.

- 예수는 빈손이었다. 종교 지도자가 예수보다 더 호화롭고 편안하게 살아간다면 잘못된 것이다. 부귀영화와 명예를 바라는 자는 절대로 갈 수 없는 좁고 협착한 길이 종교 지도자의 길이다.

- 종교 지도자는 유리로 비춰 봐 한 점의 부끄러움이 없이 살아야 한다. 의식주도 직접 일해서 해결하고, 예수의 가르침과 행함을 그대로 따라야 한다.

- 종말은 없다. 지금의 잘못 가는 종교 집단에게만 종말이 있다. 보이지 않는 하나님은 보이는 육의 종말은 관여하지 않으신다. 환경 파괴로 인간이 스스로 멸망을 자초하는 것이다. 종파끼리 싸우기 전에, 무너진 인성을 바로잡고 지구의 몸살을 해결하는 데 뜻을 모으는 게 급선무다.

4. 성전이란

- 이 세상 자체가 하나님께서 만드신 성전이다. 자연보다 더 아름다운 성전이 있는가? 보이는 건물이 성전이 아니라, 섭스러운 마음가짐이 성전이다.

- 반석 위에 교회를 지으라 했다. 지상의 단단한 돌은 인간이 쪼갤 수 있으나, 마음속의 굳은 결의는 세상 무엇으로도 쪼갤 수 없다. 바르고 굳건한 믿음으로 성경의 가르침을 실천하는 것이 마음의 반석 위에 교회를 짓는 것이다.

- 손으로 지은 건물의 교회에 모여서 복음을 전하는 것이 아니라, 교회를 개인과 가정에 심어 주어야 한다. 무너지고 부서지는 건물을 짓지 말고, 마음속에 영원히 불변하는 참진리의 교회를 지으라.

5. 십계명

- 십계명은 인간이 죽어서 반드시 통과해야만 하는 열 개의 관문이다.
- 부모를 공경하지 아니한 자는 "네 부모를 공경하라." 하는 제5계명의 관문이 열리지 않으니 구원받을 수 없다.
- 살인, 간음, 거짓, 우상 등의 나머지 계명도 마찬가지다.

- 십계명은 하나님의 친필이다. 모기소리만 한 하나님의 음성이라도 들어 보겠다고 여기저기 찾아 헤매지 말고, 십계명부터 암송하고 지키라.

- 십계명은 영혼을 구원하는 양식이며, 십계명을 지키는 것이 구원을 받는 길이다. 인간이기에 지키고자 노력하고 또 노력한다면 지킬 수 있다.

- 십계명을 지키고 천사처럼 아름답게 살아가는 그 마음 하나면 세상에 이루어지지 않는 것이 없다.

6. 보물

- 하나님은 재물이 아니라 우리의 마음을 받으신다. 사랑을 실천하며 천사처럼 변하는 마음이 하나님께 바치는 보물이다.

- 보이지 않는 하나님께 재물을 바치려 하지 말고, 너희를 길러 준 부모에게 용돈 드리고, 찾아뵙고, 효성을 다하라. 그것이 하나님께 효도하는 것이다.

- 하늘에는 선과 악의 창고가 있다. 자기 창고에 선이 많으면 천국으로 구원을 받고, 악이 많으면 심판받아 지옥으로 간다. 그것이 바로 "선한 일을 행한 자는 생명의 부활로, 악한 일을 행한 자는 심판의 부활로" 나오는 것이다.

- "선악과를 따먹지 말라"는 것은 양심을 지키라는 것이다. 선과 악을 구분할 수 있는 양심을 최초에 인간에게 주셨다. 선한 열매는 취하고, 악한 열매는 버리며, 양심에 비추어 부끄럼 없는 삶을 살아가라.

- 가장 작은 거짓말을 하지 않고, 가장 작은 죄를 짓지 않으며, 가장 작은 선행을 하고, 가장 작은 악행을 멀리하는 것이 율법의 일점 일획도 빠뜨리지 말고 다 지키는 삶을 사는 것이다.

7. 우상

- 박물관에 있는 불상은 하나의 예술품이다. 그 조각품에 대고 제 소원을 빌 때 우상숭배가 된다. 십자가라 하여도 그 앞에서 소원을 빈다면 우상숭배하는 것이며, 하나님께 소원을 빈다면 하나님을 우상으로 전락시키는 것이다.

- 지금 기복신앙에 젖어 있는 모든 사람이 우상 앞에 절을 하고 있다. 조각품을 우상이라며 파괴하지 말고, 네 마음속에 있는 욕심의 우상을 무너트리라.

- 생수를 약초가 먹으면 약을 만들고 독사가 먹으면 독을 만든다. 같은 성경을 봐도 선한 지도자는 신도를 천사로 만드는 데 활용한다. 그러나 욕심이 가득한 지도자는 재물을 거두어들여 제가 부귀영화를 누리는 데 악용한다. 그가 바로 성경을 우상숭배의 도구로 전락시키는 거짓 선지자다.

- 성경을 한 획도 빼거나 더하지 말라는 것은, 그 가르침을 빠트리지 말고 온전히 지키라는 것이다. 성경 속에서 자기에게 유리한 구절만 보는 것은, 자기에게 불리한 구절들을 빼 버리는 것이다. 믿음이 제일이요, 행함은 구원과는 관계없다는 것은 자신에게 유리한 쪽으로 성경을 악용하는 것이다.

- 진정한 종교 지도자는 종파에 관계없이 어떤 종파든 어떤 책이든 접하고 보고 깨우쳐 견문을 넓히도록 인도한다. 참진리를 모르고 자신이 없는 자가 남을 이단이라며 배척하고, 신도들의 눈과 귀를 가린다.

8. 예수

- 예수의 재림은 없다. 예수가 다시 온다 해도, 과연 누가 그를 예수라고 믿겠는가? 예수와 같은 삶의 행함이 곧 예수의 재림이다. 각자 모두가 "재림 예수"가 되는, 차원 높은 믿음으로 가야 한다.

- 예수는 "주여 주여 하지 말고, 아버지의 뜻대로 행하라"고 했다. 예수가 전한 하나님의 뜻이 곧 "길이요, 진리요, 생명"이며, 그 가르침이 예수의 보혈처럼 소중한 것이다. 예수를 믿는 것은, 예수의 가르침을 믿고 따르는 것이다.

- 예수는 낮은 자로서 만백성을 섬기고자 했다. 만나는 모든 사람을 다 하나님이라 생각하라. 돈을 벌수록 겸손하고, 높은 지위를 얻을수록 낮아지라.

▪ 예수는 종파를 만들지 않았다. 인간이 만든 종교와 인간의 교리를 따르지 말고, 예수를 통해 전한 하나님의 참진리를 연구하고 따르라.

▪ 예수가 2천 년 전에 만백성을 위해 죽었으니, 지금 이 땅에는 예수의 가르침대로 사는 천사만 존재해야 한다. 예수가 죽어 가면서 바란 것은 만백성이 천사가 되어 예수의 자리를 채워 주는 것이지, 지금과 같이 재물을 바치면서 중언부언 제 소원만을 비는 백성들을 바란 것이 아니다.

9. 구원

▪ 천사가 사는 천국에는 천사만 갈 수 있으니, 천사 같은 마음을 길러야 한다.

- "천국 열쇠를 네게 주리니 땅에서 무엇이든지 매면 하늘에서도 매일 것이라" 했다. 땅에서 천사같이 사는 자가 하늘에서도 천사가 되어 천국에 들어간다. 모든 사람에게 천사같다는 말을 듣는 삶을 살아야 한다.

▪ 천사의 곱고 아름다운 마음은 부모를 공경하고 어른을 어른으로 대접하는 데에서 출발한다. 효도하는 자는 형제와 화목하게 지내기에 가정이 화목해지고, 이웃과 화목해지고, 국가가 화목해지고, 온 인류가 화목해진다.

- 그러므로 지상의 아름다운 소왕국은 가정에서부터 이루어야 한다.

▪ 선택된 14만 명만 구원받는 것이 아니라, 천사처럼 변하고자 하는 14만 명을 기초로 온 인류가 천사처럼 거듭나는 영적인 개혁이 시작되는 것이다.

▪ 천 년에 걸쳐서 하늘에서 이루어진 것같이 이 세상을 낙원으로 만들어, 만백성이 지상의 천국에서 살다가 죽어서 그대로 하늘의 천국으로 들어가는, 영원한 지상 낙원을 건설하는 것이 하나님의 계획이다.

- **이것이 구약과 신약에 이어 "새로운 성경"으로 역사하시는 하나님의 창조의 완성이다.**

▪ 지금의 믿음으로 구원받을 수 있다면 그 길을 가라. 그러나 자신이 없다면 하나님께서 직접 내리신 160권의 "새로운 성경"을 읽고 구원의 길을 보라!

하나님 머리말씀

이 새로운 성경을 읽는 너희 모두는
이 율법에 따라 행하면 영원히 구원받을 것이니라.

너희 인간이 수년, 수십 년, 평생
성서를 공부하고 기도하는 것은
하늘나라 나의 곁으로 오고 싶은 소망일진대,

몇천 년 전의 너희 인성과 생각이
지금의 너희와는 판이하게 다르니,

꺾여 가고 병들어 가는 너희를 고칠 수 있는 길은,
오늘 내가 선지자에게 내리는 새로운 성경과 같이
너희가 변화되는 것뿐이니라.

나의 예수가 태어난 것처럼
내가 아들 선지자를 선택하여
나의 새로운 성경을 온 세계에 전하고자 하니,

묵은 것은 버리고 새로운 것은 취하여,
너희 모두는
'여호와 하나님! 저의 죄를 용서하여 주옵소서.'
하는 기도문으로 기도하고, 죄를 뉘우치라.

이 새로운 성경은
수천 년간 내려온 성서를 요약한 것이니,
너희는 이 책을 정독하여 쉽게 깨달음을 얻고,
이대로 실천하여 하늘에 오르라.

대역자 머리말

■ 하나님의 율법을 지키는 선지자로 선택을 받도다.

저는 남들처럼 그저 열심히 살아온 평범한 사람이었습니다. 그러나 50대 중반에 사업에 실패하여 많은 부채에 시달렸으며, 건강도 악화되어 눈이 잘 안 보이고, 걷기도 어렵고, 두통이 심해서 잠을 이룰 수 없는 고통의 나날을 보냈습니다. 그때 제가 선택할 수 있는 것은 육의 삶을 끝내는 길뿐이었습니다.

죽기 직전에 그동안에 죄를 지은 이들에게 용서를 빌고 인생을 끝내기로 작정하였습니다. 어려서부터 지은 죄를 빌고 빌다 보니 끝이 없었고, 죽음으로도 그 많은 죄를 용서받을 길이 없다는 생각에 하염없이 눈물이 흘렀습니다. 그 순간 '재래식 화장실의 구더기는 죄를 짓지 않는데, 나는 인간으로서 구더기만도 못한 삶을 살았구나.' 하는 생각이 들면서 괴로움에 몸부림칠 때, 갑자기 하나님의 음성이 들렸습니다.

"나는 여호와 하나님이니라. 너는 십계명을 암송하고 내가 내려 주는 메시지를 받아 책으로 만들어 만백성을 구하라." 하시며, 제 눈을 손으로 문지르게 하시고, 아픈 머리와 다리를 손으로 두드리게 하셨습니다. 그러고 나니 눈도 잘 보이고 걸을 수 있었으며 머리의 통증도 말끔히 낫게 되었습니다. 그때부터 십계명을 암송하고 나면 들려주시는 말씀을 기록하였고, 1999년 8월부터 2004년 7월까지 권당 288쪽, 총 160권을 받아서 "새로운 성경"이라는 책으로 펴내게 되었습니다.

그러한 저에게 죽기보다도 힘든 길이 시작되었습니다. 모든 교인들이 저에게 사탄이요, 이단이요, 악마요, 마지막 시대에 온 거짓 선지자라 하면서 공격하였고, 저를 짐승을 보듯이 대하는가 하면, 편협한 종교 지도자들의 선동으로 신도들이 이 책을 직접 읽어보고 평가할 기회마저 막아 버렸습니다. 그래서 하나님의 말씀을 세상에 내는 데 많은 어려움을 겪으며, 피를 토하는 심정으로 책을 전하고 있습니다.

그러나 아무리 인간의 힘으로 막으려 해도, 하나님의 뜻이 세상에 전해지는 위대한 역사는 계속될 것입니다. 책으로 전해지는 "하나님의 말씀"은 세상 끝날까지 항상 우리와 함께하실 것입니다. 사람은 죽어도, 책에 기록된 말씀은 영원히 남으니까요.

■ 따뜻한 실천

하나님께서는 어려운 사람들에게 삶의 터전을 마련해 주고, 미래를 열어 주는 것을 기뻐하십니다. 어려운 이웃이 스스로 자립할 수 있도록 이끌어 주는 것이 진정으로 이웃을 돕는 것이라고 말씀하셨습니다. 그래서 일자리가 없는 제자들에게 작은 사업장을 만들어 주는 "달란트 사업"을 하고 있습니다. 식당, 반찬 가게 등을 차려 주고, 기존의 어려운 사업장이 자립할 수 있도록 돕고 있습니다(커피숍, 미용실, 의상실 등).

하나님께서는 교회에 나와서 모든 시간과 재물을 쏟기를 원하지 않으시고, 그 시간과 재물을 교육에 투자하여 스스로 미래를 열어 가기를 원하십니다. 그래서 세때 공부하지 못한 제자들에게 학업을 이어 가도록 하였습니다. 중화요리 주방장을 하며 초등학교 검정고시부터 공부하여 2012년에 방통대를 졸업한 36세 남성, 만학도들의 2년제 중학교에 입학해서 2007년에 명지대학을 졸업한 38세 여성, 중학교 검정고시를 시작으로 숭의여자대학을 졸업한 47세 여성 등이 있습니다. 그밖에도 많은 제자들에게 나이를 초월하여 배우고 깨우쳐서 사회 속의 당당한 일원이 되도록 인도하고 있습니다.

학자금 대출로 힘겨워하는 젊은이들을 위해 "따뜻한 바람 장학회"를 발족하여(2016년 12월) 대출받은 학자금 전액을 매월 갚아 주고 있습니다. 또한, 다문화 가정을 위해 "다문화 가족 랜드"를 조성하여, 각종 시설을 무료로 활용하도록 하고 있습니다.

이러한 따뜻한 실천이 아직은 미약합니다. 그러나 책의 수입이 늘고, 저와 뜻을 같이하는 분들이 늘어나면 계속 확대할 것입니다. 지도자로서 신도의 재물을 헌금으로 거둬들여 착복하는 것이 아니라, 하나님께서 기뻐하시는 일에 사용하도록 중매 역할만 하며 살아가고자 합니다. 이런 제가 과연 사탄이고 이단인가요? 하나님께서 기뻐하시는 일이라면, 저에게 사탄이라 하든 거짓 선지자라 하든 굽히지 않고 실천해 나갈 것입니다.

끝으로, 일상의 삶 속에서 "지금 내가 하는 행동이 과연 하나님께서 기뻐하실까, 슬퍼하실까?" 생각하고, 매사에 하나님께서 기뻐하시는 길을 택하기 바랍니다. 교회에 모여서 집단적으로 예배 드리는 것이 아니라, 개인이나 가정 단위로 새로운 성경을 읽어 스스로 깨우치고 그대로 행하면 충분합니다. 그것이 마음속에 성전을 짓고, 신령과 진정으로 예배 드리는 길입니다. 그러면 천국의 문에 들어서게 됩니다.

2017. 2. 1.

하나님 말씀 대역자 김용철

차 례

십 계 명

이 책은 십계명을 암송하고 나면 내려 주시는 "하나님의 음성"을 듣고 그대로 받아쓴 기록입니다. 하나님께서 십계명을 모세에게 내려 주셨지만, 그것은 만백성에게 내려 주신 것입니다. 마찬가지로 이 책의 모든 말씀도 저에게 내려 주셨지만, 만백성 각자에게 들려주시는 말씀입니다. 여러분도 이 책을 접할 때마다 십계명을 암송하고 나서 정독해 주시기 바랍니다.

제일은, 너는 나 외에는 다른 신들을 네게 있게 말지니라.
제이는, 너를 위하여 새긴 우상을 만들지 말고, 또 위로 하늘에 있는 것이나, 아래로 땅에 있는 것이나, 땅 아래 물 속에 있는 것의 아무 형상이든지 만들지 말며, 그것들에게 절하지 말며, 그것들을 섬기지 말라.
제삼은, 너는 너의 하나님 여호와의 이름을 망령되이 일컫지 말라.
제사는, 안식일을 기억하여 거룩히 지키라.
제오는, 네 부모를 공경하라.
제육은, 살인하지 말지니라.
제칠은, 간음하지 말지니라.
제팔은, 도적질하지 말지니라.
제구는, 네 이웃에 대하여 거짓 증거하지 말지니라.
제십은, 네 이웃의 집을 탐내지 말지니라.

나 여호와가 존재함을 믿는 그 자체가 구원의 길에 들어서는 기본이요, 근본이며, 나의 새로운 성경을 가슴에 안고 정독하는 자, 반석 위에 서서 하늘에 오르는 찬란한 빛을 보게 되는 영광을 얻게 됨이니라. 진정 나를 따르고 믿는 자는 감히 사탄이나 마귀도 근접하지 못하느니라.

〈하나님 말씀〉

2003년 12월

8,660 번째 하나님 말씀

2003년 12월 6일 11시 55분

1 사랑하는 나의 아들아!
2 "네, 아버님! 말씀하옵소서."
3 이제 네가 제자를 육성하여 내가 이루
는 새로운 성전에 제자를 파견하여
보냄이니, 오늘에 그와 같은 역사를
이룬 것을 내가 기뻐하며 이를 맞이하
는 기쁨이 한이 없음이니라.
4 나 여호와의 기쁨이 더할 나위 없음이
니라.
5 그러니 내가 너희들에게 상을 내리고
자 함이니라.
6 너의 제자인 '김동렬'을 이제 새로 생
기는 성전에 보내야 할 것이며 그가
역사하도록 그리하라.
7 다만, 그것은 그의 자유 의사에 맡길
것이며 제 뜻에 따라 임할 것이니라.
8 강요치 말며, 나 또한 강제로 그를 보
내지 아니할 것이니라.
9 이제 너희는 너희가 아니니라.
10 나의 성전이 역사하기 시작함이니, 나
의 아들을 따르는 백성 너희들은 너
희들이 아님을 스스로 알아야 할 것
이니라.
11 너희들의 깨달음이요, 성령의 임함이
이 세상 어떠한 백성도 너희를 따를
수 없음이니, 너희들은 너희들이 아님
을 이제는 알라 그리 전하라, 사랑하
는 나의 아들아!
12 나 여호와의 성령에 의한 삶을 살아야
하며, 내 뜻에 의해 살아가는 것이 너
희들이 가야 할 길임을 알라.
13 그렇지 않으면 사탄이 너희들에게서
떠나지 않음이니, 인간은 이룰 수 없
다 하지 말라.
14 네 마음이 성령으로 임하며 내가 너희
들과 같이한다면 사탄이 감히 너희들
을 시험하지 못하며, 그를 견디고 이
길 수 있는 것이 너희들임을 알라.
15 사랑하는 나의 아들 예수가 육을 갖고
사탄과 싸워서 그 고통 속에서 이기지
아니하였더냐?
16 그는 바로 나의 성령이 그와 같이하였
기 때문이니, 사탄이 감히 그를 대적
하지 못하였으며, 그 앞에서 고개 숙
여 떠나지 아니하였던가?
17 김동렬, 너는 선택의 여지가 없음이니
라.
18 이제 네가 나의 아들로서 살겠는가,
그렇지 아니하면 육으로써 세상을 살
겠는가, 이를 선택할 때라 그리 전하
라.
19 나의 아들이 가는 길보다 네가 더 어
렵고 힘든 길이면 육의 길을 갈 것이
며, 예수가 광야에서 사탄과 싸워서
이기는 그 고통보다도 더 참기 어렵고
힘들거든 그 스스로 육의 길을 가라
전하라.
20 그렇지 아니할 때, 제가 그 길을 가지
아니하며 스스로 인간의 길을 가고자
할 때, 나는 그를 지울 것이며, 나는
그를 알지 못함이니라.

21 그리 전하라, 사랑하는 나의 아들아!

8,661 번째 하나님 말씀

2003년 12월 6일 11시 58분

1 사랑하는 나의 아들아!
2 "네, 아버님! 말씀하옵소서."
3 너는 너의 제자들에게 정녕 묻고 다짐
을 받아야 할 것이니라.
4 너희들은 사랑하는 나의 백성이요, 사
람을 낚는 어부로서 다시 거듭나 시
련과 고통의 삶을 버리지 아니하고 가
겠는가,
5 그렇지 아니하면 인간 세상에 사는 삶
으로써 그냥 살며, 사람을 낚는 역사
의 힘들고 어려운 길을 버리고 너희
스스로 네 몸에 사탄을 키우는 사탄의
육의 덩어리로써 남겠는가?
6 이제 너의 제자들은 선택의 여부를 가
려야 할 것이니라.
7 나의 성전이 생기면 생업을 중단하고
떠나야 할 것이며, 너희들이 살았던
고향을 등지고 떠나야 할 것이며, 부
모와 형제를 등지고 떠나야 할 것이
며, 오늘의 모든 꿈을 버리고 떠나는
그와 같은 역사는 계속 이루어질 것이
니,
8 이제 너희들은 사람을 낚는 어부로서
시련과 고통과 힘들고 어려운 역경의
그 길을 가겠는가,
9 그렇지 아니하면 너희 몸뚱이에 사탄
을 키우며 악의 씨의 덩어리로서 변화
되어 썩어 가는 몸으로써 그대로 남을
것인가?
10 이제 너희 스스로 선택하도록 그리하
라.
11 너희들은 나의 아들만 혼자서 가는 길
이며 역사하는 길이 하늘에 오르는 길
이요, 만백성을 구원하는 길이라 생각
지 말라.
12 너희들도 다 나의 아들딸이니, 나의
아들 혼자 가기를 바라며 나의 아들만
이루는 것이라 그리 생각하지 말라.
13 나의 아들 예수는 성령으로 태어났기
에 너희들은 그리 역사할 수 없으며
그를 따를 수 없으며 사탄과 싸워 이
길 수 없다는 나약한 백성으로 만들었
듯이,
14 오늘의 나의 아들만 이 길을 가는 것
이며 나의 아들만 역사하는 길이라 생
각하지 말라.
15 너희들은 나의 분신이요, 또 나의 아
들의 분신이니라.
16 너희들은 나의 아들의 분신이요, 또한
나의 분신이니, 나의 아들딸이요, 선
택된 백성은 하나라 그리 알라.
17 내가 너희들에게 다시 한 번 말하느
니라.
18 모든 백성에게 기름을 부어 사람을 낚
는 어부가 되겠는가, 그렇지 않으면
죄의 덩어리요, 사탄의 덩어리로써 그
저 남을 것인가 이제 선택하도록 그리
전하라.

8,662 번째 하나님 말씀

2003년 12월 6일 12시

1 사랑하는 나의 아들아!
2 "네, 아버님! 말씀하옵소서."
3 내가 사랑하며 네가 사랑하는 '김동

렬'에게 물으라.
4 너는 애통함을 버리고 나에게 정녕 오를 것인가, 그렇지 아니하면 애통함을 버리지 못하고 나를 버리고 떠날 것인가 이제 결단하고 정할 때가 왔다 그리 전하라.
5 정녕 나 여호와와 너를 버리고 나의 법전을 버리며, 오늘의 애통함을 버리지 못하여 그 모두를 저버리고 나로부터 버림을 받는 자요, 나를 버리고 떠나는 길을 선택할 것인가,
6 그렇지 아니하면 그 애통함을 다 짓누르며 너를 따르며, 나를 버리지 아니하고 그 길을 가기로 선택할 것인가, 그는 스스로 책임져야 할 것이라는 것을 알라.
7 정녕 지금 나를 버리고 떠난다면, 그가 고통의 눈물이요, 후회의 눈물이요, 흐르는 눈물이 바다를 이룬다 해도 내가 그를 돌아다보지 아니할 것이며, 나는 그를 모른다 말할 것이니라.
8 정녕 지금 애통하고 고통스러운 것을 모두 버리고 나를 선택한다면 내가 그를 거둘 것이요,
9 애통함을 스스로 버리지 못하여 나를 버리고 떠날 때, 후회의 눈물이요, 통곡의 눈물이 바다를 이룬다 해도 나는 절대 그를 모른다 할 것이니, 그에게 그 대답을 들어 그리하도록 전하라.
10 이것은 내가 그에게 마지막 전하는 것이며, 마지막 기회를 줌이니라.
11 다시 한 번 내가 그에게 전하느니라.
12 애통함을 버리고 나에게 올 것인가, 그렇지 아니하면 애통함을 버리지 못하고 나를 버릴 것인가?
13 나를 버렸을 때 그가 바다보다 더한 눈물을 쏟고 통곡하고 몸부림친다 해도 나는 정녕 그를 모른다 할 것이라 그리 전하라, 사랑하는 나의 아들아!

8,663 번째 하나님 말씀

2003년 12월 6일 12시 03분

1 사랑하는 나의 아들아!
2 "네, 아버님! 말씀하옵소서."
3 '이기종'이라는 제자에게 네가 전하라.
4 이기종, 네가 사사로운 정에 이끌려 큰 역사를 이루는 것을 보지 못하며, 큰 역사를 이루는 것을 중단하는 그와 같은 마음을 가지고 살 것인가?
5 큰 역사를 이루며 큰 것을 이루는 것도 귀하고 소중한 것이니라.
6 그러나 때로는 작은 것을 네 생각대로 이루고 실천하는 것, 작은 사랑도 소중하고 귀한 것이니라.
7 그 네 마음을 모르는 바는 아니니라.
8 그러나 너는 알아야 할 것이니라.
9 작은 것을 버려서 애통함이 있다 해도, 더 큰 것을 얻을 수 있으며 큰 것을 역사할 때는 그 작은 것을 버리는 애통함을 눈을 감고 보지 말아야 하며, 접어 둘 때가 있어야 하는 것이 인간 세상의 삶이니라.
10 너희들이 살아가는 삶이 그러하지 않느냐, 어린아이가 놓치면 그저 터질 것 같은 익은 감을 두 손에 하나씩 들고 있을 때, 그는 더 좋고 귀한 것이 와도 그걸 잡지 못한다 하지 아니하였더냐?
11 그러니 더 큰 역사를 이룰 수 있는 것

은 손이 비어 있어야 큰 것을 잡을 수
있다 함이니, 그 마음이 비어 있어야
큰 것을 잡을 수 있는 것이니라.
12 그러나 너는 좁쌀과 같은 작은 것들로
써 네 마음을 꽉 채우고 있으며, 그것
이 분산될 때마다 하나가 떨어질 때마
다 가슴 아파 마음을 졸임이니,
13 그리하여 네가 큰 것을 가슴에 안지
못하며 큰 것을 잡지 못하는 것이니라.
14 그러니 내가 너에게 뭐라 하였느냐?
15 가슴이 비워져 있을 때 큰 것을 안을
수 있는 그 이치를 알라.
16 네가 역사하는 작은 것이 가장 소중
하고 귀하다는 네 뜻도 맞으며 틀림이
없느니라.
17 그러나 큰 역사를 위해서는 작은 사랑
을 버리며 작은 것을 접어 두는 그 애
통함을 겪고 넘기지 아니한다면 역사
할 수 없음이니라.
18 그러니 너는 작은 것을 버릴 줄 알며,
작은 것을 떠나면서 애통해하지 말며,
작은 것에 눈을 감고 큰 것을 보지 못
하는 그와 같은 삶을 살지 말라 그리
전하라.
19 그리했을 때 그가 나의 성전을 다스려
나갈 것이며, 모든 역사를 할 것이며,
목숨을 바쳐 피로써 나에게 충성함을
보이게 될 것이니라.
20 이제 그에게 명하라, 작은 것에 너무
연연하지 말라.
21 그 가슴이 좁쌀이요, 모래알처럼 작은
것들로 그득히 차 있음이니,
22 이제 만백성에게 기름을 붓는 자는 작
은 것도 소중하나 그 위에 큰 것을 심
으며 큰 것을 가슴에 안는 것이 있으
니,
23 지금 그가 변하지 못하며 큰 눈을 뜨
지 못함이라 그리 전하라.

8,664 번째 하나님 말씀

2003년 12월 6일 12시 07분

1 너의 제자 '홍철화'에게 전하라.
2 홍철화 너는 들으라.
3 네 머리가 빠지고 다 빠져 빗물이 네
눈을 적실 때, 그때 정녕 아무런 쓸모
도 없는 너의 그 성격을 고치고 버리
겠는가?
4 너는 지금까지 오는 그 믿음에서 변한
것이 없으며 깨달은 것이 없음이니라.
5 내가 너에게 다시 명함이니, 알에서
병아리로 생명을 가지고 태어나는 그
와 같은 것이 없이는 세상을 날고 볼
수가 없다 하였음이니라.
6 너는 쓸데없는 성격이요, 아집이요,
네 생각을 아직도 모두 뽑아 버리지
못하며 하나도 버린 것이 없음이니,
7 정녕 네 머리털을 다 뽑아 빗물이 네
눈을 적실 때, 그때 가서 쓸데없는 그
성격을 버리며 바로 서겠는가?
8 내가 너에게 묻느니라.
9 나의 아들이 너를 사랑하는 마음보다
도 열배 백배 내가 더 너를 사랑함이
니, 나의 아들이 너의 잘못됨을 열 개
를 안다면 나 여호와는 너의 잘못됨을
백 개를 아느니라.
10 그리하여 내가 너를 다스리고자 하여
나의 아들을 통하여 오늘 너에게 뜻을
내리니 그리 알라.
11 너는 성격의 변화요, 성격의 개조가

없이는 아무것도 될 수 없음이니라.
12 지금 너는 변한 것도 없으며 깨달음도
없으며 아무것도 없느니라.
13 오죽하면 내가 네 머리를 다 뽑아 네
머리에 떨어지는 그 빗물이 거침없이
네 눈으로 스며드는 것과 같을 때 그
잘못된 성격을 버리고 바로 설 수 있
겠느냐 내가 너에게 물음이니, 너는
이를 알아야 할 것이니라.
14 이와 같은 변화의 역사 없이는 네가
나의 아들이라 설 수 없으며, 나의 아
들을 따를 수 없으며, 내가 너에게 상
을 내리지 못함이니라.
15 내가 지금까지 너에게 시련을 주었고
고통을 주었으며 오늘의 훈련을 했다
면, 너는 목석이라도 변해야 했을 것
이며, 네 아내가 변했을 것이며, 네 가
정이 모두 변했을 것이니라.
16 시련과 고통을 겪으며 온갖 것을 가슴
에 다 안고 나 여호와의 뜻대로 인내
하고 견디는 것을 근본으로 삼아 왔으
나, 너 자신의 마음은 변하지 아니하
였으니 어찌한단 말이더냐?
17 네가 아무리 우물을 깊이 판들 무엇하
느냐?
18 그 우물에서는 무엇이 나와야 하느냐?
19 물이 나와야 하는 것이니라.
20 너는 그저 메마른 땅만 파고 또 파고
또 파고들어 가며, 물이 나오지 않아
도 우물을 파는 것을 중단하지 않는
어리석은 자이니라.
21 그러니 너는 이제 헛된 땅을 파지 말
라.
22 내가 너에게 명함이니, 네 성격을 고
치는 것이 네가 파던 우물을 중단하고
물이 나올 수 있는 좋은 땅을 파는 것
이니라.
23 내 가슴이 아픔을 너는 아느냐?
24 나 여호와가 네 머리를 다 뽑아 거기
에 빗방울이 떨어지니, 그 빗방울이
거칠 것 없어 네 눈으로 스며드는 것
같이 되어야만 네가 변하겠느냐 하는
나 여호와의 흐르는 눈물을 너는 아느
냐?
25 이제 네가 다시 나의 기도를 들으며
나의 아들이 너에게 명하는 걸 듣고도
네 성격이 완전히 변화되지 아니하면
내가 너를 더 이상 내 성전에 오지 못
하도록 할 것이며 내가 너를 버릴 것
이니, 마지막 경고임을 너는 알라.
26 더 이상 나오지 않는 우물을 파지 말
라.
27 그것이 너의 잘못된 성격이니, 네 성
격의 뿌리를 뽑는 것이 나오지 않는
물을 파는 것을 중단하며 새 물이 나
오는 우물을 파는 것이니라.
28 내가 너를 사랑하며 너를 돕고자 모든
것을 쌓아 놓고 있건만,
29 가장 가까이 있으면서도 멀리 있는 자
요, 멀리 있으면서도 가까이 있는 것
이 너이니,
30 그 어리석은 네 성격을 모두 다 버리
도록 그리하며, 네 가정을 모두 다시
다스려 나가도록 그리하라.

8,665 번째 하나님 말씀

2003년 12월 7일 07시 36분

1 사랑하는 나의 아들아!
2 "네, 아버님! 말씀하옵소서."

3 모두가 다 같이 역사해야 되며, 모두
가 다 같이 이루어야 됨이니라.
4 너희 모두가 다 하나가 되며 생각하는
것이 같으며 깨달음이 같아야 정녕 나
의 아들의 제자요, 나로부터 선택된
백성이라 함을 알아야 될 것이니라.
5 지금 나의 아들이 너희들에게 앞으로
가라 말함이니, 그 제자들이 수십 군
데 헤어져 있어도, 나의 아들이 앞으
로 가라 할 때, 너희들도 똑같이 앞으
로 가라는 그와 같은 말이 나와야 되
며,
6 그와 같이 가르쳐야 너희들이 나로부
터 선택된 제자들이요, 만백성을 구하
는 백성임을 알아야 될 것이니라.
7 나의 아들이 앞으로 가는 것이 인간의
도리라 말하나, 너희들이 가서 가르치
기를 옆으로 가며 좌로 가라는 그와
같은 가르침을 한다면, 이는 나 여호
와로부터 선택된 백성이 아니요, 나로
부터 선택된 지도자가 아님을 너희들
은 알아야 될 것이니라.
8 이 지구상의 모두가 다 하나의 오차도
없이 역사하는 그와 같은 기적을 이루
며 모두가 갈 수 있도록 만드는 창조
주 나 여호와의 아들이 앞으로 가라
그리 외치거늘,
9 선택된 제자들이요, 나의 뜻을 역사하
는 전사인 너희들이 옆으로 가라, 뒤
로 가라, 좌우로 가라 그리 말한다면,
이는 나로부터 선택된 백성이 아니요,
나로부터 명받은 자가 아님을 너희들
은 알아야 될 것이니라.
10 그러니 너희들이 똑같이 나의 아들이
명하는 것을 따라갈 수 있으려면 바로
그 수준에 올라야 되는 것이니라.
11 그리하여 너희들이 나의 아들의 마음
을 알며 내가 역사하는 것을 아는 것
이요, 그렇지 아니하면 절대 그를 알
수가 없음이니라.
12 그러니 내가 나의 아들을 따르는 제자
너희들이 하나가 되며 똑같이 되라 함
이니, 그 뜻을 과연 알겠는가?
13 오늘의 종교 집단이 수없이 갈라지고
찢어진 것이 무엇인 줄 알겠느냐?
14 그들이 다 함량 미달이요, 수준 미달
이요, 깨달음의 믿음이 미달이기 때문
에 그러하니라.
15 나의 아들은 나의 뜻에 큰 사랑을 베
풀며, 너희들이 가는 길을 상세히 가
르쳐 주고 역사했으나,
16 가르치는 자들이 그 수준에 미치지 못
하고 자격이 없는 자들이 나의 사랑하
는 백성을 구원한다, 하늘로 인도한다
하여 오늘의 이와 같은 형국이 되었기
때문에,
17 나의 아들이 이루고자 하는 그것과는
전혀 반대되는 그와 같은 길을 간다
하지 않느냐?
18 나 여호와의 큰 사랑을 역사하고자 부
르짖은 나의 아들의 뜻이 아니요, 황
폐하고 사랑이 없으며 말로만 역사하
며 행함이 없는 그와 같은 형국으로
지금 가고 있음이니,
19 그리하여 헤아릴 수 없이 많은 종파가
생겼으며 헤아릴 수 없이 많은, 백사
장의 모래만큼이나 많은 종교 지도자
라는 자들이 지금 나서고 있음이니라.
20 그들이 다 똑같은 수준이요, 똑같은
생각에서 가르치지 못하며 그대로 지

도하지 못함이니,
21 그것이 나 여호와의 뜻이 아니요, 내
가 선택한 지도자가 아니라는 것을 알
라.
22 우선 저희 교회에 오는 것, 저희 성전
에 오는 것, 저에게 와 교육을 받는 것
만이 하늘에 오르는 길이라 하여 오로
지 한 길이라 말하는 자들이 어찌 나
의 뜻에 따른 것이요, 내가 선택한 백
성이라 말하느냐?
23 우선 종파가 생긴 그 자체가 그들은
나와 관계없는 자요, 교리가 다 다른
것이 나와 관계없는 자들이니라.
24 그러니 그것이 내가 선택한 백성이 아
니요, 나의 뜻을 거역하는 자들이라
함을 알라.
25 이제 내가 새로운 시대를 열어 감이
니, 나의 아들을 따르는 제자 너희들
에게 왜 하나가 되라 하며, 똑같이 수
준이 있는 그와 같은 지도자로서 만들
어 내보내고자 하는가?
26 같이 하나가 되며 하나의 끈이 되었을
때, 남쪽에서 말하는 자, 북쪽에서 말
하는 자, 동서 어디에서 말해도 가르
치는 방법이요, 가르침의 뜻이 같기
때문이니라.
27 지금 나의 아들을 통하여 너희들에게
무어라 하느냐?
28 십계명을 지키는 것이 하늘의 법도라
그리 말함이니라.
29 그러나 그걸 가지고 지킬 수 있다 없
다 시시비비하는 자, 또 지킬 수 있다
말하는 자, 이와 같이 너희들의 설교
요, 강론하는 것이 다름이니라.
30 그러니 하나로 나와야만 되는 것이 나
의 백성이요, 나의 뜻이 역사하는 것
이니, 하나로 나가지 아니하는 자는
나에게 선택된 자가 아니니라.
31 내가 정녕 만백성을 구원하기 위하여
지도자를 세상에 내려보내니,
32 너희가 똑같이 한 입 가지고 같은 말
을 하며 한 몸을 가지고 같은 행동으
로 역사하지 아니하면 내가 너희들을
선택한 자가 아니라 한 뜻이 여기 있
음을 알라.
33 이제 너희는 알겠는가?
34 나의 아들 너는 너의 제자들에게 그리
가르치라.
35 그리하여 하나가 되도록 하며, 하나가
되었을 때 너희들이 가르치는 뜻을 알
며, 그 수준에 도달하지 아니한 자는
그 사람의 뜻을 알 수 없다 하였음이
니라.
36 스승에게 배우는 그 제자가 스승을 따
라가고자 스승의 경지에 오르지 아니
하면 그 뜻을 알 수 없으며, 그 학문을
알 수 없으며, 가르침을 받아들일 수
없는 것이 인간의 법도라 내가 그리
말하지 아니하였던가?
37 이 뜻을 깊이 깨우쳐, 오늘의 경지요,
깨달음이 나의 아들을 따라가는 그 수
준이 되지 아니하면 아니 됨을 알라.

8,666 번째 하나님 말씀

2003년 12월 7일 07시 46분

1 사랑하는 나의 아들아!
2 "네, 아버님! 말씀하옵소서."
3 너희들이 나에게 오르는 길은 무엇이
라 말하였느냐?

4 '나'를 버리라 그리하였음이니라.
5 '나'를 버리고, '나'를 위하여 기도하는
것이 아니요, '남'을 위해 기도하는 그
와 같은 마음을 갖고 가는 것, 그와 같
은 상태로 살아가는 것이 나에게 오를
수 있는 기초라 그리 말하였느니라.
6 나의 성령이요, 새로운 나의 법전을
듣고 깨우친 제자 너희들이 과연 지금
'나'를 다 버렸으며 '나'를 놓았다 말할
수 있는가?
7 그리고 그들이 '남'을 위한 삶을 살며
'남'을 위하여 기도하는 삶을 살고 있
는가?
8 하늘에 구름이 덮듯이, 너희들의 모든
마음이 아직도 '나'를 버리지 못하고
구름이 너희들을 덮고 있음이니,
9 너희들의 지금 깨달음이, 나의 법전을
보고 공부하여 얻은 것으로 모두 '나'
를 버렸으며 '남'을 위하여 기도하고
사는 삶이라 말할 수 있겠는가?
10 물론 너희들이 변하여 오는 그 길은
가상하며, 너희가 인간의 노력을 다
한다 하나,
11 나 여호와가 내려다보면 아직도 검은
구름이 너희 마음을 짓누르고 있으며
덮고 있음이니라.
12 그러니 너희들이 아무리 변화되었다
해도 나 여호와가 보는 너희들은 변화
됨이 없음이니,
13 항상 오늘의 마음이 아니요, 언제든지
무엇인가 이해관계에 따라서 마음이
불과 같이 변할 수 있는 것이 너희 제
자이니, 그것이 하나도 변화되지 아니
하였다 함이니라.
14 이 세상에 나의 법전을 읽으며 나의
새로운 성경을 들으며 내가 나의 아들
을 통해 내리는 강론을 듣는 너희들이
과연 '나'를 버리며 '남'을 위하여 기도
하는 그와 같은 광명천지와 같은 맑은
마음으로 되지 아니하며,
15 비가 오듯이 하늘을 덮고 있는 구름처
럼 너희들의 마음이 무겁고 그리 덮혀
있다면, 과연 이 세상을 누가 구제하
며 나 여호와의 역사를 어찌 이룬다
말하겠는가?
16 그러니 내가 너희들에게 말함이니라.
17 인간은 도저히 자기를 버릴 수 없으
며, 인간은 계명을 지킬 수 없으며, 인
간은 하늘의 뜻에 따라 살 수 없다는
그와 같은 마음의 뿌리를 아직도 뽑지
못하고 있기 때문이니라.
18 그 마음을 뽑지 못함이니, 너희들이
나를 믿지 못하며, 나를 믿고 역사함
이 아직도 나를 그와 같이 믿지 못하
고 있는 것이니라.
19 그 마음이 존재하고 있는 한 너희들은
지금 검은 구름이 네 마음을 덮고 있
듯이 '나'를 놓지 못하며 '나'를 버리지
못한 자들이며,
20 더욱이 '남'을 위하여 기도하는 그와
같은 마음으로 살아가지 못함이니, 이
세상에 어떠한 백성이 나의 뜻을 역사
하며 나의 뜻의 뿌리를 내릴 수 있단
말이던가?
21 천사들이 사는 하늘 나라와 같이 이
지상의 역사가 과연 천 년 후에 이루
어질 수 있단 말이던가?
22 나의 아들의 강론을 들으며, 나의 법
전 160권이 세상에 나오며 열여섯 권
의 기초요, 기본이요, 근본을 다 정독

하고 깨달은 자들이, 과연 열여섯 권의 법전을 읽은 만큼 검은 구름이 걷혔다 생각하는가?
23 열여섯 권의 법전을 읽고 너희들의 귀가 열렸으며 눈이 뜨였거늘, 어찌하여 사는 삶은 '나'를 버리지 못하며 '나'를 움켜쥐고 그를 놓지 못하는가?
24 너희들이 정녕 '남'을 위하여 기도하고 경배하며 살아가는가?
25 너희들이 '남'을 위하여 기도한다면, 과연 그를 위해 정성을 다하는 자가 그의 허물을 보며 그의 잘못됨을 욕하며 그에게 시시비비하며 시기 질투하는 마음이 있겠는가?
26 너희들이 사랑하는 자식을 놓고 과연 시기 질투의 마음이 생기더냐?
27 그러니 자식을 사랑하는 만큼도 못한 것이 내 뜻을 따르는 자들의 오늘의 현 상황이요, 현주소임을 너희들은 알아야 될 것이니라.
28 나 여호와가 '남'을 위하여 기도하라는 말이 무엇인 줄 알겠느냐?
29 너희들이 남을 위해 빌고 기도해 주는 그 마음속에, 너희가 남을 위하여 기도하고 그가 잘 서고 바로 가기를 원하는 마음으로 기도를 드릴 때, 그에게 너희는 욕하며 시기하며 질투하며 적과 같이 적대시하는 마음이 과연 있을 수 있겠는가?
30 내가 너희들에게 내리는 가르침에 뼈와 살을 붙여 너희 것으로 만들라 함이요, 나의 뜻을 너희들이 알지 못한다 함이 여기 있으니,
31 너희들은 오늘 이 순간부터 '남을 위하는 삶을 살라, 나를 버리라, 그리고 남을 위하여 기도하라.' 하는 그 의미를 깨우쳐야 될 것이니 그리 알라.

8,667 번째 하나님 말씀

2003년 12월 7일 07시 53분

1 사랑하는 나의 아들아!
2 "네, 아버님! 말씀하옵소서."
3 내가 너희들에게 깨우쳐 가르치기를, '남'을 위한 삶을 살며 '나'를 생각하시 말며, 그리고 '남'을 위하여 기도하고 경배하는 그와 같은 마음으로 살라 하였음이니라.
4 그러니 내가 너희들에게 무어라 가르쳤느냐?
5 너희들의 이웃의 교회요, 이웃의 성전이 너희보다 더 잘되기를 바라며 너희보다 더 역사하기를 바라며 그를 도와주고 이끌어 주는 것이 너희들의 사랑이요, 가는 길이라 그리하였음이니라.
6 그러니 지금의 모든 종파요, 집단이 가는 길이 무엇이며, 오늘의 너희들의 그 마음이 무엇이더냐?
7 내가 너희들에게 깨우치지 못했으며 남을 위하여 기도하는 그와 같은 마음을 갖지 못하는 검은 마음이 너희들을 감싸고 있다 하나,
8 그래도 그 속에서 나의 아들을 따르는 제자 너희들이 나가 성전을 만들며 만백성을 가르치는 교육의 장을 만들었을 때,
9 과연 너희들이 나의 아들의 제자로서, 옆에 있는 곳으로 떠나는 신도요, 그 백성을 서로 뺏어 가고 찢어 가려고 그와 같은 짓을 하겠는가?

10 최소한 너희들은 그와 같은 짓은 절대
하지 아니할 것이니라.
11 그러니 서로가 편안한 곳으로써 네 이
웃의 형제를 위해서, 그곳을 부흥시키
기 위하여 봉사하며 그를 도울 수 있
는 것이 바로 나의 아들을 따르는 제
자들이요, 너희들만이 그 역사를 할
수 있는 자들이니라.
12 그러니 오늘의 종교 집단이요, 지도자
들이 가는 것을 보라.
13 서로 사람을 끌어모으기 위하여 인정
사정이 없으며, 그를 위하여 온갖 수
단과 방법을 가리지 아니하며, 남에게
지지 아니하고 이웃에 지지 아니하고
자 발버둥치는 것이 그들이니라.
14 과연 너희들이 나의 성전을 역사하여
나의 피조물 만백성을 깨우치고 가르
칠 때, 너희들의 행동과 그들의 행동
이 어떠하던가?
15 그러한 것을 너희들이 스스로 알고 깨
우친다면, 나의 법전이 어떠한 것이
며, 지금 내가 나의 아들을 통하여 너
희들에게 강론하고 가르쳐, 배우고 깨
달은 너희들이 조금만 깨닫는다 해도
오늘의 그들과 하늘과 땅 차이의 역사
를 함이니,
16 너희들이 나의 법전을 의심하며, 나의
아들을 의심하며, 오늘의 가는 것을
의심하며, 나의 법전을 만들어 만백성
에게 전하는 데 주저하고 마음이 흔들
리는 자가 있어서야 되겠느냐?
17 그러니 너의 제자들에게 이 두 길을
놓고 분석하고 깨우쳐 마음을 열도록
그리 전하라.
18 너희들이 지금 나가서 오늘의 이 세상
의 교회라는 그 죄악의 온상이 만들어
진 것처럼 그와 같이 많은 나의 성전
을 만들어, 그곳에서 나의 백성들을
가르치며 가정에서 가르치며 들에서
가르칠 때,
19 과연 너희들은 같은 형제가 이끌어 가
는 그 백성을 뺏어 오기를 바라며, 끌
어모으기 위하여 그를 음해하고 시기
질투하는 그와 같은 행위를 하겠느냐?
20 너희들은 결코 그렇지 아니할 것이니
라.
21 너희가 한 사람을 놓고 강론을 한다
해도, 옆에 있는 너희 형제가 더 힘찬
강론을 하며 그가 용기 있게 할 수 있
도록 너희 제자를 보내며 너희 또한
거기 가서 강론을 들을 수 있는 것이
너희들이 아니더냐?
22 지금 한 사람이라도 더 끌어모으기 위
하여, 한 사람이라도 더 제 앞에 놓고
자 하는 것이 바로 무엇이더냐, 욕심
이 아니더냐?
23 그러니 욕심이라는 뿌리를 놓고 서로
전쟁을 하고 있는 자들이 남을 위하여
기도할 수 있으며 남을 위하여 '나'를
비운 자라 그리 말할 수 있느냐?
24 수천 년 동안 흘러온 믿음이라는 너희
들이 가야 하는 것이 바로 그와 같은
것이요, 그것이 내가 역사하고자 하는
뜻이니, 그들이 과연 지금 내 뜻을 역
사했으며 나를 따라 왔더냐?
25 내 뜻을 거역하는 자요, 나를 욕되게
하는 자요, 나를 능멸하는 자요, 나의
가슴을 울리는 짓만 그들이 하고 있음
을 알라.
26 이제 너의 제자들에게 너는 오늘 물으

라.
27 과연 너희들이 성전을 정해 나의 백성
을 가르칠 때 그 장소에서 감히 서로
이웃 형제를 끌어가며, 이웃의 형제와
더불어 가는 자를 빼어 오며 네 앞에
긁어 오고자 하는가?
28 내가 두렵고 하늘이 두렵고 나의 아들
을 보기가 두려워 너희들은 절대 그리
하지 아니할 것이며,
29 나의 아들 또한 그를 용서치 아니할
것이요, 그와 같은 자를 절대 제자라
부르지 아니할 것이니,
30 이것이 오늘의 종교 집단 너희들과 생
각이 어떠한 차이가 있는가를 보라.
31 그들은 욕심으로 더 갖고자 모든 수단
과 방법을 가리지 않느니라.
32 욕심은 죄요, 죄의 근본은 나에게 와
벌을 받는다 하였음이니, 그와 같은
자들이 과연 너희들을 따라가며 그리
생각이나 할 수 있겠느냐?
33 너희들이 오늘의 선택됨이요, 나의 법
전이요, 나의 아들을 통하여 내리는
강론이요, 나의 아들이 나의 대명을
받고 역사함을 알아야 될 것이며,
34 이 세상에 너희들보다 더 소중하고 귀
한 자가 없다 하였음이니라.
35 너희들과 대화하는 것을 만백성이 하
늘에 오르는 기쁨으로 생각하며, 너희
들을 찾을 날이 머지않았다 하였거늘,
36 오늘의 너희들은 과연 마음속의 구름
을 다 거둬들였으며, 남을 위해 기도
하며 남을 위해 사는 삶을 사는가, 너
희 자신을 다스려 보도록 그리 전하
라, 사랑하는 나의 아들아!

8,668 번째 하나님 말씀

2003년 12월 7일 08시

1 사랑하는 나의 아들아!
2 "네, 아버님! 말씀하옵소서."
3 너는 너의 제자 한 사람이 바로 섰을
때, 세상의 모든 상을 내가 줄 수 있다
하는 그 의미를 알고 있느냐?
4 그리고 나 여호와의 마음을 정녕 읽고
알고 있는가?
5 "네, 아버님! 그 모두를 안다 말씀드
릴 수는 없사오나,
6 한 사람의 바른 제자요, 제가 그 손을
잡아 정녕 나의 제자라 하여 그 머리
에 성령을 심어 줄 때, 그리고 심어 줄
수 있도록 비어 있는 제자가 하나 나
오면 그게 얼마나 무서운 것인가 알고
있사옵나이다.
7 이 어리석고 못난 자식에게 아버님의
성령이 임하여 160권의 법전을 세상
에 내보내 이것을 만백성이 읽고 깨우
쳐 하늘에 오르는 그 길을 오게 함이
니,
8 이는 곧 저와 같은 자식을 세상에 내
려보내어 저로부터 하나의 꽃을 피게
한 아버님께서 그 꽃가루가 바람에 날
아가 한 자리를 잡으며, 그 씨가 날아
가 또 자리를 잡는 그와 같은 역사를
하심을 보고 있사옵나이다.
9 다스려지지 아니하며 역사할 수 없는
저를 이용하여 아버님께서 지금 세상
에 다시없는 아버님의 성령이요, 그
말씀을 내리시니, 이보다 더 좋고 아
름다운 씨앗이요, 꽃이 없거늘,
10 저와 같이 어리석고 못난 자식을 통하

여 아버님께서 이 아름다운 꽃을 세상
에 뿌리며, 그 꽃가루가 바람에 날려
세상을 다 덮고 날아감이니, 그 향기
가 끝이 없는 것을 저는 알고 있사옵
나이다.
11 그러니 저의 제자 한 사람이 바로 서
서 제가 그에게 성령을 임하여 심어
주었을 때,
12 그가 피우는 그 꽃가루는 이루 말할
수 없이 온 세상으로 날아가 다 덮을
것이니, 그 꽃가루가 나올 수 있는 것
이 저희가 가야 하는 길이며, 아버님
께서 원하시는 백성임을 알고 있사옵
나이다.
13 저 하나를 통해 160권의 법전의 성령
인 아버님의 그 말씀이 꽃이 되고 꽃
가루가 되어 세상을 다 덮고 그 향기
가 세상에 진동함이니,
14 그 역사함과 같은 것을 저의 제자가
성령을 받아 변화되었을 때 그와 같이
할 수 있기에, 아버님께서 그를 바라
며 그와 같은 뜻을 생각하고 계심을,
저는 그것 하나는 어렴풋이 알고 있사
옵나이다."
15 그러니라, 나의 아들아!
16 내가 너를 통하여 하늘의 뜻이요, 160
권의 법전을 세상에 내려보내니,
17 이는 바람에 날아가 자리를 잡는 그
꽃이 뿌리를 내리는 것처럼 꽃가루면
서 씨앗이 더불어 날아감이니, 그 향
기가 얼마나 진동하고 아름다운 것이
냐?
18 그러니 너의 제자 하나가 변해서 그와
같이 역사할 때 너 못지않은 역사를
할 수 있기에, 내가 단 하나의 백성이
나오는 것을 바라고 원하는 것이니,
19 그 뜻을 알았다면 네가 너의 제자들에
게 이를 전해 줄 것이며, 나 여호와의
바람이 무엇인가 그를 전해 주라.
20 내가 원하는 것, 내가 역사하는 것으
로 너의 제자가 똑같이 변해졌을 때,
그 꽃에서 풍기는 꽃가루요, 그 향기
는 얼마나 이 세상을 덮기가 쉽겠더냐?
21 넓고도 넓은 이 세상에 한곳에 앉아
너희가 꽃가루를 피우면 멀고도 먼 지
구의 끝까지 날아가기가 얼마나 힘들
고 어려운가?
22 그가 땅에 떨어져 뿌리를 내리지 않도
록 바람이 그를 안고 가게 됨이니, 그
리할 수 없음이니라.
23 그러니 너희들이 그 장소에 찾아가 산
위에서 생수를 내리듯이 너의 제자들
이 하나하나 변화되어 거기서 꽃가루
를 날린다면, 이 세상을 덮고 통제하
기가 쉬우며,
24 꽃가루 또한 힘들여 멀리 날아가지 않
아도 될 것이며, 그 향기요, 꽃가루를
안고 가는 바람의 고통도 없지 않겠느
냐, 사랑하는 나의 아들딸들아!
25 세상의 이치요, 세상의 흐름이 다 그
러한 것이니, 이러한 나의 뜻을 너의
제자들에게 전하도록 그리하라, 나의
아들아!

8,669 번째 하나님 말씀

2003년 12월 7일 10시 15분

1 사랑하는 나의 아들아!
2 "네, 아버님! 말씀하옵소서."
3 눈 위에 너의 제자들이 섰음이니, 그

눈과 너의 제자의 마음과 구분할 수
없는 그와 같은 형국으로 되는 것이
나의 백성이 가야 할 길이며,
4 내가 마지막 시대에 만백성을 구하는
나의 성령을 내려보내며 새로운 성경
이요, 나의 법전을 접하고 나의 강론
을 직접 들은 백성이요, 나의 아들과
더불어 살아가는 너희들이 가야 할 길
이며 역사할 길이라는 것을 너희들은
알고 있을 것이니라.
5 그러니 과연 어찌하겠는가?
6 세상을 하얀 눈이 다 덮었으니, 그 위
에 나를 따르는 지금 선택된 나의 아
들딸이요, 나의 아들을 따르는 제자
요, 그리고 법전을 읽고 깨우친 만백
성 너희가 변한다는 것이 무엇인 줄
알겠느냐?
7 그 눈 위에 서서 너희들이 움직여도
보이지 않게 똑같이 하얀 마음이 되지
아니하면 아니 되는 것이 너희가 가야
하는 길이니라.
8 너희들이 변화되었다 하며 거듭났다
하며 많은 백성들 앞에서 달려간다 하
나, 과연 하얀 눈 위를 달려도 너희들
의 모습이 보이지 않도록 그 마음이
그리 변해졌는가?
9 이것이 너희가 가야 할 길이고 역사할
길이니 어찌하겠는가?
10 그렇지 아니하면 너희들은 나에게 오
를 수 없으며 나에게 올 수 없음이니
라.
11 죽고 죽이는 전쟁 속에서 적의 눈에
띄는 자는 살아날 수 없지 않더냐?
12 그러니 적에게 먼저 발견되는 자는 살
아나갈 수 없듯이,
13 너희들이 하늘에 오르는 그 길이 눈길
과 같이 하얗고 고운 길이니, 그 길을
따라올 수 있는 것은 너희들이 그와
같이 천사의 하얀 마음이 되었을 때
사탄이요, 마귀요, 악마들이 너희들을
먹이로서 빼앗지 못하며 너희들을 공
격하지 못하며 무너트리지 못한다 하
면 과연 너희는 어찌하겠느냐?
14 하얀 그 길을 하얀 마음만이 따라올
수 있으며, 그렇지 아니하고 하얗지
못하고 검은 점이 있다 해도, 너희들
이 90퍼센트가 하얘졌으며 10퍼센트
가 검은 점이 있어도 사탄이요, 마귀
가 그를 발견하고 먹이로 너희들을 낚
아 간다 하면 과연 너희들은 어찌하겠
느냐?
15 그러니 내가 너희에게 어찌하겠는가?
16 너희가 그렇게 오는 것이 하늘에 오르
는 길이라는 것을 나 여호와는 가르쳐
주고 깨우쳐 줄 수밖에 없음이니라.
17 그러니 변하는 것은 너희들의 몫이 아
니더냐?
18 그 몫을 너희들이 이루라 함이니라.
19 너희들이 씨앗을 뿌리고 가꾸고 그 열
매를 내가 거둘 수 있도록 하라 함이
니,
20 너희들이 하얀 눈과 같은 마음이 되어
하얀 눈길을 따라와 사탄이요, 마귀
요, 사악한 자들의 눈에 걸리지 아니
하고 띄지 아니하면 나에게 오를 수
있으니, 그것은 너희들이 변화되어 오
는 것밖에 없느니라.
21 나는 너희들이 하얗게 변하는 길은 가
르쳐 주나, 내가 하얀 천으로, 하얀 눈
으로 너희들을 뒤집어씌운다 해도 멀

고도 먼 길을 오는 동안에 너희들을 노출시키지 아니할 수 없으며 그리 올 수 없음이니 그리 알라.

22 이것이 너희들이 오늘의 가야 할 길이요, 나의 아들을 따르는 제자 너희들이 역사할 길이라는 걸 절대 잊지 말라, 사랑하는 나의 아들딸들아!

8,670 번째 하나님 말씀

2003년 12월 7일 10시 18분

1 사랑하는 나의 아들아!

2 "네, 아버님! 말씀하옵소서."

3 나에게 오르는 백성을 인도한다는 종교 집단이요, 너희들이 지금 어찌 가고 있느냐?

4 나 여호와에게 오르는 그 길을 인도함이 아니라,

5 사랑하는 나의 아들딸들이 나에게 오고자 하는 그 길을 막는 것이며, 그들을 나에게 오르지 못하는 험난하고 험악한 길로 인도하는 자들이 바로 오늘의 종교 집단이요, 광신도요, 구원을 받았다는 자들이 하는 짓이니라.

6 내 뜻에 따라 역사한다는 너희들이 나 여호와에게 상처를 주며 내 마음을 아프게 하며 나를 능멸하는 행위만 하고 있으며, 그와 같은 일을 지금도 계속하고 있으니,

7 지금 새로운 시대요, 나의 법전으로 너희들이 거듭나는 역사를 하지 아니할 때, 이 지구가 멸망하는 그 순간까지 나에게 상처를 주며 내 가슴에 아픈 일만 계속할 백성이 너희들이라는 것을 알겠느냐?

8 너희들이 나에게 오르고자 하며 내 나라에 와 나와 더불어 영원히 거듭나는 생명의 은혜를 입고자 한다면, 너희들은 내가 명한 대로 내가 너희들에게 내려 준 그대로 행하고 지키면 역사하지 못할 것이 없으며 이루지 못할 것이 없다는 것을 알아야 될 것이니라.

9 내가 너희에게 하늘에 오르는 길이요, 나에게 오르는 길을 간단히 가르쳐 주었으며, 그 길을 모두 다 너희들에게 내려 주지 아니하였더냐?

10 내가 무어라 말하였느냐, 너희 자신의 유익을 구치 말고 남의 유익을 구하는 그와 같은 삶을 살며, 자신을 위한 기도를 하지 말며 남을 위한 애절한 기도를 할 수 있는 것,

11 너희들이 그와 같은 길을 가고 그와 같은 삶을 사는 것이 나에게 오르는 길이라 하여 내가 모든 기초요, 근본이요, 기본을 다 너희들에게 깨우쳐 주었으며, 너희들에게 다 내려보내지 아니하였던가?

12 그러나 너희가 과연 얼마나 그만큼 행하고 실천하고 사는가?

13 너희들이 그리 실천하고 행하지 아니하고 산다면 구원의 길을 볼 수 없으며, 나에게 오르는 생각을 두 번 다시 해서도 아니 된다는 것을 잊지 말라.

8,671 번째 하나님 말씀

2003년 12월 7일 10시 22분

1 사랑하는 나의 아들아!

2 "네, 아버님! 말씀하옵소서."

3 수천 년 동안 지금까지 흘러온 모든

종교 집단이요, 지도자요, 그들이 나
의 백성을 구원하며 하늘에 오르는 그
길로 인도한다 하나,
4 그들 자신도, 그 신도들 자체도 진정
한 믿음이요, 나에게 오르는 길이 무
엇이며, 나에게 오르고자 어떠한 길을
가며 어찌 역사하는지 그 자체도 모르
고 있는 자들이 지금 선생이요, 스승
이라 서 있는 것이 오늘의 형국이니라.
5 너희들은 그렇지 아니하나, 오로지 나
여호와의 뜻에 의해 역사하며 내가 원
하는 그 길만 살아오는 백성이라 그리
말할 것이니라.
6 그러나 모든 종교 집단이요, 지도자
너희들이 나의 사랑하는 백성들을 얼
마나 소중히 생각하며, 그들을 구원하
기 위해 얼마나 너희들의 모두를 다
바치는가?
7 너희들이 손으로 지은 건물이요, 형식
적인 구원의 길이요, 그 모두를 맞추
기 위해서 거기에 모든 초점을 두고
있는 것이 아니던가?
8 너희들은 구원의 대상이 나의 사랑하
는 백성이요, 그리고 나의 아들딸이
요, 사람을 상대로 하여 그들을 구원
하고자 하는 것이 아니니라.
9 너희 손으로 지은 건물이요, 그 형식
에 모두를 맞춰 오로지 그게 존재하도
록 하며 그를 지키기 위하여 그와 같
은 형국으로 오늘의 믿음이 타락되고
전락되었음이니라.
10 내가 너희들에게 여기서 묻고자 하느
니라.
11 너희들은 정녕 나의 사랑하는 아들딸,
인간을 구제하기 위하여 가르치고 역
사하는가, 아니면 너희 손으로 지은
죄의 온상인 그 건물이요, 교회요, 성
당이요, 회막에서 그 많은 재산을 지
키기 위해 거기에 더 연연하는가?
12 너희들 스스로 한번 깨우쳐 보면 알
것이니라.
13 너희는 손으로 지은 건물이요, 형식을
지키기 위하여 모두 매달려 있으며 거
기에 연연하고 있는 자들이니,
14 너희들이 나의 사랑하는 백성을 구원
하며 그들을 소중히 하는 것이 아니
요, 건물과 형식과 흘러오는 관습을
지키고 역사하는 데 지금 모두를 바치
고 있는 자들이니라.
15 사람을 구하는 것이 아니요, 건물을
지키고 너희들의 재산을 보호하기 위
한 형국으로써 지금 믿음의 길을 감이
니, 이게 잘못되었다 함이며 이를 내
가 용서할 수 없다 함이니라.
16 너희들이 지금까지 투자했던 대단한
그 재산을 지켜야 한다는 것, 그리고
그를 계속 유지하려는 것밖에는 아무
것도 생각하는 자가 없으며, 그 이상
의 것도 갖고 연구하는 자가 없음이니
라.
17 너희들이야말로 나의 백성을 구하는
것이 아니요, 빈 깡통이 소리만 요란
한 그와 같은 형국에서 알맹이가 없으
며 속이 없는 그와 같은 것이 오늘의
믿음이요, 종교 집단이요, 지도자요,
거기에 맹종 맹신하며 구원을 받았다
는 백성들이니라.
18 그러니 과연 거기에 교리가 있으며 진
리가 있는가?
19 거기는 교리와 진리가 없는 것이니라.

20 대단히 투자된 재물이요, 교회의 건물
이요, 성당의 건물이요, 그 모두를 지
키기에 혈안이 되어 있음이니, 너희들
은 거짓말로 시작하여 거짓말로써 모
두 끝나는 것이니,
21 설교하는 것, 강론하는 것, 너희들이
가르치는 것 자체가 거짓이요, 거짓으
로써 흘러가는 오늘의 형국이 되어 있
음을 알아야 될 것이니라.

8,672 번째 하나님 말씀

2003년 12월 7일 10시 25분

1 사랑하는 나의 아들아!
2 "네, 아버님! 말씀하옵소서."
3 나 여호와의 아픈 마음을 정녕 너희들
은 아느냐?
4 이 세상에 존재하는 것은 사랑하는 나
의 아들딸을 위하여 있느니라.
5 오로지 너희들이 존재하기 위해, 너희
들이 모두를 역사하기 위해, 모두가
너희들을 돕고 너희들이 쓰라 하여 이
세상에 내가 모든 것을 내려보내 준
것이니, 그리하여 내가 너희들을 나의
아들딸이라 하지 아니하였느냐?
6 그러나 유독 하나, 인간을 무시하며
교회의 건물을 위해서, 저희들의 형식
적인 것을 위해서 모든 인간을 이용하
고 버리는 것이 바로 오늘의 종교 집
단이요, 그 사악한 자들이 지금 지상
에 존재하는 것이라 하면, 너희들은
과연 믿겠느냐?
7 교회가 사람을 위하여 있는 것이 아니
라 너희들은 교회를 위해 사람이 존재
하는 것이며, 사람을 위한 교회가 아
니라 교회를 위해 사람이 존재하는 것
이니, 그것이 오늘의 형국이니라.
8 교리는 뒷전이요, 사람을 이용하여 너
희 손으로 지은 교회라는 것을 지탱하
기 위하여 지금 모두를 다 바치고 있
는 것이 너희들이니라.
9 나의 사랑하는 백성들을 구원하기 위
하여 교회가 존재하는 것이 아니요,
그 교회가 존재하기 위해 나의 백성을
지금 그리 끌어들이고 활용하고 있는
것이 너희들이니라.
10 너희들은 나의 백성을 어찌 이용하는
가?
11 너희들은 건물을 내걸고 나의 백성을
팔아먹으며, 나의 백성을 그 교회를
짓고 존재시키기 위한 도구로 사용하
는 것이 지금 너희들이 아니더냐?
12 너희들이 내거는 그 간판이요, 그리고
너희들이 이룩해 놓은 그 종교의 건물
이요, 너희들이 소속된 그 집단의 건
물이요, 건축들을 지탱하고 유지하기
위하여, 나의 사랑하는 백성의 목숨을
구원하는 그 길은 뒷전이라 내가 그리
말함이니, 과연 너희들이 아니라 말할
수 있겠느냐?
13 오늘의 이 지상의 모두는 너희들을 존
재하도록 하기 위하여 내가 역사해 놓
은 것이거늘,
14 오로지 종교 집단이요, 그들만이 사람
을 위하여 교회가 존재하는 것이 아니
라 사람이 교회를 위하여 노예가 되는
것이니,
15 이와 같이 기형아요, 지금 형용할 수
없는 기현상을 이룬 것이 오늘의 너희
들이니,

16 그 모두를 다 다스리고 쓸어 버리고자
하는 것이 나 여호와의 뜻이요, 새로
운 시대를 열고자 하는 것이 내 뜻임
이니라.
17 간판이요, 건물 앞에 나의 피조물 만
백성을 이용하지 말며, 그를 위하여
나의 백성이 존재하는 것처럼 나의 백
성의 목숨을 함부로 우롱하지 말라.
18 영원히 사는 것, 거듭나는 세상에 올
수 있는 나의 백성의 목숨을 너희들이
끊어 가는 자들이며 그들을 죽게 하는
자들이라는 걸 잊지 말라.

8,673 번째 하나님 말씀

2003년 12월 7일 11시 37분

1 사랑하는 나의 아들아!
2 "네, 아버님! 말씀하옵소서."
3 하늘에 오르는 길이, 그리고 거듭나는
그 생명이 태어남이 정녕 너희들이 생
각하는 것만큼 그리 쉽고 평탄한 길이
아님을 알아야 될 것이니라.
4 인간이 세상에 한 생명으로 태어나는
그 자체도 어렵고 힘든 과정 속에서
태어남이니, 너희들이 백 년도 안 되
는 육의 세상에 생명으로 태어나는 것
도 그와 같이 어렵고 힘듦이니라.
5 그러니 너희들이 영원히 존재하는 세
상에 거듭나 다시 태어남이 얼마나 어
렵고 힘든 것인가 그것을 알아야 될
것이니라.
6 그를 깨닫고 생각한다면 오늘의 가는
길이 어렵고 힘들다 하여 너희들이 주
저해서도 아니 되며 물러나서도 안 되
며 무너져서도 아니 됨을 알아야 될
것이니라.
7 그것이 거듭나는 길이요, 하늘에 오르
는 길이라 그리함이니라.
8 내가 나의 아들을 통하여 너희들이 어
렵고 힘든 길이라 말하는 것을, 너희
는 성서에 기록되어 전하여 듣지 않더
냐?
9 도저히 역사할 수 없는 것이 하늘에
오르는 길이요, 나에게 오르는 길이라
내가 성경에 기록하여 전하지 않너냐?
10 너희들이 그 의미를 안다면, 오늘 나
의 아들을 통하여 내가 너희들에게 전
하는 것, 하늘에 오르는 길이 인간의
노력으로 감히 너희들이 상상할 수 없
는 그 길을 넘지 아니하면 아니 된다
내가 그리 말하지 아니하였더냐?
11 그러나 인간인 너희들이 하늘에 오르
는 길을 내가 오르지 못하도록 만들고
너희에게 올라오도록 했다면, 이는 공
의의 하나님이요, 나 여호와가 아님이
니라.
12 너희들은 나의 아들 예수가 세상에 성
령으로 태어났다 함이니라.
13 그리하여 그가 나에게 오르는 그와 같
은 삶을 살다 지금 나에게 와 있다 함
이니, 너희들은 들어야 될 것이니라.
14 나의 아들 예수는 어떠하였더냐?
15 너희들은 서 있는 것보다 앉아 있는
것이 편함을 느끼며, 앉아 있는 것보
다는 누워 있는 것이 더 편함을 느끼
지 아니하더냐?
16 그와 같이 나의 아들 예수도 그러했느
니라.
17 그도 서 있는 것보다는 앉아 있는 것
이 편하며, 앉아 있는 것보다 누워 있

는 것이 편한 것이 나의 아들 예수였
음이니라.
18 너희들처럼 여행을 했을 때 고단함을
느끼는 것 또한 나의 아들 예수도 같
았으며, 때가 되어 배가 고픈 것이며
갈증이 나 물을 마시는 것도 너희들과
똑같은 그와 같은 삶을 살았음이니라.
19 너희들이 겪고 역사하는 데서 벗어난
것이 없으며, 특별히 이 세상에서 살
아간 것이 아니었음이니라.
20 너희들이 아픔을 느끼는 것만큼 그도
아픔을 느꼈으며 너희들과 똑같은 인
간의 형태로 살았다는 것을 알아야 될
것이니라.
21 그러나 나의 아들은 그와 같은 길을
왔으며 그와 같은 모두를 다 역사하지
아니하였던가?
22 그러니 너희들도 그와 같은 길을 갈
수 있으며, 그와 같은 길을 역사하는
것만이 나에게 오를 수 있는 길이라는
것을 알라.
23 너희들이 고기라는 것을 잡기 위하여
물을 뿜어냄이니, 그리하여 바닥이 드
러날 때 그 고기를 잡을 수 있으며 그
고기를 볼 수 있지 않더냐?
24 그러니 너희들이 물을 뿜는 수고로움
이요, 물을 떠내는 힘든 일을 행하지
아니하고 물속에 있는 그 고기를 잡겠
다면 과연 거기서 너희에게 잡힐 고기
가 어디 있겠느냐?
25 그러니 너희들이 어리석은 백성이라
함을 내가 말함이니라.
26 나 여호와의 진리요, 나의 뜻은 그저
간단함이니라.
27 내가 뭐라 말하였느냐?
28 네 부모를 공경하고 사랑하는 그 마음
이 없이는 나를 사랑할 수 없으며, 나
를 너희들이 볼 수 없다는 그런 이치
이기에,
29 네 부모를 공경하라 내가 가르침이 기
초요, 기본임을 알라.
30 내가 나의 아들을 통하여 전함이니,
너희들이 공이 없이는, 역사하지 아니
하고는 이룰 수가 없음이니라.
31 역사할 수 있는 것은 너희들이 모두를
다 이룰 수 있다는 것을 알라.
32 너희들은 한 단계의 고비를 넘기면 될
것이니라.
33 너희들이 도저히 오를 수 없는 산이
요, 그 산의 암벽을 오를 때는 힘들고
어려우나, 또한 오르고 나면 내려오는
길이 있다 하여 내가 진리를 깨우쳐
주지 아니하였더냐?
34 그와 마찬가지로 너희들이 노력하고
노력한 만큼 그 한계에 도달했을 때,
나 여호와가 너희들의 손을 잡아 줌을
알아야 될 것이니라.
35 사랑하는 나의 아들을 따르며 나의 법
전을 읽고 만백성을 구하는 너희들은
물을 뿜어내지 아니하고, 그 물의 바
닥이 보이지 아니하고는 거기에 있는
고기를 잡을 수 없으며 건질 수 없듯
이,
36 물을 뿜는 수고 없이 건지려는 어리석
은 행위를 하지 말라, 사랑하는 나의
아들딸들아!
37 내가 너희들에게 수없이 말하였느니
라.
38 작은 바늘구멍으로 사막의 낙타가 통
과하는 그 길이 하늘에 오르는 길이라

하였음이니, 과연 역사할 수 있겠느냐?
39 그 말은 너희가 잘못되었다 말하지 아
니하면서, 나의 아들이 고통스러운 길
에 죽음과 같은 어렵고 힘든 그 길을
오는 것, 악습을 버리는 것이 하늘에
오르는 길이라 가르침은 어찌하여 두
렵고 무서운 줄 모르느냐?
40 오늘의 나의 아들을 통하여 내리는 모
든 나의 성령이 가장 우선이요, 가장
귀하고 소중한 것이니라.
41 지난 것이 아니요, 오늘 내리는 내 뜻
이요, 내일에 내가 내리는 그 성령이
요, 나의 성경이 너희들에게 소중하고
귀함을 먼저 알며, 그를 행하고 따르
는 데 최선을 다하도록 그리하라.
42 기계문명이 앞으로 달려가고 있건만,
너희들이 지난 것을 가지고 오늘의 기
계문명을 앞서는 것이며 그것만이 존
재한다 하는 어리석은 삶을 살지 말라
하지 아니하였느냐?
43 지금은 바다를 건널 때 유람선을 타고
건너건만, 목선을 타고 강과 바다를
건너는 것이라 고집하는 그와 같은 틀
에서 벗어나도록 하라, 사랑하는 나의
아들딸들아!

8,674 번째 하나님 말씀

2003년 12월 8일 07시 36분

1 사랑하는 나의 아들아!
2 "네, 아버님! 말씀하옵소서."
3 전쟁터에서 싸우다 적군에게 한 장수
가 포로가 되었음이니라.
4 그러니 그 포로의 운명은 과연 어찌
되겠는가?
5 그는 법에 따라 처벌을 당하거나 죽임
을 당하는 둘 중의 하나일 것이니라.
6 그의 목숨을 살리고 죽게 하는 것은
누구의 손에 달렸는가?
7 그 장수를 포로로 잡은 적군 장수의
뜻에 달렸음이니, 그가 살고 죽는 것
은 잡은 장수의 뜻이며 승리한 장군의
뜻이 아니더냐?
8 나의 피조물 백성, 또 나의 아들을 따
르는 제자들, 그리고 나의 법전을 읽
고 깨우친 백성, 너희들은 알아야 될
것이니라.
9 너희들이 오늘까지 살아오며 오늘의
삶에 정녕 한 점의 부끄럼이 없는 삶
을 살지 못했으며, 나 여호와가 모두
를 다 너희에게 내려 주고 내가 창조
주로서 어찌 살라 명한 것을 지키지
못하며 나의 뜻을 거역하고 살았다면,
너희들은 과연 어떠한 자던가?
10 나에게 죄를 지은 자요, 부끄러운 삶
을 산 자이니, 그가 나로부터 용서를
받고 못 받는 그와 같은 역사가 중요
하지 않겠느냐?
11 그러니 너희들은 적군에게 포로 된 그
와 같은 자라 생각해 보라.
12 나 여호와의 뜻대로 살지 아니하며 내
뜻에 의해 역사하지 아니하고, 너희를
보낸 자요, 생명을 내린 자의 뜻을 거
역하고 살았다면 너희들은 나에게 죄
인이요, 곧 나에게 포로와 같은 자들
이라 생각하면 될 것이니라.
13 그러니 너희들을 구원하고 구원하지
않는 건 오로지 나 여호와의 뜻이니라.
14 만일 적장에게 포로 된 자가 오만하고
교만한 행위를 할 때, 적장은 그를 참

수할 것이며,
15 그가 인간미가 있으며 사람다운 데가
있으며 의로움이 있다 하면 적장은 그
를 아껴 살해하지 아니할 것이며 사살
하지 아니할 것이니라.
16 나 여호와 또한 마찬가지니라.
17 너희들은 나에게 잡힌 병사와 같으니,
너희들이 어떠한 태도로, 어떠한 행동
으로 하느냐에 따라서 그걸 용서받고
용서받지 못하며, 하나밖에 없는 생명
을 구원받고 구원받지 못함이 거기에
있음이니라.
18 그러니 내가 너희에게 바로 살라 함이
니라.
19 너희들은 이미 나의 뜻을 거역했으며
나에게 많은 죄를 짓고 있다 하면, 너
희들은 나에게 잡힌 포로 된 백성이라
함이니라.
20 그러니 그 포로 된 백성이 어떠한 형
태로 자세를 취하느냐에 따라서 그를
용서하거나 법에 따라 참수하는 그와
같은 형국이 벌어질 것이니라.
21 그러니 너희들이 어찌 살고 어찌 생각
하고 어찌 행동하느냐에 따라서 생명
을 얻고 생명을 잃는 그와 같은 것이
너희들의 운명이니라.
22 그러니 너희들이 나의 뜻에 따라 내가
명하는 나의 계명이요, 지금 내가 만
백성을 구하기 위하여 내리는 새로운
성령이요, 새로운 법전이요, 새로운
성경을 어찌 지키고 살아가며 어찌 행
동하느냐에 따라서 나로부터 구원을
받고 못 받는 것이 달렸다는 것을 내
가 너희들에게 깨우쳐 주고자 함이니
라.
23 이제 너희도 그러하니라.
24 나의 아들이요, 또한 나의 아들을 따
르는 제자들이요, 나의 법전을 읽고
깨우친 백성 너희들이 나를 향하여 한
점의 부끄럼이 없는 삶을 살아가려고
노력하는 것, 그리고 나로부터 거역하
지 않는 것, 그리고 내가 내린 계명에
따라 행하고 살아가고자 하는 것,
25 그 노력이 있을 때만이 내가 너희들을
용서하며, 내가 너희들을 포로의 입장
에서 자유인으로 풀어 주는 것이니,
26 그게 바로 너희들을 내가 구원하고 구
원하지 않는 그와 같은 형태임을 알아
야 될 것이니 그리 전하라.
27 포로의 몸이요, 적에게 잡힌 그와 같
은 자가 무슨 자유가 있으며 무슨 노
력을 할 수 있는 길이 있겠는가?
28 다만 잡혀 있는 포로의 형태로서의 자
세가 있으며 취하는 것이 있으며 행동
하는 것이 있음이니,
29 그를 적장이 보고 평가하기에 따라서
죽고 사는 운명이 달린 자들과 같다는
것을 잊지 말라, 사랑하는 나의 아들
딸들아!

8,675 번째 하나님 말씀

2003년 12월 8일 07시 46분

1 사랑하는 나의 아들아!
2 "네, 아버님! 말씀하옵소서."
3 저만 옳으며 제 것만이 옳으며 저희
것만이 옳다고 고집하는 그와 같은 사
람들, 그리고 그 시대의 변화를 모르
는 사람은 과연 무엇이더냐?
4 야만인과 다름이 없는 그와 같은 짓을

하고 있는 것이 그들의 삶이니라.
5 지금은 모든 기계 문명이 변하며 세상
이 변하거늘 그것을 보지 못하며, 그
저 제 것만 고집하며, 세상과 단절하
며 변하는 역사에서 등을 돌리는 삶을
산다면, 너희들은 지금 세상에서 야만
인들이요, 미개인들의 삶이라 그리 말
할 것이며,
6 또한 그와 같은 삶을 벗어나지 못하는
것이 그들의 운명이 아니더냐?
7 미개인이라는 나의 백성은 수천 년이
흘러도 문명 세계의 변화를 모르고 살
아가는 자들이기에 세상의 변화를 모
름이니,
8 귀가 먼 자요, 눈이 있어도 세상을 보
지 못하는 어리석고 고집스러운 삶을
살지 않느냐?
9 그것이 세월이 흐르면 흐를수록 그 거
리는 멀어지며 그 차이는 벌어짐이니,
시대의 변화를 모르며 그를 깨닫지 못
하고 저희 것만 고집하고 살아가는 백
성이 그러한 현실에 부닥치게 되는 것
이니라.
10 그러니 그 후예요, 후손들 또한 어떠
하겠느냐?
11 그들마저도 변화의 역사를 이루지 못
하는 것이 그들의 삶이 아니더냐?
12 지금의 종교 집단과 지도자들이 과연
어떠한 삶을 살아가고 있느냐?
13 이제는 내가 모든 열매를 거두는 추수
의 시대가 되어 추수를 하고 있건만
그와 같은 것을 깨닫지 못하며, 또한
내가 추수에 필요한 모든 것을 내려보
냄이니 이게 내가 새로 내리는 성경이
요, 나의 법전을 내려보내 너희들을
다스려 깨우치고자 하나,
14 이를 들여다보지 않으려 하며 이를 보
지도 않으려 하며, 더욱이 이를 사탄
이요, 사악한 자가 역사하는 것이라
그리 말함이니,
15 나 여호와가 하고자 하는 뜻을 과연
그들이 알 수 있으며 내가 역사하고자
하는 것을 그들이 알 수 있느냐?
16 너희들이 나의 백성을 지도하는 지도
자요, 만백성을 이끄는 자라 말하며,
또한 가르치는 자라 말하며, 나 여호
와의 뜻이요, 내 뜻을 받아 가르치는
선생이라 말하면서,
17 내가 이루고자 하는 뜻이요, 내가 생
각하는 것을 도저히 알 수 없는 자가
내 뜻으로 만백성을 가르치고 다스린
다고 하면, 과연 나의 피조물 백성이
깨달을 수 있으며 다스려질 수 있다
생각하느냐?
18 이것이 오늘까지 잘못되었음이며, 그
리하여 너희들 스스로 지금 사탄이요,
사악한 자가 세상을 지배하며 말세의
시대라 그리 말하느니라.
19 그러니 너희들이 얼마나 무지에서 지
금 벗어나지 못하고 있는 백성인 줄
알겠느냐?
20 너희들이 말하는 야만인이요, 미개인
이라는 그와 같은 자, 세상과 단절하
고 세상의 문명이 변화되는 것과 교류
를 하지 않는 그와 같은 백성보다도
더 무지한 짓을 하고 있는 것이 오늘
의 종교 집단이요, 지도자임을 알라.
21 또한, 거기서 구원을 받았다며 울고불
고 재물을 몇 푼 바침으로, 금화와 은
화 몇 닢을 던짐으로 너희들의 이름이

하늘에 기록되며 나에게 축복받고 영
광을 얻을 것이라 생각하는 그와 같은
어리석은 백성, 너희들이야말로 얼마
나 무지하고 몽매한 백성인 줄 알겠느
냐?
22 과거의 역사함에 지금 발목이 잡혀서
벗어나지 못하는 자요, 스스로 발목에
끊을 수 없는 족쇄를 채워 발목이 잡
힌 것이 너희들이니,
23 그래도 그것이 가장 행복한 것이요,
그 길만이 나에게 오를 수 있는 것이
라 하니, 이를 어찌 가르칠 수 있단 말
이더냐, 사랑하는 나의 아들아!
24 하늘을 나는 날짐승이 몸에 무거운 것
이 달려 날지 못한다면 그는 무엇을
상징하느냐?
25 훨훨 날아 먹이를 취하며 살아가야 할
날짐승이 발목에 무엇이 묶여 날지 못
한다면 결국 그것은 죽음뿐이지 아니
더냐?
26 너희들이 변하지 못하는 삶이요, 내가
새로운 시대를 역사하는 것을 들여다
보지 못하며 그를 보지 못하며 그 세
대에 변화하여 더불어 같이 가는 그와
같은 길을 가지 못하는 백성이 무엇인
줄 알겠느냐?
27 한번 들어가면 돌이켜 나올 수 없는
지옥으로 달려가는 삶이요, 그 행동이
라는 것을 절대 잊어서는 아니 될 것
이니 그리 알라, 사랑하는 나의 아들
딸들아!

8,676 번째 하나님 말씀

2003년 12월 8일 07시 52분

1 사랑하는 나의 아들아!
2 "네, 아버님! 말씀하옵소서."
3 나를 찾지 않는 백성이요, 나를 부르
지 않는 백성이요, 나를 생각하지 않
는 백성이요, 그리고 너희들과 믿음이
같지 않은 자라 하여 그들을 모두 이
방인이라 하며 이방의 백성이라 그리
말하느니라.
4 너희들은 또한 '그들이 얼마나 어리석
고 불쌍한 백성인가!' 그리 생각하느
니라.
5 더욱이 너희들은 무어라 말하느냐?
6 돌에 절을 하고 소원을 빌며 나무 앞
에 가 소원을 비는 자, 그리고 돼지머
리 놓고 절하며 소원을 비는 백성, 그
와 같은 백성들을 너희들은 무어라 말
하느냐?
7 그들은 사탄이요, 이단이요, 사악한
자라 그리 말함이니라.
8 그리하여 그들은 영적인 귀가 막혀 있
으며 영적인 눈이 뜨이지 않은 자들이
니, 지옥으로 가는 것이 그들의 사는
삶이라 그리 말하느니라.
9 그러나 너희들은 알아야 될 것이니라.
10 그들보다도 더 지옥으로 가는 자, 더
사악한 자가 너희들의 믿음의 길을 가
며 나를 알고 나를 찾으며 내 뜻에 따
라 가는 것이 하늘에 오르는 길이라
하는 자, 그러면서 나의 뜻에 의해 변
하고자 하는 것을 거부하며 이를 받아
들이지 못하도록 하는 자,
11 너희들이 바로 앞을 못 보는 자들이

며, 귀가 열려 있지 못해 어리석고 불
쌍한 백성이 너희들이라는 것을 먼저
알아야 될 것이니라.
12 저 자신을 모르면서 남을 탓하지 말아
야 될 것이니라.
13 지금 너희들이 잘못된 자요, 나로부터
먼 길을 달려가는 것이요, 구원의 길
이 아니라 지옥의 열차를 타고 달려가
면서 너희가 어찌 가는지도 모르니,
남을 시시비비하며 탓할 자격이 없는
것이 너희들이라 함을 알라.
14 이방인이요, 돼지머리 놓고 절하는
자, 소원 비는 자를 너희들은 내가 버
린 백성이요, 내가 보지 않는 백성이
요, 나로부터 구원받을 수 없는 백성
이라 그와 같이 탓하지 말며 함부로
말하지 말도록 하라.
15 너희들의 어리석은 소치에서 하는 짓
임을 이제 알아야 될 것이니라.
16 나의 백성들을 속이는 것이며, 또한
위로는 나 여호와를 수없이 기만하는
행위를 하는 것이 바로 오늘의 믿음의
길을 가는 자들이며, 알면서 사악한
짓을 하고 가는 너희들의 형태임을 알
라.
17 나의 백성들의 삶이 지금 달라지고 있
으며, 그들은 지금 생활의 변화를 역
사하고 있으며, 새로운 시대에 새 역
사가 이루어진다는 것을 알면서 기다
리고 있는 자들이니라.
18 그러니 지금 너희들 것만 고집하며 너
희 자신의 발목을 쇠사슬로 묶어 놓고
끊을 줄 모르니,
19 너희들은 나 여호와가 시작함과, 또
역사하는 과정과, 마지막으로 내가 추
수하는 그와 같은 구분된 시대의 역사
의 흐름 그 자체를 알지 못하며, 하늘
의 이치요, 하늘의 뜻을 알지 못하는
것이 오늘의 종교 집단이요, 지도자
너희들이 가는 길이니라.
20 그러니 너희들은 그와 같은 행위만 오
늘까지 역사하고 있음이니라.
21 그리하여 내가 바꾸고자 하는 것, 새
로운 시대를 역사하는 것을 틀어막으
며, 그 물꼬를 흐르지 못하도록 막고
또 막는 것이 너희들이라는 것을 잊어
서는 아니 될 것이니라.
22 지금의 모두는 내가 시작함이 있으며,
성장하는 과정이 있으며, 추수하는 과
정이 있으니,
23 지금 내가 마지막 시대에 추수할 수
있을 때 너희에게 필요한 나의 성령이
요, 도구를 내려보내는 것이 나 여호
와의 뜻이요, 나의 계획에 의한 것이
라 내가 수없이 말하였거늘, 너희들은
이를 들으려 하지 아니하며 이를 보지
아니함이니라.
24 바꾸고자 하는 새로운 시대를 열고자
하는 내 뜻을 거부하며 그를 막는 자
들이 너희들이니,
25 곧 그와 같은 오늘의 종교 집단이요,
지도자가 하는 짓이 바로 나를 욕되게
하며 내가 역사하는 길을 막는 자들이
요, 나에게 반항하며 나에게 거부하는
자들이라 하는 것이 여기 있음을 너희
들은 알아야 될 것이니라.
26 차라리 너희가 말하는 이방인이라는
자들, 다른 신을 받든다는 자들, 그와
같은 백성은 나의 뜻을 거역하며 나를
방해하며 나를 욕되게 하고자 하는 그

와 같은 행위를 하지는 아니함을 알라.
27 다만 저희들의 소원을 위하여 잘못 살
아왔으며 잘못 역사했기 때문에, 너희
들을 따르느니 차라리 그들의 생각이
요, 마음에 어떠한 안정을 찾기 위하
여 마음의 불안함을 덜고자 하여 말
없는 바위 앞에 고개를 숙여 소원을
빌며, 나무 앞에 소원을 빌며, 흘러가
는 강물 앞에 소원을 비는 그와 같은
역사를 이루고 만드는 것이니,
28 그게 다 너희들 잘못된 자들의 그 소
행에 의하여 그들이 그리 역사했다 내
가 말했음이니, 이 두려움과 무서움을
알아야 될 것이니라.

8,677 번째 하나님 말씀

2003년 12월 8일 08시

1 사랑하는 나의 아들아!
2 "네, 아버님! 말씀하옵소서."
3 구약의 시대는 오로지 그 길만이 구원
을 받는 것이며 그것 외에는 정녕 구
원을 받을 수 없으며,
4 저희들이 역사하는 율법이요, 저희들
이 만든 교리요, 저희 뜻에 의해 이루
는 그 행동에 따라서 구원받는다 하니,
5 그리하여 나 여호와가 변화시키고자
하는 그 뜻을 그들은 받아들이지 아니
하고 그것을 막아 버린 자들이 아니더
냐?
6 결국 그들이 한 짓이 무엇이더냐?
7 내가 역사하고자 한 그 모두를 받아들
이지 아니하였으며, 나의 아들까지도
저희들이 거부하기 때문에 그들은 결
국 망하는 그와 같은 형국이요, 망하
는 행동만 한 것이 바로 그들이 아니
더냐?
8 나 여호와가 지금처럼 새로운 시대를
열고자 구약의 시대요, 그 백성에게
나의 아들 예수를 세상에 내려보내 그
를 통하여 새로운 시대요, 새로운 역
사의 나의 뜻을 펴고자 했던 것이 내
가 2천 년 전에 이루었던 역사가 아니
더냐?
9 그러나 그들은 그 뜻을 받아들이지 아
니하며, 그를 나 여호와의 뜻이 아니
요, 사탄이요, 사악한 자라 하여 나의
아들 예수까지 이단으로 몰았음이니
라.
10 그리하여 너희 조상이 세상을 망하게
한 것이 오늘의 그 형국이 아니더냐?
11 그때 그들이 내가 보낸 나의 아들의
뜻을 순종하고 따랐더라면 오늘 이와
같이 험악한 세상이 되지 않았으며,
12 내가 만든 이 지구의 아름다움이 그대
로 존속되었을 것이며, 자연의 아름다
움처럼 너희들의 마음이 더 곱고 아름
다운 형국으로 변화되었을 것이니라.
13 그러나 나 여호와가 보는 이 세상을
망하게 만든 것이 너희들이며 망해 있
는 것이 오늘의 형국이니라.
14 내가 너희 마음을 천사와 같이 만들었
음이니, 너희들이 욕심을 버리며 나의
아들을 통하여 역사하고자 하는 대로
그대로 배우고 따랐더라면,
15 자연의 순리요, 그 아름다움보다도 곱
고 아름다운 것이 너희들의 본성이니,
그 마음이 세상을 지배하고 다스렸을
것임을 알아야 될 것이니라.
16 너희들은 여기서 알아야 될 것이니라.

17 내가 너희들에게 이 지상에 동물의 왕
이요, 이 모두의 왕이라 하였음이니,
이것은 바로 무엇이더냐?
18 모두를 다 너희들이 지배하고 통솔하
도록 하였음이니, 이는 내가 너희에게
높은 지혜만 줘서 이 세상을 통제하라
그리한 것이 아니니라.
19 덕과 사랑과 인자함이요, 용서함이요,
그 모든 본심을 그들보다 몇 단계 높
게 주고 너희에게 사랑하는 마음이요,
아름다운 마음을 주어 너희들이 그들
에게 근본이 되며,
20 자연이 어울려 살아가는 그 아름다움
보다도 더 곱고 아름다운 마음으로 세
상에 나갈 수 있도록 너희 가슴에 그
리 심어 세상에 내보낸 것이 너희들임
을 알라.
21 그저 지혜만 주어 이 세상의 동물의
왕이요, 이 세상을 지배하는 왕이라
그리한 것이 아니니라.
22 높은 지혜를 주었듯이 너희들에게 내
가 높은 사랑의 한계를 주었거늘, 너
희들은 그를 저버리고 오늘에 살아옴
을 알아야 될 것이니라.
23 이제는 나 여호와가 너희들이 모든 동
물이요, 이 세상의 왕이라 한 뜻을 알
겠느냐?
24 지혜만 준 것이 아니요, 그들보다도
더 높은 사랑이요, 봉사하며 아름다운
덕을 베풀 수 있는 것을 모두 다 주었
음을 알라.
25 용서하는 마음이요, 사랑으로 다스리
는 마음도 그들보다 더 높고 높음이니
라.
26 그러나 너희들은 그와 같은 것은 다
저버렸음이니라.
27 그리하여 나의 피조물 만백성, 내 뜻
을 따라야 할 자들이 세상을 망하게
만들었으며, 이리 욕되게 만들었음이
니라.
28 그리하여 너희들을 지옥으로 인도하
는 사탄이요, 사악한 자요, 나의 세상
을 망하게 해 버린 자들이 오늘의 사
악한 뿌리인 그 종교 집단이요 지도자
들이니, 그들이 그리 만들었음을 알라.
29 내가 너희들의 손을 놓고 재앙으로 다
스리려 하나,
30 마지막 시대에 나의 모두를 나의 아들
을 통하여 세상에 내려보냄이니, 이는
곧 내가 예수를 통하여 이루고자 했던
그 뜻을 이루고자 하는 내 뜻이니라.
31 새로운 시대요, 새로운 변화가 이루어
지는 것을 받아들이지 아니하며 그를
따르지 아니하는 백성이 지금 이 세상
을 덮고 있음이니,
32 2천 년 전에 나의 아들 예수를 그리
고통스럽게 죽게 하여 모두를 망하게
한 자들의 그 후예가 지금 나의 아들
을 통하여 역사하는 것을 망하게 하는
자들이며, 이를 지옥으로 이끌며 죽음
의 길로 이끄는 것이라 그리 말하여
세상을 또다시 망하게 하는 자들이 오
늘의 종교 집단이요, 지도자들이니라.
33 성서의 한 획도 고쳐서도 아니 되며
한 줄을 더 넣어서도 안 된다는 너희
들이 그리 고쳐 놓고 다듬어 놓은 것
을 그리 가르침이니, 그것이 잘못된
신앙이요, 신앙의 길이니라.
34 거기서 벗어나지 못하는 자, 정녕 구
원을 받을 수 없다는 것을 내가 다시

한 번 너희에게 명함이니라.
35 지금의 너희의 변화요, 그를 보고 깨
우쳐야 할 자들이,
36 너희들을 구원하고자 나의 아들을 통
하여 내리는 160권의 법전의 그 무서
운 변화를 모르며, 새로운 역사의 소
용돌이가 이루어지는 것을 모름이니
라.
37 내가 이루고자 하는 새로운 변화가 역
사하며 너희들을 구원하는 나의 법전
이요, 나의 아들 앞에 칼을 들이대며,
38 그를 너희들이 단죄할 책임이 있는 것
처럼 지금 칼을 휘두르고자 하는 것이
너희들이니,
39 또 이 세상을 망하게 하는 자들이요,
망하게 하는 짓을 하고자 하는 것이
요, 그와 같은 행위를 할 수 있는 자들
이 너희들임을 알아야 될 것이니라.
40 내가 이와 같은 내용을 나의 법전에
기록하여 전함은, 2천 년 전에 너희
조상이 저질렀던 그 사악한 죄의 행태
를 두 번 다시 반복하지 말라 함이니
라.
41 이제는 깨달으며, 현명한 백성 너희들
이 그와 같은 오류를 범하지 말며, 이
제는 나의 법전이 내려가는 것, 나의
아들이 세상에 존재하여 너희들에게
강론하고 가르치는 것이 필연적이며,
그것이 왜 역사해야 되며 그가 왜 존
재해야 되는가를 너희들이 뒤돌아 생
각할 수 있는 그와 같은 기회를 주고
자 함이니,
42 그와 같은 생각을 하는 자만이 나에게
오르는 빛을 볼 수 있다는 것을 절대
잊지 말라, 어리석은 백성들아!

8,678 번째 하나님 말씀

2003년 12월 8일 08시 09분

1 사랑하는 나의 아들아!
2 "네, 아버님! 말씀하옵소서."
3 몰아치는 태풍보다도 더 무서운 오늘
의 변화 앞에 대응하지 못하는 백성이
요, 이를 따르지 못하는 백성이요, 이
를 받아들이지 못하고 이해하지 못하
는 백성은 절대 깨어나지 못할 것임을
알라.
4 이 변화의 소용돌이 속에서 너희들이
이를 보고 이것이 나 여호와의 뜻이라
하여 이에 대응하며 이를 따르며 깨어
나지 못하는 백성은 곧 구원을 받을
수 없는 것이니라.
5 너희들이 그리 갈구하고 원하는 것,
너희들이 거듭나기 위해서 모두를 다
바치고 살아가는 그와 같은 삶은,
6 오늘의 무서운 변화의 소용돌이에 대
응하지 아니하며 이를 따르지 아니하
며 이를 인정하지 아니하며 이를 보지
못하는 자, 깨어나서 다시 새로운 생
명을 살지 않는 자, 정녕 그리 갈구하
는 구원을 받을 수 없는 것이 너희들
이라는 것을 알라.
7 내가 나의 아들을 통하여 너희들에게
말하였느니라.
8 너희들이 나의 아들 예수가 태어난 그
신비의 세상이요, 신비함을 믿는 것은
우상이요,
9 나의 아들이 가르치고자 한 진리의 뜻
을 안다면 너희들은 곧 나를 믿는 순
수한 백성들이라 그리하였으며, 나에
게 오르는 길을 볼 수 있는 그 눈이 뜨

이는 백성이라 하였음이니라.
10 내가 나의 아들 예수가 태어난 것, 성
령으로 역사한 것만 부르짖지 말며 그
를 보지 말라 하는 것이 무엇인 줄 알
겠는가?
11 너희는 알아야 될 것이니라. 나의 아
들 예수도 이 세상에 살아오면서 너희
와 같이 육을 갖고 삶을 살았으며, 너
희와 하나도 다르지 않은 그와 같은
삶 속에서 그는 깨달았으며 나의 뜻에
따라 행하였으며 그 모두를 역사했음
을 알라.
12 너희들은 서 있는 것보다는 스스로 앉
아 있는 것이 더 편안한 마음이 아니
더냐?
13 그리고 앉아 있는 것보다도 누워 있는
것이 더 편안하며 안락하다는 것을 누
구나 다 알 것이니라.
14 나의 아들 예수도 그와 같은 것을 너
희처럼 똑같이 느끼며 똑같이 생각했
으며, 그리 살아온 나의 아들이니라.
15 그도 육을 가졌기 때문이니라.
16 너희들이 여행을 하면 피로하고 지치
며 배고플 때 먹지 않으면 견딜 수 없
는 고통이 있으며, 그리하여 배고프면
먹고 배고프지 아니하면 먹지 않으며,
또 잠이 올 때 잠을 자는 너희들과 똑
같은 속에서 살았으며, 그가 너희들과
한 치의 차이도 없는 그 삶을 살았음
을 알아야 될 것이니라.
17 너희들이 슬픔을 겪고 있다면 그도 슬
픔을 겪었으며, 너희들이 고통스럽다
면 나의 아들 예수도 그와 같은 고통
을 겪었음이니라.
18 그러니 그대로 조금도 다르지 아니한
것이 나의 아들이 역사한 것이니라.
19 오늘의 나의 아들이 살아가는 그 모습
도, 그가 느끼고 또 모두를 접하는 것
처럼, 그가 고통을 겪을 때 고통이라
느끼고 고통을 생각하고, 그리고 즐거
움을 겪을 때 즐거움이라 하여 즐겁게
생각했으니,
20 그 모두도 네가 역사하는 것처럼 먼저
간 나의 아들 예수도 그와 같은 역사
를 했음이니라.
21 나의 아들 예수의 역사함이요, 지금의
나의 아들이 역사하고 살아가는 모습
이 다 똑같았으며 느끼는 것이 다 같
았다면, 바로 지금의 나의 아들을 따
르는 너희들 또한 똑같은 자들이니라.
22 너희들 또한 나의 아들딸임이니 무엇
이 다르더냐?
23 나의 아들딸과 나의 아들 예수가 살아
간 것, 지금의 나의 아들이 겪고 있는
그 모두가 다 똑같듯이, 그와 같은 것
을 모두 겪고 견디고 살아왔던 것임을
알라.
24 그러니 너희들 또한 나의 아들 예수처
럼 살지 못한다는 것이 어디 있는가?
25 너희들은 그 길을 갈 수 있으며, 그렇
게 살아갈 수 있음이니라.
26 그리고 너희들은 그리 살지 아니하면
아니 된다는 것을 알아야 될 것이니라.
27 지금 내가 나의 법전에 기록하여 전함
이니라.
28 나의 아들 또한 나의 아들 예수가 살
았던 것처럼 똑같이 느끼고 서로 똑같
은 그와 같은 환경이요, 그와 같은 삶
을 사는 것은 너희들과 조금도 다르지
아니함을 알라.

29 아프면 아픈 것이요, 몸에서 피가 흐
르면 피가 흐름이 똑같았음이니라.
30 너희들도 똑같은 나의 아들딸이니, 똑
같은 자이니라.
31 너희들이 그와 같은 길을 가고 그와
같은 삶을 살아야 된다는 것이 나의
명령이요, 나의 법임을 세상에 내려보
내는 것이니,
32 너희들은 두려움과 무서움을 알아 지
키도록 그리하라.
33 그리해야만 너희들이 구원의 길을 볼
수 있으며 구원의 길에 올 수 있기 때
문이니, 그리 전하라.

8,679 번째 하나님 말씀

2003년 12월 8일 08시 14분

1 사랑하는 나의 아들아!
2 "네, 아버님! 말씀하옵소서."
3 너를 따르는 제자들은 육의 세상에서
먹고 자고 쓰는 그와 같은 삶을 벗어
나야 될 것이며, 그 한계를 초월하는
삶으로 변화의 길을 가야 됨을 알아야
될 것이니라.
4 육의 세상에서 먹고 쓰고 자고 하는
것에 연연하는 것이 아니요, 너희들이
육의 세상에서 먹고 자고 살기 위해서
존재하는 것보다도,
5 너희가 먹고사는 것은 나의 법전이요,
나의 성령이요, 나의 아들을 통하여
내리는 나의 강론을 듣는 것, 내 뜻을
듣는 것,
6 그를 먹고 네 것으로 만드는 데 모두
를 다 바치는 그와 같은 마음으로 가
지 아니하면 아니 될 것이니라.
7 내가 나의 아들을 통하여 너희들에게
가르치고 전하는 것을 먹고 사는 너희
들이 되어야 될 것이니, 그것이 얼마
나 소중하고 귀한 것인지 알고 있느냐?
8 육의 세상에 너희들이 먹고 쓰고 자는
그것보다도 나의 아들을 통하여 내리
는 나의 강론이요, 나의 법전을 먹고
사는 그와 같은 삶으로 네 마음을 바
꾸라.
9 그것이 너희들의 육의 먹고사는 것보
다도 더 소중하고 귀하다는 것을 깨달
으라.
10 육의 세상 것을 먹고 살기 위하여, 너
희들이 그를 먹지 아니하면 살지 못하
며 죽음이라는 그와 같은 생각을 하여
너희들이 그를 위하여 모두를 다 바치
고 그를 위하여 살아간다면,
11 너희들은 그를 먹기 위하여 너희가 해
서는 아니 될 것, 또 넘어서는 아니 된
길을 그저 거침없이 넘고 행하는 것이
너희들이 살아가는 모습이요, 삶이 아
니더냐, 사랑하는 나의 아들딸들아!
12 그러니 그와 같은 한계를 벗어난 삶을
살아야 되는 것이 너희들이 가야 할
길이라는 것을 알라.
13 너희들은 나의 성령이요, 나의 법전을
접하고 먹고 사는 것이 더 위대하며,
나의 아들을 통하여 내리는 강론을 듣
고 사는 것이 더 위대하다 생각하지
아니한다면,
14 너희들이 나의 아들을 통하여 내리는
강론이요, 나의 법전을 밤에 내리는
이슬을 챙겨 먹는 것처럼, 그보다 더
소중하고 귀한 마음으로 생각하지 아
니한다면,

15 이 세상은 천 년 후에 지상의 낙원이
이루어질 수 없으며 그리 역사할 수
없음이니라.
16 너희들이 그와 같은 마음으로 살아가
며, 그와 같은 마음으로 변하는 마음
이 굳어졌을 때, 천 년 후에 내가 이루
고자 하는 이 지상의 역사는 건설된다
는 것을 명심하고 또 명심하라, 사랑
하는 나의 아들딸들아!

8,680 번째 하나님 말씀

2003년 12월 8일 11시 24분

1 사랑하는 나의 아들아!
2 "네, 아버님! 말씀하옵소서."
3 내가 너의 제자들에게 무어라 일렀느
냐?
4 너희들은 육의 세상에서 먹고 자고 쓰
는 것을 위해 사는 것이 아니요,
5 나의 성령이요, 나의 아들을 통하여
내리는 나의 강론이요, 나의 법전을
읽고 깨우쳐 그를 먹고 사는 것이 더
소중하며 귀한 것이라 생각하는 백성
이 되어야 된다 그리 말하였느니라.
6 내가 너희들에게 일찍이 깨우쳐 주었
느니라, 너희들이 10미터를 올라갔다
가 9미터를 미끄러진다 해도 1미터를
오른 그 역사가 있으니, 오르고 또 오
르도록 그리 노력하라 하였음이니라.
7 너희들이 육의 양식을 먹고 사는 것보
다 나의 성령이요, 나의 뜻을 먹고 사
는 것을 더 소중히 생각하며 깨우친
백성이라면,
8 이제 너희들은 오르면서 또 떨어지는
그와 같은 믿음으로 가서는 아니 되는
것이 너희들의 자세임을 알라.
9 처음의 기초적인 마음 자세는 오르다
떨어지고 또 오르다 떨어지며 그렇게
쌓이고 쌓여서 결국 정상에 오르는 그
와 같은 믿음의 길을 가는 것이 기초
라 하였음이니라.
10 이제 육의 세상의 양식보다도 영혼의
양식이요, 나의 성령이요, 나의 법전
을 가슴에 안고 깨우치고 정독하는 것
을 더 귀하게 여기는 너희들은,
11 이제 한 번 올라간 그와 같은 깨달음
에서 미끄러지며 내려오는 그와 같은
믿음으로 가서는 결코 나에게 오를 수
없다는 것을 알아야 될 것이며, 그와
같은 믿음의 길을 가야 함을 너희들은
알아야 될 것이니라.
12 내가 너희들을 통하여 그리 전하였느
니라, 나의 법전을 가슴에 안고 정독
하는 자, 너희들은 내가 어떠한 마음
이요, 어떠한 뜻에서 새로운 성경을
내렸으며, 이 성경의 역사가 어찌 이
루어지는 것이며, 이것이 이루어질 때
과연 어떠한 결과가 올 것인가, 그를
생각하며 나의 법전을 정독하라 그리
말하였느니라.
13 그러나 너희들은 이제 들어야 될 것이
니라, 나의 마음이 어떠한 마음이요,
심정이 어떠했기에 이 법전을 내렸는
가 생각한다면,
14 나의 아들을 따르는 제자 너희들은
10년, 20년이요, 너희들의 믿음의 세
계에서 다져지고 다져졌으나, 나의 아
들은 그와 같이 다져진 것이 없으며
배움이 없으며 깨달음이 없었음이니
라.

15 그러한 나의 아들이 하늘의 나의 뜻을
받아 지키는 것이 얼마나 어렵고 힘든
길이었는가 그를 들여다보며 그 마음
을 알아야 될 것이니라.
16 인간 세상의 교육도 아니요, 창조주
나 여호와의 가르침이요, 내 뜻에 따
라 아무것도 모르는 자가 그 길을 지
키고 역사하고자 가는 나의 아들의 힘
들고 어려운 그 고통을 너희들이 한번
들여다보며 그 마음을 이해하는 마음
으로 나의 법전을 전할 때,
17 그를 너희들이 도울 수 있으며 그와
더불어 갈 수 있으며 그를 이해할 수
있는 마음이 생길 것이니라.
18 이제 너희들은 육의 먹고사는 것보다
도 나의 법전이요, 나의 새로운 성경
이요, 나의 강론을 너희 목숨보다도
더 중히 생각한다면,
19 나 여호와가 이 법전을 내리는 것이
어떠한 뜻이요, 이 법전이 이루어지면
어떠한 결과가 올 것인지를 생각하기
전에,
20 이를 받아 기록하여 너희들에게 전하
는 나의 아들은 아무것도 모르는 자
가, 생나무 가지를 꺾어 심듯이 그와
같이 이 길을 가기 위하여 얼마나 고
통스럽고 힘든 길을 가고 있는가를 보
라.
21 기초가 다져지지 아니한 자가 그 길을
가고자 함이니 얼마나 힘들겠느냐?
22 다져진 길을 가는 자와 다져지지 않은
길을 가며 역사하는 그와 같은 세상의
이치를 바라본다면, 나의 아들의 마음
이요, 그 심정을 너희들이 이해할 것
이니라.
23 그러니 내가 왜 그를 들여다보라 하는
줄 알겠느냐?
24 너희들은 나의 아들과 더불어 깨우쳐
가며 같이 역사할 자들이기 때문에,
25 다듬어지지 아니하고 경험이 없고 배
운 사실이 없는 그가 변하는 모습, 그
가 변하기 위해서 가는 길이 얼마나
어렵고 힘든 가시밭길인가를 알며,
26 그도 그리 변하거늘 너희들이 어찌 변
할 수 없는 것인가, 올라갔다 떨어지
고 또 올라갔다 떨어지는 그와 같은
믿음의 길을 가서는 아니 되는 것이
너희들이 가는 길이라는 것을 내가 깨
우쳐 주기 위해 오늘의 이 기도를 내
림이니 그리 알라.

8,681 번째 하나님 말씀

2003년 12월 8일 11시 29분

1 사랑하는 나의 아들아!
2 **"네, 아버님! 말씀하옵소서."**
3 성서에 기록되어 나의 아들이 그리 말
한 것처럼 너희들이 지금 잘못 가르치
고 잘못 이해하는 대목이 있음이니라.
4 '내가 곧 길이요, 진리요, 생명이니, 나
로 말미암지 않고는 절대 나의 아버지
에게 올 수 없으며 갈 수 없다.' 그리
가르친 그 구절을 너희들은 과연 어찌
가르치고 어찌 해석하여 나의 피조물
만백성을 끌고 가는가?
5 이를 나의 아들 예수를 통하지 아니하
고는 구원을 받을 수 없으며, 나의 아
들 예수를 통해서만이 모두가 역사할
수 있다는 그 구절로 너희들이 나의
백성에게 족쇄를 채워 놓고, 그들을

지금 이리 끌고 저리 끌고 가는 그와
같은 형국이 되었음을 알라.
6 나의 뜻을 나의 아들을 통하여 내가
너희들에게 다시 전함이니 그리 알라.
7 이는 나의 아들 예수가 자신을 따르는
것, 저를 따르는 것만이 구원을 받는
것이라 함이 아니요,
8 '나는 창조주 아버지요, 보낸 이의 뜻
을 가지고 너희들에게 가르침이니, 내
가 지금 전하는 말의 뜻이요, 나의 가
르침을 듣는 것만이 창조주 나의 아버
지의 뜻이니, 하나님께 너희들이 오를
수 있다.' 하는 것을 가르치는 것이지,
9 나의 아들 예수를 통해서만 모두가 역
사한다 그리 못 박아 가르친 것이 아
님을 알아야 될 것이니라.
10 그를 통하여 전하는 것이 아버지의 뜻
이요, 그가 전하는 것을 따르는 것이
아버지의 뜻을 따르고 지키는 것이라
하여,
11 아버지인 나의 뜻을 지키고자 하는 자
만이 하늘에 오를 것이라, 내가 그리
나의 아들 예수에게 전하도록 했으며
그리 가르치도록 했음을 너희들은 알
아야 될 것이니라.
12 '나의 아버지의 뜻을 따르고 지키지
아니하는 자는 나의 아버지께 갈 수
없다.' 함이 성서에 기록된 내용을 너
희들이 보면 알 것이니라.
13 이 대목을 너희들은 나의 아들 예수를
부르고 찾기만 하면 구원에 오르는 길
이라 하여 그와 같이 나의 피조물 만
백성을 이끌어 가고 있음이니, 이것부
터 다시 변화되지 아니하면 아니 될
것이니라.
14 너희는 알아야 될 것이니라, 나의 아
들 예수의 태어남에 대한 신비를 믿는
것은 바로 우상이요,
15 나의 아들 예수가 살아가면서 지키고
행했던 것을 그대로 따르고 가르치는
것은 나의 뜻이요, 나에게 오르는 길
이라 내가 그리하였음을 너희들은 알
아야 될 것이니라.
16 그러나 예수를 통해야만 나에게 오른
다 하며, 예수를 통하지 아니하면 나
에게 오를 수 없다 하여 너희들이 지
금 무어라 말하느냐?
17 나의 아들 예수를 구세주요, 창조주
요, 그리고 나와 같이 역사한 자라 그
리 부르며, 아버지요, 또 아들이요, 성
령이요, 그리 말하느니라.
18 그것이 오늘의 너희들이 잘못되었음
이니, 그 근본부터 다시 생각하고 뜯
어고치고 다시 역사하지 아니하면 아
니 됨을 알아야 될 것이니라.
19 너희들이 지금 예수를 통해서만 구원
을 받으며 나에게 오를 수 있다, 나의
아들 예수가 그리 말했다는 그것이 나
의 아들 예수의 죽음을 욕되게 하며,
그를 지금 욕되게 하는 행위라는 것을
알겠는가?
20 그리하면서 너희들이 나를 속이고 나
를 능멸하는 죄를 짓고 있음을 알라.
21 나의 아들 예수는 저를 통하여 모두를
역사한다는 것이 아니요,
22 저를 통하여 내리는 것이 나 여호와의
뜻이니, 내 뜻을 전하는 그것을 듣고
행하는 자만이 나에게 오를 수 있으며
구원을 받을 수 있음이라 그리 전하였
음을 내가 다시 한 번 법전에 기록하

여 전함이니라.
23 너희들이 이를 보고도 거역하며 이를
따르지 아니하고, 구태의연한 방법으
로써 그리 부르짖고, 나의 피조물 만
백성을 끊어 낼 수 없는 족쇄의 쇠사
슬을 묶고 끌고 가는 그 죄가 얼마나
두렵고 무서운가, 너희들의 육의 삶이
머지않았음이니, 그를 다 알게 될 것
이니라.
24 그때는 이미 너희들은 구제할 수 없는
지경에 와 있음을 알라.

8,682 번째 하나님 말씀

2003년 12월 8일 11시 33분

1 사랑하는 나의 아들아!
2 "네, 아버님! 말씀하옵소서."
3 너희들은 세상의 어떤 것도 그 무엇도
나 여호와에게 오를 수 없으며 인간으
로서 너희들이 나에게 갈 수 있는 방
법이 전혀 없다 그리 말하느니라.
4 그리하여 나에게 오르는 길은 오로지
한 길이요, 한 곳밖에 없음이니, 그 오
직 한 길은 무엇이더냐?
5 나의 아들 예수를 찾기만 하며 그를
부르며 그를 구세주라 찬양하는 그 길
외에는 나에게 갈 수 없으며 오를 수
없다 그리 가르치느니라.
6 유일무이한 그 길은 나의 아들 예수를
구세주라 찬양하는 것, 그리고 예수를
통해서만 너희들이 구원을 받는다 그
리 가르치고 있음이니라.
7 그러면서 너희들은 무어라 말하느냐?
8 나의 아들 예수의 그 고통스러운 죽음
은 과거요, 현재요, 미래의 모든 백성
을 구원하려고 대신 죽은 자요, 속죄
양으로 죽은 분이라며 너희들은 그리
울고불고 광란의 짓을 하느니라.
9 너희들은 이 가르침과 이 믿음에서 벗
어나지 아니하면 진정한 하늘의 뜻이
요, 하늘의 역사함을 모름이니라.
10 보낸 이가 있으며, 보냄을 받은 자가
있으며, 구세주는 창조주 나 여호와
요, 너희들이 나를 찾으며 나 여호와
의 뜻을 행하고 사는 것이 나에게 오
르는 길이라 하였거늘, 이를 저버리고
지금 그리해서는 구원의 길을 갈 수가
없음을 알라.
11 나는 너희들에게 말하였느니라, 너희
들이 하늘에 오르는 길은 나의 아들
예수를 찾으며 구세주라 부르고 나를
찾고 울고불고하는 것으로 오르는 것
이 아니요, 그와 같은 믿음으로 너희
들이 나에게 오를 수 있는 길이 아니
니,
12 너희들이 육에 살면서 어떻게 행하고
살았느냐 하는 그것이 가장 중요하며,
그것이 나에게 와 심판받는 기본이요,
근본이라는 것을 나의 법전에 수없이
기록하여 전했음이니, 너희들은 이를
상기해야 될 것이니라.
13 예수의 죽음은 나의 뜻이요, 내가 역
사하는 것을 사랑하는 만백성 너희들
에게 깨우쳐, 대대손손 천년만년 역사
하여 하늘에서 이루어진 것같이 이 땅
에서 뜻을 이루고자 나의 아들은 그를
전하고 깨우쳐 주고자 했음이니라.
14 그러니 정녕 너희들이 구원의 길이라
면 나의 아들 예수를 구세주라 부르기
전에, 예수가 깨우쳐 주고 전하였던

바른 삶을 살도록 그리하라.
15 그것만이 너희들이 나에게 오를 수 있는 길이니라.
16 무조건 속죄의 죽음이 아니니라.
17 너희들은 어찌하여 나의 아들이 너희들의 죄를 대신하여 속죄로써 죽은 자라 하느냐?
18 나는 나의 아들을 통하여 나의 법전에 기록하여 너희들에게 전했음이니라, 공이 없는 자는 하늘에 오를 수 없으며 나에게 오를 수 없다 하였음이니라.
19 천사와 같지 아니한 자는 천사가 사는 세상에 올 수 없다 하였음이니,
20 이미 내가 너희들에게, 한 획도 빼도 더해도 아니 된다는 그 성경에, 공이 없는 자는 하늘에 오를 수 없다 하였으며,
21 인간 세상에서 살아간 그 결과로 심판의 대상이 된다 하는 것도 나의 성경에 기록되어 있음을 너희들은 알아야 될 것이니라.

8,683 번째 하나님 말씀

2003년 12월 8일 11시 39분

1 사랑하는 나의 아들아!
2 "네, 아버님! 말씀하옵소서."
3 나의 아들 예수가 하나님이요, 또 나 여호와가 나의 아들 예수요, 그리하여 예수는 하나님으로서, 나의 아들로서, 또 인간으로서 동시에 태어났다 그리 갖다 붙여 댐이니, 너희가 이것보다 더 우상화시키는 것이 어디 있는가?
4 보내진 나의 아들이 있으며, 보낸 나 여호와가 있거늘,
5 너희들은 어찌하여 나의 아들 예수를 놓고 그가 나며 내가 예수며, 또 그가 인간으로서 동시에 3박자를 가지고 세상에 태어난 자라 그리 말하느냐?
6 너희들은 그를 듣고 울고불고 '할렐루야, 아멘!' 하며 찬송함이니, 과연 그것이 진정한 말이며 그것이 이해가 가는 말이냐?
7 그것을 상식적으로 받아들일 수 있는 말이라 생각하는가?
8 이것이 바로 오늘의 구원을 받았다 광분하는 광신도들의 자세이니, 너희가 과연 진리가 무엇인 줄 알며 비진리가 무엇인 줄 알겠느냐?
9 무지한 종교 지도자들이 그저 부르짖는 소리에 은혜 받았다, 축복받았다며 아우성치는 것이 너희들이니,
10 그리고 너희가 밝은 천지로 나오면 공허와 허무함밖에 없다 하였음이니,
11 그것이 너희들이 죄를 버리지 못한 마음이요, 욕심을 버리지 못한 마음임을 알아야 될 것이니라.
12 세상에 그와 같은 법도는 있을 수도 없으며, 무지해서 하는 말이요, 사탄의 자식들만이 할 수 있는 말이라는 것을 이제 나의 사랑하는 백성 너희들은 알아야 될 것이니라.
13 그러면서 그들이 한술 더 떠써 너희들을 어떻게 묶어 놓고 이끌어 가며 재물과 금화와 은화를 거둬들이느냐?
14 그들은 말하느니라, 인간은 모두 죄인이라 하며 원죄가 있다 말함이니라.
15 모든 인간은 죄의 신분으로 태어났다 말하느니라.
16 너희 부모가 죄인이기 때문에, 죄인의

육을 빌어 세상에 나왔음이니, 너희들
은 원래부터 죄인이라 그리하며,
17 나의 피조물 만백성들이 죄를 사하려
면 더 큰 교회를 지으며 더 아름다운
것으로 꾸미며 궁전처럼 꾸리는 데 재
산을 다 바치며, 금화와 은화를 날라
다 바치는 자만이 원죄에서 벗어났다
그리 말하느니라.
18 너희들은 어찌 그와 같이 사악한 말을
하느냐?
19 인간의 행동이요, 인간이 역사하는 것
은 중요치 아니하며 구원과는 관계없
다고 종교 집단이요, 지도자들이 나의
백성들에게 그리 가르치면서,
20 어찌하여 인간의 부모가 죄를 지은 그
육의 덩어리에서 자식이 나왔다 하여
그 자식도 또한 죄를 지었다고 대물림
을 하는가?
21 인간 세상에서 지은 것은 아무것도 아
니요,
22 나의 아들 예수를 찾으며, 나의 아들
예수는 곧 하나님이요, 그는 또 나의
아들이요, 동시에 인간으로 태어났다
는 분별할 수 없는 그와 같은 말을 하
며,
23 육의 행동은 죄가 아니라, 오로지 나
의 아들 예수를 구세주라 부르기만 하
면 구원을 받는다 하면서,
24 어찌하여 육의 죄의 덩어리에서 났기
때문에 너희 자식들은 죄인이라 하며
죄를 뒤집어씌우면서,
25 불리할 때는 그리 써 먹고, 불리하지
아니할 때는 버리는 그와 같은 사악한
행위를 한단 말이던가?
26 나 여호와는 너희들에게 분명히 말하
였음이니라, 손자도 나를 아버지라 부
르며 아들도 나를 아버지라 부르며 할
아버지도 나를 아버지라 부르며 누나
도 아버지라 부르며 어머니도 나를 아
버지라 부르며 할머니도 나를 아버지
라 부르니,
27 각자 내가 너희들의 아버지이니라.
28 모두는 나 여호와가 각자 세상에 태어
나도록 그리하였으며, 모두는 나와 1
세대의 관계임을 너희들은 알라.
29 그러니 너희들은 육이 죄를 지은 부모
에게서 태어난 그 죄로 자식에게 원죄
가 있다 하지 말라.
30 육의 행동은 아무것도 아니라 가르치
는 자들이, 부모와 2대를 합쳐서 또 3
대를 합쳐서 육의 죄를 지은 자이기에
원죄가 있다 그리 가르치니,
31 이를 과연 믿고 따를 수 있으며, 이치
적으로 과연 그 말이 맞으며 가르침이
맞느냐?
32 그러면서 너희들은 '아멘, 할렐루야!'
하고 눈물 콧물 흘리며 은혜를 받았다
말하느니라.
33 나는 자유의사로써 자유롭게 너희들
이 일대일로, 나의 1세대로 태어났다
는 것을 나의 법전에 기록하여 너희들
에게 전함이니 이를 알라.
34 이를 버리지 아니하면 나를 알 수 없
음이니라.
35 너희들이 나를 아버지라 부르며 창조
주라 부르는 것은 나와 너희들이 1세
대이니, 부모와 자식 사이가 아니더냐?
36 그렇지 않다면 육을 가진 부모요, 2세,
3세대에서는 너희들이 나를 아버지라
부를 수 없는 것이니라.

37 하늘의 이치와 인간의 이치를 너희들
이 혼동하여, 필요할 때는 악용하는
그와 같은 방법으로 써먹지 말라 그리
전하라, 사랑하는 나의 아들아!

8,684 번째 하나님 말씀

2003년 12월 8일 11시 42분

1 사랑하는 나의 아들아!
2 "네, 아버님! 말씀하옵소서."
3 너를 따르는 제자요, 나의 법전을 위
하여 모두를 다 역사한 '고재순' 그 제
자에게 전하라, 그에게 너는 명하라.
4 법을 내리며 법을 만들어 세상에 내보
내는 것은 나 여호와의 뜻이요, 내가
주관하는 것이며, 네가 변화되어 이루
고 얻는 것은 네 몫이라 그리 전하라.
5 내가 이 세상에 법도를 내려보내며 너
희들이 지킬 것을 내려보내며, 너희들
이 행할 것을 나 여호와가 내려보내느
니라.
6 그러나 변화를 이루고 못 이루는 것은
너희 자신이며, '고재순' 저 자신이 이
루는 것이니, 그리 전하도록 하라.
7 거룩하게 보이고자 하는 것, 그리고
제가 또한 남들에게 뒤지지 않을까 하
며 살아가는 모습, 그 모든 고통을 나
여호와는 다 알고 있으며 네 심성을
알고 있느니라.
8 그러나 보이는 것만큼 아름다운 밑바
닥의 삶의 자리가 깔려져야 된다는 것
을 그에게 전하라.
9 다시 한 번 내가 그에게 명하노니, 이
두 글귀를 꼭 암송하여 변하도록 그리
전하라.
10 법을 만들고 지킬 것을 내려보내는 것
은 나 여호와의 뜻이요, 내가 세상에
내려보내나, 그가 변하고 이루는 것은
그의 몫이지 누구의 몫도 아니며, 내
가 이끌어 주는 것도 아니며 내가 다
스려 주는 것도 아니니라.
11 거룩하게 보이고자 하며, 그리고 제가
역사하고자 한다면, 그 고통과 시련이
얼마나 어렵고 힘든 것인지를 나 여호
와가 알고 있음이니,
12 내면과 외면이 일치되는 그와 같은 삶
을 살아가도록 하라 그리 전하라.

8,685 번째 하나님 말씀

2003년 12월 8일 11시 45분

1 사랑하는 나의 아들아!
2 "네, 아버님! 말씀하옵소서."
3 내가 너의 제자에게 말하였느니라, 법
을 내리고 행하는 것은 나의 뜻에 내
가 역사하는 것이며, 그를 지키고 변
화되는 것은 그의 몫이라 하였음이니,
4 그가 지금까지 나를 찾고 제가 왔던
그 길의 삶이 어떠한 속인지 알겠는가?
5 그가 지금까지 믿음 속에서 허덕이는
것을 내가 구원하여 나의 아들을 따르
게 했으며, 나의 법전을 만들라 하였
음이니,
6 그는 어떠한 집단에서 제가 지금까지
허우적거리고 있었는지 알겠느냐?
7 그가 속해 있던 종교 집단이요, 그가
강론 듣고 설교 들으며 지금까지 깨우
친 것, 그 머릿속에 남아 있는 것은 이
것뿐일 것이니라.
8 나 여호와가 역사하는 것이요, 성령의

말씀이 역사하는 것은 제가 다니던 교
회라는 소리를 들었으며, 절대적으로
성령의 말씀이요, 하나님의 뜻에 따라
순종하고 운영하며 역사하는 교회라
는 것을 그는 들었을 것이니라.
9 그리고 그는 세상에서 가장 아름다운
교회요, 그리고 감동받는 교회가 제가
다니는 교회라 그리 말하였으며,
10 그 종교 지도자는 설교와 기도를 통하
여 성령의 기름부음을 받는 교회요,
그 집단이 여기라 하여 그가 다니던
곳에 몸 바쳐 있었으니, 그는 그 소리
밖에 들은 것이 없을 것이니라.
11 또 그 지도자는 그들에게 그리 말하였
느니라, 치유와 회복과 거듭남과 예수
의 몸이 되는 교회는 이곳밖에 없으며
저희 집단이라 그리 가르치는 속에서,
제가 '옳소, 아멘!'이라 하며 눈물 흘
리고 콧물 흘리는 그 속에 있었음이니
라.
12 그리고 모든 십일조요, 헌금은 자발적
으로 바치는 것이며 자발적으로 역사
하는 것이요, 그리고 자발적으로 하나
님 뜻에 역사하는 교회요, 운영되는
교회라 소리 지르는 곳에 몸담고 있었
음이니라.
13 너희들이 자발적으로 내는 헌금이요,
자발적으로 운영되는 것이니, 각종 은
사가 저희에게 내려지며 너희들의 뜻
이 이루어진다 하며, 또 그들은 무어
라 말하였느냐?
14 나라와 세계의 모두의 평화와 역사를
변화시킬 수 있는 것은 그곳이라 그리
말하였느니라.
15 그리하여 세상의 모든 변화를 이루는
것의 주체가 저희들이며, 저희 교회
요, 제가 있는 곳만이 역사하는 것이
라 그리하여,
16 그곳은 신앙의 승리요, 믿음의 승리자
요, 구원을 받는 곳이요, 그리고 나에
게 올 수 있는 그 모두를 얻으며 받을
수 있는 곳이라 가르치는 종교 집단에
서 제가 몸 바쳐 여기까지 역사하였음
이니라.
17 그가 그 죄를 씻기 위해서 제가 오늘
보다 열배 백배 더 고통스러운 길을
가도 그를 씻지 못할 것이라 그에게
그리 전하라.
18 그러니 그에게 전하라, '너 자신을 알
라.',
19 그리고 그 자신이 깨우쳐 바로 서야
될 것이며, 열 발자국 올라갔다 두 발
자국 내려서는 그와 같은 마음은 용서
치 않을 것이라 그리 전하라.

8,686 번째 하나님 말씀

2003년 12월 8일 11시 49분

1 사랑하는 나의 아들아!
2 "네, 아버님! 말씀하옵소서."
3 너의 제자에게 깨우침을 주어야 될 것
이니라.
4 네가 지금까지 믿어 왔던 그 삶에서
이제 나의 법전대로 지키고 나의 법전
을 정독하며 그대로 살고 그대로 역사
하고자 하는 것은 나 여호와의 뜻이
요, 하늘의 뜻을 제가 실천하는 것이
요,
5 제가 그를 벗어나서 생각하는 것은 이
기적이요, 땅의 생각이요, 제 생각에

서 이루어지는 것이니,
6 그가 생각하고 살아가는 것을 과연 어
디에 두고 살아가야 될 것인가 그에게
네가 물어 전하도록 하라.
7 나의 법전을 읽고 읽어 정독하고 또
정독해 나의 법전대로 살아가는 것은
나 여호와의 뜻에 의해 사는 것이요,
나에게 오르고자 하는 것이요, 내가
예수를 통하여 역사하고자 하는 것을
제가 지금 역사하는 것이요,
8 그렇지 아니한 것으로 제가 생각하는
것은 이기적인 생각에서 이루어짐이
니, 땅의 생각에서 이루어지는 것이
며, 땅에서 이루어지는 것이며, 제가
편하고자 하는 그 모든 발상에서 이루
어지는 것이니, 이는 하늘의 뜻이 아
니니라.
9 그는 정녕 땅의 생각이요, 땅의 뜻에
의해 살아갈 것인가, 하늘의 뜻에 의
해 살아갈 것인가, 그가 스스로 선택
하도록 그리 전하라.
10 열 발자국을 올라갔으면, 죽어도 한
발자국이라도 내려와서는 아니 되는
것이 그라 말하라.
11 매달린 밧줄을 제가 올라가야 정상에
오름이니, 제가 올라가기 힘들다 하여
손을 놓으면 그는 미끄러짐이니라.
12 그는 그와 같은 믿음으로 가서는 아니
되며, 만백성의 근본이 될 것이며 기
본이 될 자이니,
13 열 발자국을 올라갔으면 어떠한 고통
이 있어도 그 밧줄을 놓지 아니하고
다시 힘을 내어 올라가는 것만이 그를
따르는 그 후배들이 볼 것이며, 늦게
오는 자들이 배우고 그를 따라갈 수
있으니,
14 그는 그와 같이 할 수 있는 기질과 마
음 자세가 되어 있는 자이니라.
15 그에게 불을 붙이고 자신 있게 행하도
록 하면 될 자이기에 내가 그에게 그
리 명함을 들으라 그리 전하라.

8,687 번째 하나님 말씀

2003년 12월 9일 08시 09분

1 사랑하는 나의 아들아!
2 "네, 아버님! 말씀하옵소서."
3 믿음이라는 길이요, 저희들이 가는 길
이 구원의 길이라 말하는 그 백성들이
나의 법전을 접함이니,
4 나 여호와가 얼마나 가슴이 아프며 얼
마나 더 견딜 수 없으면 이 애절한 말
로써 이 애절한 내용을 너를 통하여
새로운 성경이요, 만백성의 심판의 근
본이라 하여 내려보내겠는가?
5 그것 하나만 애정 어린 마음으로 본다
해도 그 가슴에 나의 법전의 뜻이 와
닿을 것이며 그는 깨달음을 얻을 것이
라 하였음이니라.
6 그러나 그들은 그것이 사탄이요, 이단
이요, 사악한 자라 하니, 저희들이 오
늘의 가는 그것 외에는 아무것도 받아
들이지 아니하며 이해하지 아니하려
하는 것이니라.
7 또한 나의 아들을 볼 때, 그가 믿음의
길을 간 적이 없으며 성서를 본 것이
없으며 아무것도 모르는 자에게 나
여호와가 하늘의 뜻을 명함이니,
8 이를 따르고자 하는 그가 얼마나 고통
스럽고 힘든 길을 가고 있는가 하는

것을 애정 어리게 생각하며 나의 법전
을 읽을 때, 저희들이 세상 것을 다 얻
는 은혜와 영광을 얻을 것이니라.
9 아래로는 그를 따르는 제자들이요, 그
법전을 보고 그대로 행하고 지키겠다
며 따르는 저희들과 똑같은 백성들이
요, 그를 지키고 살아가려고 몸부림치
는 자들이 있다면, 그들과 저를 견주
어 볼 때 과연 누가 옳고 그른가 하는
것을 알 수 있을 것이니라.
10 그가 그 길을 갈 수 있는 백성이라 하
면 저도 갈 수 있다 생각하며,
11 이 길이 옳다 생각하며 그리 가려고
노력한다면, 제가 지옥문 앞에 가서
들어가지 아니하려고 몸부림치는 것
은 우선 면할 것이니라.
12 그 큰 은혜와 영광을 육이 존재하는
이 세상에서 얻어야 될 것이거늘, 그
를 탓하고 욕하는 자가 있음이니, 이
를 어찌하겠는가?
13 그것이 인간 너희들의 마음이니, 거기
에 사랑이 어디 있으며, 사람을 사람
으로 생각하는 것이 어디 있더냐?
14 사람을 사람으로 생각하며 사랑으로
생각한다면, 그가 왜 이 길을 가야 되
며 이를 역사하는 것인가를 너희들이
한 번쯤은 생각해 볼 수 있으며,
15 그들의 수고로움을 생각할 수 있는 것
이며, 고통스러움을 생각해 볼 수 있
지 아니한가?
16 그와 같은 인간으로서 사랑의 씨앗까
지도 모두 메말라 버린 너희들이기
때문에 오늘의 나의 법전을 그저 사탄
이요, 이단이라 그리 말하느니라.
17 화려한 것, 호화로운 행사요, 전례요,
계획에 의하여 가는 것만이 위대하다
생각하는 나의 어리석은 백성, 너희들
은 우선 사랑이요, 남을 배려하는 마
음이 가슴속에 하나도 없음을 알아야
될 것이니라.
18 사랑과 배려의 마음을 가지고 법전을
보는 자, 내가 다시 한 번 말하니, 너
희들이 지옥 불에 가 죽기 아니면 살
기로 들어가지 아니하려 몸부림치는
그와 같은 역사는 없을 것이니라.
19 나는 너희들에게 말하느니라, 나의 법
전이 세상에 내려간 것을 너희들이 보
고 깨우쳐 깨달아야 될 것이니, 그것
만이 너희들이 할 수 있는 길이니라.
20 내가 나의 아들의 제자들을 불러 말하
였느니라, 하늘의 법도요, 모든 내 뜻
이요, 너희들이 지키고 안 지킬 것은
내가 법으로 만들어 명하여 세상에 내
려보내나, 그를 지키고 행하는 것은
너희들의 몫이지 내 몫이 아니라 하
였음이니라.
21 그러니 이와 같은 나의 뜻을 너희들이
안다 하면, 지금 나의 법전을 내리는
것을 위로는 나 여호와의 가슴 아픔을
생각하며,
22 또한 아래로는 나의 아들이 이와 같은
길을 가고자 하는 것, 그리고 저 자신
을 다스려 가고자 하는 것,
23 그리고 너희들과 같은 형제가 스스로
이 길을 가고 있는 것을 보라.
24 과연 이 길을 이대로 지키고 가는 것
이 아름다운 길인가, 너희들처럼 착각
하는 삶이 더 아름다운 삶인가?
25 나 여호와는 창조주 하나님이기에, 너
희들이 감히 나를 비교하여 생각하지

아니하여도 내가 말하지 않겠느니라.
26 또한, 나의 아들도 나의 아들이라 명
하여 내가 직접 내리는 그 모두를 듣
고 기록함이니, 그도 너희들보다 깨달
음이 높은 자라 하여 나의 아들을 견
주어 생각하지 아니해도 내가 너희들
을 탓하지 않겠느니라.
27 다만 마지막, 나의 아들을 따르는 그
제자들이요, 나의 법전을 읽고 이와
같이 살아가고자 하는 백성들은 너희
들과 다른 것이 무엇이 있느냐, 너희
들과 똑같은 삶을 사는 형제가 아니더
냐?
28 그러니 그들이 이 어렵고 힘든 길을
지키고 살아가고자 몸부림친다면, 과
연 그들은 왜 이 어렵고 힘든 길을 가
고자 하는 것인가, 그리고 어찌하여
십계명을 지킬 수 있으며 죄짓지 않
고 살 수 있다며 살아가는가 그것을
본다면,
29 너희들이 과연 어찌 살아가야 되는가
를 거기서 깨닫고 얻는 현명한 백성이
되도록 나 여호와는 기다리고 기다릴
것이니 그리 알라.

8,688 번째 하나님 말씀

2003년 12월 9일 08시 15분

1 사랑하는 나의 아들아!
2 "네, 아버님! 말씀하옵소서."
3 사랑하는 나의 아들아!
4 "네, 아버님!"
5 네가 과연 어찌 가야 하는지 너는 알
고 있지 않으냐?
6 어찌하여 네가 그 길을 그대로 행하지
아니하며, 스스로 넘어지는 그와 같은
길을 선택하여 가는가?
7 "네, 아버님!
8 사람이 용서할 수 없는 자를 용서하는
것, 그리고 도저히 받아들일 수 없는
사람을 받아들이는 것, 그리고 미워하
지 아니하면 아니 되는 사람을 미워하
지 않는 것, 그리고 도저히 줄 수 없는
것을 주는 것,
9 이것이 사랑이며 이것이 지키고 가야
할 길이라는 것을 잘 알고 있사옵나이
다.
10 저 자신이 남의 마음을 알고 있으며
그 속을 알고 있음이니, 그래도 그것
을 덮어 두고, 보지 아니한 듯 알지 못
하는 듯 모두를 덮고 살아가는 것이
제가 가야 할 길이나,
11 그를 깨우쳐 주기 위하여, 또한 그를
다스리기 위해서 제가 하는 그 말들은
정녕 그를 다스리고 깨우쳐 주고자 하
여 하는 말이나 이것이 잘못된 것이며,
12 제가 또한 그 모두를 덮지 못하며 그
를 내색하지 아니하고 살아가는 그와
같은 마음이 아직도 수양이 부족하며
저 자신의 다스림이 부족함을 알고
있사옵나이다."
13 내가 너희들에게 '사랑'이라는 것은
도저히 이룰 수 없는 것, 역사할 수 없
는 것, 용서할 수 없는 것, 그리고 극
한 상황에서 '나'를 버리고 '남'을 구하
는 것이 사랑의 근본이요, 길이라 하
였음이니,
14 모두를 다 가슴에 안는 것이 아니면
아니 됨이니라.
15 네가 남들의 마음을 알며 그 사람의

생각을 알고 있으며, 그가 어찌 갈 것
인지를 알고 있다 하여 그를 내색한다
면, 너는 정녕 모두를 사랑하는 그와
같은 마음이 부족함이요, 그를 행하지
못하고 있지 않은가?
16 그와 같은 마음의 자세가 있어서는 아
니 됨이니라.
17 이제는 네가 그 모두를 다 용광로에
녹이듯이 녹이는 그와 같은 자세로 가
야 되거늘, 어찌하여 네가 상대방의
마음을 언짢게 하며 상대방의 마음을
불쾌하게 하는 그와 같은 말을 할 수
있단 말이던가?
18 알면서 속아 주며 알면서 넘어가는 사
람들이 수없이 있느니라.
19 네가 남의 마음을 보며 남의 속을 보
는 것이니 이는 너만이 할 수 있는 것
이거늘, 어찌하여 네가 그것을 갖다
그대로 표현하며 그대로 말하며 그대
로 생각하느냐?
20 그건 네가 그를 가르치고 다스리는 것
이 아니라, 그가 너에게 감정을 갖도
록 하며 너를 욕하게 하는 것이 아니
더냐?
21 그러니 너는 어떠한 사람이든 그를 다
스리고 받아들이며 가슴에 안아야 되
는 것이 도리이거늘, 어찌하여 네가
그를 풀지 못하며 그 마음을 열지 못
하는가?
22 이것이 네가 오늘의 네 마음을 다스리
지 못하며 네 마음이 열리지 못함이
요, 네가 가고자 하는 그 길에 우뚝 서
지 못하는 것임이니 그리 알라.
23 너는 오늘 이후부터 어떠한 사람이든
누구든 그를 다 인자한 모습으로 사랑
으로써 받아 주며,
24 그에게 언짢은 일, 과격한 말, 과격한
대화요, 가슴 아픈 일을 해서는 절대
아니 됨이니라.
25 이를 명심하고 또 명심하도록 그리하
라.

8,689 번째 하나님 말씀

2003년 12월 9일 23시 56분

1 사랑하는 나의 아들아!
2 "네, 아버님! 말씀하옵소서."
3 너희들 인간의 살아가는 형태를 내가
무엇이라 말하였느냐?
4 너희들이 살아가면서 악한 생각을 할
때는 사탄의 자식이 되는 것이며, 선
한 것을 생각할 때는 천사가 된다 하
였음이니라.
5 너희들은 하루를 살아가면서도 수없
이 선과 악을 오고 가는 자들이니, 그
것이 너희들이 듣기에는 그저 선의
세상과 악의 세상을 오고 가는 것이라
그리 생각하나,
6 너희들이 육의 삶을 마치고 나에게 와
심판대에 선 그 후부터는 그게 지옥과
천국을 오고 가는 그 길임이니,
7 천국에 많이 가 있는 삶을 산 자는 천
국에 오를 것이며, 지옥에 많이 가 있
는 삶을 산 자는 지옥으로 감을 알아
야 될 것이니라.
8 내가 너를 통하여 무어라 말하였느냐,
종교 지도자는 거울로 비추어 봐서 또
유리로 비추어 봐서 한 점의 부끄럽
이 없는 그와 같은 삶을 사는 것이요,
그것이 바로 지도자가 가는 길이라 하

지 아니하였더냐?
9 그러니 너도 마찬가지며 너를 따르는
제자들도 마찬가지며, 너희들이 살아
가며 행함에 있어서 선이 아니요, 악
을 행했을 때,
10 그리고 부끄러운 일이요, 부끄럽지 않
는 삶을 살아가는 것으로 지옥과 천국
을 오고 간다 했듯이,
11 지도자가 그 마음이 깨끗지 못하면서
나의 성령이라 하여 나의 법전을 듣고
전하며, 너희들이 또 듣고 읽고 깨우
친 것, 강론을 들은 것을 전한다 해도,
마음이 사악한 자가 전한다면 그것은
사탄의 말이 되는 것이며,
12 선하고 아름다운 마음으로 너희들이
전하는 것은 진정한 나의 뜻을 전하게
되는 것이라는 이 무서운 사실을 알
아야 될 것이니라.
13 그리하여 거울로 비추어 보든 유리로
비추어 보든 한 점의 부끄럼이 없는
지도자가 되어야 한다는 뜻이 여기
있음을 이제 너희들은 알아야 될 것이
니라.
14 나의 아들을 통하여 내리는 강론을 들
었으며 나의 법전을 읽었으며 깨달음
의 경지가 높다 하여 너희가 많은 백
성을 가르치고 전한다 해도,
15 정녕 너희들의 그 마음의 자세요, 행
동이 어떠한지에 따라, 한 점의 부끄
럼이 없는 자세로 살아가는 지도자가
되어 가르친다면 이는 나 여호와의 뜻
이요, 하늘의 뜻이나,
16 그렇지 못한 자들이 말로만 나의 법
전을 읽고 깨우쳐 깨달았다 하여 그를
가지고 가르친다면 그것은 사탄의 가
르침이요, 나 여호와의 가르침이 아님
이니, 너희들은 이 무서운 사실을 알
아야 될 것이니라.
17 너희들은 지금의 성서의 비유의 뜻을
알지 못함이니라.
18 나의 법전을 가르치고 깨우치는 자,
그 모두를 듣고 배우는 자, 정독하는
자는 하늘에 오르는 백성이라 그리
말하니, 법전을 읽고 깨우치는 것은
무조건 구원을 받는 백성이라 그리 생
각할 것이니라.
19 그러나 그것이 아님이니라.
20 너희의 마음의 자세가 어떠하며 너희
의 행함이 어떠하냐에 따라서 나의
법전을 읽고 안 읽는 그것도 다 차이
가 있음이니, 너희들은 그 의미요, 뜻
을 알아야 될 것이니라.
21 너희들이 성경이요, 성서를 공부하면
서 그 말이 앞뒤의 뜻이 맞지 아니하
며 너희들이 이해하지 못할 부분이 있
을 것이니라.
22 앞에서는 산을 올라가서는 아니 된다
하고, 또 뒤에서는 산을 올라가야 된
다 그리하니, 그와 같은 이치가 여기
에 있음을 알아야 될 것이니라.
23 또한, 나의 법전도 그와 마찬가지니라.
24 나의 법전을 가슴에 안고 정독하는
자, 구원의 길에 올라선다 하였음이니,
25 나의 법전을 가슴에 안고 정독한다 해
도 너희들이 구원을 받을 수 없으며
나에게 오를 수 없다 그리 말한다면,
그게 무슨 의미인 줄 알겠느냐?
26 정독하는 자의 마음이 어떠하냐에 따
라서 그와 같은 것이니,
27 이와 같이 기록된 성서의 비유의 뜻

을 알지 못하며 그 의미를 알지 못하
면서 너희들이 잘못 가르치고 있으며,
지도자 자신도 대답하지 못하는 것이
여기에 있음이니라.
28 그러니 그와 같은 의미요, 이치를 깊
이 깨우치고 깨닫지 아니하면 너희들
은 알 수 없는 것이니라.
29 그러니 너희들은 한 점의 부끄럼이 없
이 가야 될 것이며,
30 한 점의 부끄럼이 없는 삶을 사는 자
가 가르치는 것은 나의 법전이 너희들
에게 생명수요, 그렇지 아니한 것은
생명수가 못 됨이니라.
31 내가 누구나 다 세례를 할 수 있으며
축복을 해 줄 수 있다 하였음이니라.
32 그러나 나의 법전을 읽고 깨우쳤다 해
서 너희들이 그를 할 수 있는 것이 아
니니라.
33 너희들의 마음이 사탄의 마음을 가져
사악한 마음이요, 사악한 행동을 하면
서 세례를 내린다면 그것은 정녕 사
탄의 후예를 만드는 것이요,
34 너희들이 진정한 나의 뜻에 따라 나의
법전이요, 계명대로 행하면서 세례를
주는 자는 천사요, 내 뜻을 전하는 것
이니,
35 이제 이러한 깊고 깊은 의미를 잘 깨
닫고 알아야 할 때가 되었음을 알라.

8,690 번째 하나님 말씀

2003년 12월 10일 0시

1 사랑하는 나의 아들아!
2 "네, 아버님! 말씀하옵소서."
3 이제 너를 따르는 제자들이요, 나의
법전을 읽고 깨우친 백성, 그들 모두
는 깨달음의 변화가 무서우리만큼 차
이가 있음을 알아야 될 것이니라.
4 변화되는 자는 무섭게 변화되어 하늘
의 뜻을 보고 달려올 것이며, 악한 마
음을 가지고 벗어나지 못하는 자는 악
함에 무섭게 타락되며 변화된다는 것
을 이제 그 제자들 또한 알아야 될 것
이니라.
5 그러니 지금 이 세상 백성의 삶이 또
한 그러하니라.
6 나의 피조물 만백성, 지금이 종말이
요, 마지막 시대라 하며 살아가는 자,
너희들이 오늘까지 온 그 믿음이 진정
한 믿음의 가르침이 아니기에,
7 이제 나로부터 심판의 시대요, 제3의
시대를 여는 이와 같은 시대에 사는
나의 백성 너희들은, 내가 나의 아들
을 통하여 지금 전했듯이, 아름다운
천사와 같은 쪽으로 변하는 백성은 무
섭게 그리 변화될 것이며 천사와 같은
삶을 살도록 변화되는 것이니,
8 너희들이 지금 그 갈림길에 있으며 그
와 같이 구분되어 있느니라.
9 악한 것을 행하는 자는 무섭게 악한
자로 변할 것이며, 사탄의 자식이 되
어 있는 자는 무서운 사탄의 자식으로
역사하고자 하는 그와 같은 시대가 지
금 열리는 것을 알아야 될 것이니라.
10 이것이 어떠한 의미인 줄 알겠느냐?
11 이게 곧 심판의 시대가 역사하고 있기
때문이라는 것을 너희들은 잊어서는
아니 될 것이니라.
12 너희들이 진실로 선하고 아름다운 쪽
으로 변하는 삶을 사는 것, 그리고 사

악한 것을 행하며 사악한 쪽으로 가는
것, 이제 너희들은 여기서 마음의 자
세를 확고히 해야 됨을 알아야 될 것
이니라.
13 나의 성전을 떠나는 자, 나의 법전을
놓고 가는 자, 그와 같은 백성은 이제
험악하고 사악하기가 끝이 없이 사악
해질 것이며,
14 어렵고 힘든 그 길을 간다 해도 160권
의 법전을 가슴에 안고 정독하고 또
읽고 읽어 깨우치는 자, 너희들이 나
여호와의 뜻을 알며 하늘의 뜻을 알아
변한다 하면, 너희들은 끝없는 천사의
길을 올 수 있도록 무서우리만큼 변할
것이며, 변화되는 그와 같은 것을 느
낄 수 있는 것이 오늘의 너희들이니라.
15 이제 나의 아들을 통하여 너희들에게
명함이니, 그 두 개의 양단간에 하나
를 선택하는 것이 너희들이 가야 할
길임을 알아야 될 것이니라.
16 나 여호와는 너희들이 지킬 것, 갈 것
을 모두 다 내려 주었으며, 하늘의 법
도까지 160권의 법전에 나의 아들을
통하여 기록하여 모두 다 내려보냄이
니,
17 너희들이 그리 행하고 지키고 역사하
는 것, 역사하지 못하는 것은 너희들
의 자유의사에 달렸음을 알아야 될 것
이니라.
18 다만 내가 너희들에게 역사하며 언약
하여 깨우쳐 줌이니, 이제는 변하는
것이 둘 중에 하나로써 너희들이 무섭
게 치닫는 그와 같은 현실에 와 있음
이니, 이것이 마지막 시대임을 알라
그리 전하라.

8,691 번째 하나님 말씀

2003년 12월 10일 0시 04분

1 사랑하는 나의 아들아!
2 "네, 아버님! 말씀하옵소서."
3 어렵고 힘든 그 고통을 통하여 너희들
이 스스로 성숙해지며, 또한 남을 이
해하고 남의 삶을 들여다볼 수 있는
그와 같은 눈이 뜨일 수 있다 그리 말
하지 아니하였던가?
4 그리하여 내가 나의 뜻을 이루는 그와
같은 역사를 하기 위하여 분야별로 사
명을 주어 세상에 내보낸 백성이 수없
이 있었으며, 또한 그들에게 깨달음을
주고 있었음이니라.
5 그리하여 그들은 어렵고 힘든 그 길을
지금까지 잘 왔느니라.
6 그러나 이제 그들에게 전해야 될 것이
니라.
7 너희들이 모두 나로부터 하나의 명을
받아 오늘에 그 분야별로 성숙해질 대
로 성숙해 왔으나,
8 이제는 총체적인 나의 법전이요, 새로
운 성경이 세상에 내려감이니, 너희들
은 나의 법전에 고개 숙여 사역해야
되는 것이 너희들이 가야 하는 길이라
는 것을 알아야 될 것이니라.
9 이제 나의 법전을 읽고 깨우치는 백성
너희들이 지금까지 받았다, 깨우쳤다,
깨달았다 하는 것, 너희들이 나로부터
대명을 받았다 하며 역사한 것을 모두
접어 두지 아니하면 아니 됨을 알라.
10 너희들이 오늘까지 견디고 온 것은 오
늘의 총체적인 나의 새로운 법전이 세
상에 내려감이니, 이 앞에 모여 사역

하는 것이 너희들의 임무며 너희들이
역사할 것이라는 것을 내가 다시 한
번 명하니,
11 분야별로 작은 명을 받은 자, 제가 제
왕이 된 것처럼, 세상을 정화할 것 같
은 허황된 생각을 버리도록 그리하라.
12 나의 아들을 통하여 내려가는 160권
의 법전의 그 내용이 얼마나 많고도
많은 내용들이더냐?
13 그러나 너희들이 나로부터 받은 것이
요, 나로부터 역사했다는 것을 글로
엮을 때, 과연 몇 권의 책을 낼 수 있
으며 몇 장이나 그 의사를 써서 전하
겠는가?
14 열 장도 넘지 못하는 그와 같은 깨달
음을 가진 너희들이 어찌하여 160권
앞에 와 고개 숙이고, 너희들이 맡은
사명이 여기 있다 하여 스스로 나의
아들이 가는 길을 따르며 그 제자들이
가는 길을 같이 따라가며, 그와 같은
역사를 이루지 않으며 변화하지 못하
는가?
15 정녕 제왕적인 너희들이 이 세상을 좌
우하는 것처럼, 세상을 통제한다는 그
착각 속에서 벗어나지 못하여,
16 너희들이 나로부터 받은 작은 은혜요,
그 역사함까지도 지금 구원의 길이 아
니요, 지옥의 길로 가는 그 욕심의 근
원이요, 뿌리로써 악용하고 있다는 것
을 알아야 될 것이니,
17 그리 악용하는 자, 정녕 얼마나 무서
운 결과가 너희들 앞에 있는지 알아야
될 것이니라.
18 내가 나의 아들을 통하여 지금 나의
법전이요, 새로운 성경에 기록하여 전
하느니라.
19 160권의 법전 속에 얼마나 많은 양이
요, 얼마나 많은 하늘의 뜻이 내려가
있는가?
20 그러니 너희가 한 권의 책도 엮지 못
하는 것을 깨닫고 얻었다 하여 너희들
이 제왕이라 생각하지 말라, 어리석은
백성들아!
21 너희들은 오늘의 나의 새로운 법전이
요, 새로운 성경이 내려가는 것을 보
좌하고 그 사역을 하기 위해 세상에
내려진 자들이라는 걸 알라.
22 너희들이 지금 모두 서로 제왕이라 생
각하는 것, 제가 세상을 지배한다 생
각하는 것, 저만이 나로부터 무엇인가
받아 역사한다는 것, 그것이 다 욕심
이니라.
23 부질없는 욕심이요, 인간 세상의 이치
도 모르는 자들이니, 하늘의 이치요,
나 여호와의 뜻을 감히 어찌 알겠는가?
24 이제 모두 다 고개 숙이고, 총체적인
나의 법전에 너희들은 그리 사역하는
자들이라는 것을 잊지 말라.

8,692 번째 하나님 말씀

2003년 12월 10일 0시 08분

1 사랑하는 나의 아들아!
2 "네, 아버님! 말씀하옵소서."
3 너의 제자들과 나의 법전을 읽고 깨우
친 백성들에게 전하라.
4 수천 년 동안 흘러온 오늘의 종교 집
단이요, 지도자, 그 신도들이 과연 어
떠한 길을 역사하고 왔는가?
5 그들은 참진리를 연구하여 나의 백성

을 하늘에 오르는 길로 인도하는 것이
아니요,
6 저희 집단과 생각이 다르며 저희가 받
는 교육의 과정이 다르며 저희들이 행
하는 모든 행사 자체가 다르며 또 배
우는 것이 저희들과 다를 때,
7 그 모두는 다 사탄이요, 이단이라 몰
아붙이는 것, 그리고 그들을 짓이기고
자 하는 것, 그리고 저만이 위대하다
는 그것으로써 그들은 수천 년 동안
지금 흘러왔느니라.
8 나의 피조물 만백성을 그리 끌고 온
것이 그들의 오늘의 믿음이지, 진정한
진리를 믿음이 아니요, 나 여호와의
뜻에 의해 역사하는 자들이 아니라는
것을 가르쳐 주어야 할 것이며, 맹종
맹신하는 그 백성에게 깨우침을 주어
야 될 것이니라.
9 지금 모든 종교 집단의 지도자들이 저
희들의 교육 과정이요, 저희들과 뜻이
다르다 하여 사탄이요, 이단이라 몰아
붙이기에 혈안이 되어서 모두를 거기
에 바치고 왔는가 하면,
10 2천 년 전 나의 아들 예수를 팔았으며
나의 아들을 그리 죽게 만들었던 그들
이 바로 오늘에 어떠한 역사를 하고
있는지 알겠느냐?
11 그와 같은 자들이 지금 나의 아들을
또 팔려고 하며, 나의 아들을 세상에
존재치 못하도록 하며, 그리고 나의
새로운 법전을 태워 버리고 찢어 버리
는 그와 같은 행위를 또 일삼을 것이
며,
12 그것을 위하여 저희들이 단결하고 단
합하며 모든 힘을 다 합쳐, 2천 년 전
사랑하는 나의 아들을 죽게 하고 찢고
팔고 했던 그와 같은 행위를 또다시
그들이 앞으로 자행할 것임이니라.
13 그리하여 그를 빙자하여 저희들이 쓰
러지고 무너지는 것, 또 저희들이 흩
어지는 것을 하나로 결속하고자 하는
그와 같은 사악한 방법으로 나의 아들
이요, 나의 법전을 그들이 악용할 것
이니라.
14 그러나 이제는 내가 2천 년 전 나의
아들 예수의 그 고통처럼 그와 같은
것을 내가 절대 용서치 아니할 것이니
라,
15 나 여호와의 뜻은 반드시 이루어질 것
이며, 나의 언약은 역사할 것이며, 나
의 법전이 세상을 덮어 그들을 다스린
다는 것을 그들에게 깨우쳐 주도록 그
리하라.
16 감히 나의 아들을 팔려 하지 말며 나
의 법전을 찢고 태우려 하지 말라 그
리 전하라.

8,693 번째 하나님 말씀

2003년 12월 10일 0시 13분

1 사랑하는 나의 아들아!
2 "네, 아버님! 말씀하옵소서."
3 너의 제자들 앞에 종교 지도자와 그
맹신도들이 와서 시시비비를 하며 말
하거든, 그들에게 물어보라.
4 지금까지 너희들의 믿음이 과연 무엇
이었는가, 정녕 나 여호와의 뜻을 위
하여 하늘에 오르는 길을 인도했는가?
5 나 여호와가 그들에게 말하니, 저희들
은 그와 같은 길을 온 자들이 아니요,

지금까지 그들이 온 신앙은 바라는 신
앙이요, 얻고자 하는 신앙이요,
6 나 여호와의 진리요, 나의 아들 예수
를 통하여 역사했던 것을 따르는 게
아니라, 나 여호와 자체를 너희들은
그저 인간 세상의 해결사 그 이상도
그 이하로도 보지 아니하며 생각지 않
는 것이 오늘의 신앙생활이요, 구원을
받았다 말하는 자들의 믿음의 상태라,
그들에게 깨우쳐 주고 전하라.
7 그들은 어떠하던가, 시도 때도 없이
그저 나에게 무엇을 이루어 달라 기다
리는 신앙이요, 무엇을 더 내려 달라
바라는 신앙이요, 그와 같은 기도와
신앙생활에 젖어 온 자들이니, 결국
그것이 무엇이더냐?
8 나를 그저 인간 세상에 살아가는 해결
사쯤으로 바라고 가는 것이 오늘의 그
들이 나를 경배하며 나를 믿고 따른다
는 그 신앙의 본체들이니, 그리 전하
라.
9 너희들은 과연 무엇을 위해 사는가,
과연 창조주 너희 아버지를 위해서 오
는 것인가?
10 너희들은 너희 아버지를 해결사 이상
으로 보지 않는 것이라 그들에게 그리
깨우쳐 주라.
11 그리고 그들에게 전하라, 너희들이 가
고 있는 그 믿음의 형태가 어떠한 것
인가?
12 인간 세상에서도 어린아이가 보채고
울고불고할 때, 부모가 먹을 것을 주
며 젖을 물린다고 하나,
13 너희들은 지금은 성장한 성인이 되어
있는 그와 같은 때이니, 이제는 어린
애처럼 보채고 울고불고 달라 하는 믿
음이 아니요, 그 신앙에서 벗어나야
될 것이거늘,
14 너희들이 아직도 벗어나지 못했다는
것이니라.
15 인간 세상에서도 부모가 주는 것은 어
렸을 때는 너희들이 받기만 하며 그를
보채어 얻으나,
16 이제 성장하여 성인이 된 너희들은 부
모의 뜻을 알고 부모에게 감사하는 마
음을 가지고 살아가는 것이 인간의 도
리이듯이,
17 오늘의 너희들의 신앙이요 믿음도 그
한계에 도달했으니, 은혜를 갚으려 하
는 그와 같은 마음 자세로써 믿음의
길을 가야 될 것이며, 나 여호와에게
오르고자 하는 마음을 가져야 된다는
것을 알라.
18 내가 다시 한 번 나의 아들을 통하여,
그를 따르는 제자들을 통하여, 법전을
읽고 깨우친 백성을 통하여 너희들에
게 전함이니,
19 이제는 성장한 아들딸들을 둔 나 여호
와가 바라보는 심정을 너희들이 이해
하는 그와 같은 백성으로서 과연 성장
할 수가 없는가, 그리고 그와 같은 자
세로 너희들이 돌아갈 수는 없는가?
20 지금의 너희들은 어떠한가?
21 지금은 심판의 시대요, 그 심판의 이
룸을 모두 다 역사하는 그와 같은 시
대이거늘,
22 지금도 너희들은 그저 어린아이가 보
채면 젖을 물리듯이 그 한계를 벗어나
지 못하며, 울고불고 그저 얻고자, 그
저 바라고자 하는 그와 같은 신앙이니,

23 바로 나 여호와를 해결사쯤으로 보는 것이 오늘의 너희들의 믿음이니라.
24 믿음의 길을 너희들이 어찌 가야 하는지 알겠는가?
25 신앙의 믿음으로 갈 때가 이제 지났음이니라.
26 오로지 추수의 시대요, 결과의 시대에 성인으로서 너희들이 부모에게 기쁨을 주고 은혜에 보답하는 그러한 때가 되었음을 알라.
27 그러니 너희들이 나 여호와를 위하여 그와 같은 마음으로 살아가지 아니한다면 너희들은 정녕 구원을 받을 수 없으며 나에게 오를 수 없다는 이치를 내가 수없이 가르쳐 주었음이니라.
28 그와 같은 너희들을 바라보는 내 마음이 얼마나 외롭고 답답하면 내가 160권의 법전 속에 전하고 또 전하는 말을 되풀이하여 너희에게 무엇인가를 깨우치고자 하여 오늘의 이 역사의 길을 가겠는가?
29 이를 깨닫는 백성이 되어야 됨을 절대 잊지 말라.

8,694 번째 하나님 말씀

2003년 12월 10일 0시 16분

1 사랑하는 나의 아들아!
2 "네, 아버님! 말씀하옵소서."
3 나를 따르는 모든 종교 집단이요, 그 백성들, 또한 지금 변화의 길을 가기 위하여 몸부림치는 그와 같은 백성, 너희들의 그 악습은 끝이 없으며, 또한 너희들의 한계도 없다 함을 알아야 될 것이니라.
4 또한 지금 나를 따르지 아니하며, 너희들이 이방인이라 말하는 그 백성, 끝이 없는 너희들의 악습보다 그들의 악습이 더 깊고 높다 해도, 나는 너희들보다 그들을 더 생각한다는 것을 알아야 될 것이니라.
5 지금 믿지 않는 백성, 나를 찾지 않는 백성들이 오늘의 믿음의 길을 가는 너희들보다 악습이 더 깊고 넓고 무섭다 해도, 그 뿌리가 깊다 해도, 내가 너희들보다는 그들을 더 기억하고 그들을 더 생각하는 그와 같은 나의 마음이라는 걸 알겠는가?
6 내가 어찌하여 너희들을 그리 생각하겠는가?
7 사랑을 베풀고 나누며 산다는 백성 너희들이 어찌 가느냐?
8 저희들과 믿음이 다르다 하여, 그리고 교육의 과정이요, 가는 행위가 다르다 하여 너희들은 죽기 아니면 살기로써 그들을 대적하며, 그들을 같은 형제로서 인간으로서 취급도 하지 않는 너희들의 그 심성보다 더 나쁘고 잔인하며 가혹한 자는 없기 때문임을 알아야 될 것이니라.
9 오늘의 믿음의 길을 가는 자, 그 종교 집단에 몸을 담고 있는 자들이 그 이방인들보다 좀 더 유하고 부드러운 삶을 산다 해도, 결단코 너희들 것만이 우선이요, 너희들밖에 모르는 자들이요,
10 그리고 너희들과 가는 길이 다르다 하여 인간을 인간으로 취급하지 아니하며 형제를 형제로 취급하지 않는 자들이니,

11 너희들이 얼마나 사악한 자들이면 내가 그들보다도 너희들을 더 용서치 아니한다 하겠는가?

12 너희들은 나의 이와 같은 뜻을 깨닫고 알아야 될 것이니라.

13 다시 한 번 내가 나의 아들을 통하여 나의 법전에 기록하여 너희들에게 전하느니라.

14 믿음의 길을 가는 자, 너희들이 좀 더 아름다운 삶을 살며, 이방의 백성이요, 또한 너희들이 말하는 다른 미신이요, 다른 기복 신앙을 믿는다 하는 그 백성, 그들이 너희들보다 더 악의 뿌리가 깊고 넓고 깊이 박혀 있다 해도,

15 나는 너희들보다 그들이 더 사악하지 아니하다는 것을 알고 있음이니 그리 전하라.

8,695 번째 하나님 말씀

2003년 12월 10일 0시 22분

1 사랑하는 나의 아들아!

2 **"네, 아버님! 말씀하옵소서."**

3 너를 따르는 제자들이요, 나의 법전을 읽고 깨우친 백성 너희들이 얼마나 귀하고 소중한 백성이라 내가 했더냐?

4 이는 곧 너희들이 새로운 시대를 역사하며 나 여호와의 뜻을 역사할 자들이기 때문이니라.

5 내가 너에게 무어라 말하였느냐?

6 너희들이 교회라는 곳이요, 성전이라는 곳, 너희 손으로 지은 그 죄의 온상을 만들지 말며, 그곳에서 나의 피조물 만백성을 끌어모아 재물을 거둬들이며 가르친다 하는 그와 같은 거짓된 진리를 전파하지 말라 하였음이니라.

7 나의 사랑하는 백성의 가슴에 복음이요, 교회를 심어 주는 것이 너희들이라 하였음이니, 과연 지금까지 그와 같이 역사한 백성이 있더냐?

8 그와 같이 역사한 백성이 없음이니라.

9 그러니 지금 나의 아들을 따르는 제자들이요, 나의 법전을 읽고 깨우친 너희들이야말로 나의 뜻을 직접 들으며 나의 강론을 직접 들으며, 이를 나가서 전함이니,

10 새로운 교회요, 새로운 역사를 내가 지금 시작하며, 너희들 자신은 모르나 내 뜻에 의해 한 발짝 한 발짝 전진해 나가고 있는 너희들이기에, 내가 소중하고 귀한 자들이라 함을 알라.

11 지금 내가 나의 아들을 통하여 법전을 기록하여 전함이니, 이를 듣고 배운 백성 너희들만이 새로운 교회를 만백성의 가슴에 심어 주는 내 뜻을 역사하는 것이며,

12 나의 복음을 하나하나 전파하는 그와 같은 것이 새로 시작되는 것이 너희들로부터 역사하기 때문이니, 너희들은 이와 같은 이치를 알라.

13 너희들이 찾아 나가 만백성의 가슴에 복음을 전하며 그 가슴에 교회를 지으라 함이요, 그 교회를 이루라 하였음이니, 그것을 바로 너희들이 시작함이니라.

14 여태껏 내 뜻을 거역하는 백성 중에서 한 획을 그어 너희들이 거듭나는 이와 같은 역사가 시작됨이니, 그리하여 너희들이 소중하고 귀한 나의 아들딸이

라 함을 알아야 될 것이니라.
15 이제는 나의 아들을 따르는 제자 너희
들이 나의 복음을 만백성의 가슴에 심
어 주어야 할 것이며, 오로지 너희들
만이 그 역사를 할 수 있으며 너희들
을 통하여 이 모두를 이룰 수 있으니,
과연 이를 바라보는 내 마음이 어떠하
겠는가?
16 수천 년 동안 수많은 나의 아들딸들을
세상에 내려보냈으나, 효도하는 자 없
으며 내 뜻대로 살아오는 자 없어 내
집이 지금 비어 있다면, 과연 너희들
은 어떠하겠느냐?
17 인간 세상에 살아가는 부모와 자식 사
이에도 이와 같은 형국이라면 얼마나
그가 가슴을 치며 통곡하고 저 자신을
자책하며 후회하는 삶을 살아가겠는
가?
18 부모와 자식 간이 그러할 것이니라.
19 오늘처럼 너희와 나, 아버지와 아들딸
사이에 이와 같이 삭막하며 이와 같이
거리가 멀어져 있으며, 내가 원하는
길을 따라오는 자 없다면 어찌하겠는
가?
20 그리하여 내가 너희들을 통하여 내 뜻
을 이루고 내 복음을 전하는 그 역사
의 시발점이 너희며 출발점이 너희이
기 때문에 중요하다 함을 알아야 될
것이니라.
21 나를 따라오고자 하는 너희들을 통하
여 내가 새로운 역사를 이루고자 하
며, 천 년에 걸쳐서 하늘에서 이루어
진 그 모든 영광이 이루어질 수 있도
록 새로 시작하는 것이니, 이 지구가
새로 태어남과 같음을 알라.
22 내가 너희들에게 모든 생명을 주었으
며, 이 지상의 모든 동식물을 살도록
했으며, 미물까지 생명을 주었으며,
내가 바다의 물고기를 만들었으니,
23 그 역사한 것을 모두 다 접어 두고 내
가 다시 시작하는 것이 오늘의 너희들
임을 알아야 될 것이니 그리 전하라.
24 그것이 나의 뜻이요, 내가 너희들을
사랑하며, 내가 너희들을 쓰고 있으
며, 그리하여 너희들이 소중하다는 것
이 여기 있음이니, 모두를 다 닫고 다
시 시작함을 알라.
25 이 세상의 모두를 통제하는 그 백성이
이 세상을 오염시켰으며 이 우주를 악
의 소굴로 만들었음이니,
26 그 모두를 내가 덮고 새로운 싹으로써
새로이 심어 나가는 것이 너희들이니
라.
27 모든 악을 거둬들일 수 있는 것, 사탄
의 그 흉흉한 것을 거둬들이는 것, 그
리고 이 세상의 모든 동식물이요, 미
물까지도 내가 다 만들었던 그 자세로
돌아올 수 있는 것, 이것은 오로지 너
희들로부터 시작하여 모두 역사함이
니라.
28 너희들은 생명이 살아서 숨을 쉬고 있
으나, 모두가 죽어 있는 것이라 하면
믿겠느냐?
29 너희들은 믿지 아니할 것이며 나를 정
신 나간 자라 말할 것이니라.
30 그러나 내 뜻에 의해 역사하지 아니한
내가 보는 세상은 다 죽었고 썩어져
있으며, 내 뜻에 의하여 역사하는 것
이 없음이니라.
31 모두를 통제하고 다스리고 치유할 자

들이 잘못되었으며, 가르치고 이끌어
갈 너희들이 다 썩고 다 죽었음이니,
거기에서 무엇을 찾겠단 말이더냐?
32 모두가 다 썩어졌으며 모두가 다 잘못
되었음이니, 이를 다시 이루고자 하는
것이 내 뜻이니,
33 바로 너희들은 내가 이 세상을 창조했
을 때 역사하던 그 대명을 받은 자요,
더불어 내 뜻을 이룰 자들이니,
34 그 소중함을 잘 깨우쳐 주고 전하도록
하라, 사랑하는 나의 아들아!

8,696 번째 하나님 말씀

2003년 12월 10일 0시 31분

1 사랑하는 나의 아들아!
2 "네, 아버님! 말씀하옵소서."
3 네 부모를 공경하라, 또한 너희들은
나 여호와만을 공경하라 그리하니, 그
속에서 어찌할 줄을 모르는 자들이며,
과연 어느 것이 맞는지 지금 중심을
잡지 못하고 있음이니라.
4 십계명에 기록하여 '네 부모를 공경하
라.' 하였으며, 너희들을 가르치는 지
도자는 또 나 여호와만을 공경하라 그
리 가르침이니,
5 그 백성이 지금 저 자신을 찾지 못하
고, 제자리에 서지 못하고 있으며, 그
의혹을 가짐이 이루 말할 수 없는 것
이니라.
6 너희들이 무어라 가르치느냐?
7 육의 부모와 형제를 공경하는 것보다
하늘에 있는 나 여호와 아버지만을 공
경하고 찾으며, 예수를 구세주라 부르
기만 하면 되는 것이라 그리 가르치느
니라.
8 그러나 너희들은 여기서 알아야 될 것
이니라.
9 너희들 말로 육의 부모가 있으며 하늘
에 나 여호와 아버지가 있음이니, 이
는 엄연히 구분되어 있음을 알아야 될
것이니라.
10 네 부모에게 공경하는 것과 나 여호와
에게 공경하는 것은, 하나는 육의 세
상에서 공경하는 것이요, 또 하나는
하늘의 나 여호와를 공경함이니,
11 하나는 너희들이 육의 세상에서 살아
가는 방법이요, 또 하나는 너희들이
의인이 되는 그와 같은 길이니라.
12 천사가 되었을 때, 나를 아버지라 부
르는 것이니, 너희들은 그와 같은 것
을 알아야 될 것이니라.
13 너희들은 육의 부모를 공경하는 것보
다 나 여호와만을 찾고 공경한다는 것
은 잘못되었음이니라.
14 엄연히 너희들은 육의 세상의 부모가
있으며 하늘에 나 여호와 아버지가 있
다 함이니, 이는 구분되어 있는 것은
틀림없음이니라.
15 그러나 육의 부모를 공경하는 그 마음
이 곧 하늘에 있는 네 아버지요, 나를
공경할 수 있는 마음인 것이니, 그는
하나로 연장선상에 있다는 것을 잊어
서는 절대 아니 됨이니라.
16 그래서 오늘의 너희들이 잘못 가르침
이라 내가 말하느니라.
17 너희는 육에서 지은 죄는 아무것도 아
니며, 오로지 영적인 죄를 짓지 말라
그리 말하느니라.
18 그러나 육에서 지은 죄는 너희들이 육

의 세상에서 다 갚아야 된다는 것이
또한 하늘의 이치이며 나의 법도이니
라.
19 그러나 너희들은 그를 착각하며 잘못
깨닫고 있기 때문에, 육에서 짓는 죄
는 별것이 아니요, 하늘나라에 오를
수 있는 것은 영적인 죄를 짓지 아니
하면 된다 그와 같이 부르짖고 지금
가르치고 있음이니, 이것이 잘못되었
음이니라.
20 너희들이 육의 세상에서 지은 죄는 육
의 세상에서 정리하는 것이 당연한 것
이니라.
21 그러나 그를 여기서 정리하지 못했을
때, 너희들이 영적인 심판대에 설 때
그 대가를 치른다는 것을 절대 잊어서
는 아니 됨을 잊지 말라.
22 너희들이 죄를 짓지 말며 살아야 하는
이유가 거기에 있음이니라.
23 육의 죄는 두려울 것이 없으며, 영적
인 죄를 짓지 아니하면 너희들은 모두
구원받으며 나에게 오를 수 있는 것이
라 그리 가르치는 것이 바로 잘못되었
다는 그 뜻을 내가 다시 한 번 강조함
이니 그리 알라.
24 너희는 육에서 지은 죄의 그 연장선상
에 서 있는 것이 영적인 죄와 관계된
다는 것을 모르고 있기 때문이니라.
25 육에서 지은 죄를 육에서 해결하지 못
하면 이는 곧 가장 중요한 영적인 심
판대 앞에 섰을 때 그 모두를 너희들
이 치러야 되며 그 대가를 치러야 된
다는 것을 절대 잊지 말라.
26 육의 죄는 영적인 죄와 구분된다 생각
하는 것이 얼마나 어리석은 백성인가?
27 그는 엄연히 구분된 세상에 존재하나,
그는 하나의 끈으로써 모두 연결되었
다는 것을 또한 잊어서는 아니 될 것
이니라.
28 너희들은 그리 깨우칠 것이니라, 육의
세상에서 짓는 것은 너희들의 육이 살
아 있는 세상에서 이루는 것이요, 너
희들이 죽어서 나에게 와 구원을 받고
못 받는 그 세상은 영적인 죄로써 모
두 다스려진다 하여 영적인 죄를 짓지
아니하면 된다 하느니라.
29 그리하여 나를 찾으며 나의 아들 예수
를 찾는 것만으로써 너희들이 구원받
고 역사하는 것이라 하는 것이니, 그
것이 무엇인 줄 알겠느냐?
30 그는 곧 너희들이 육의 세상에서 지은
죄와 너희들이 천사가 되어서 나에게
오르고 못 오르는 그것은 엄연히 구분
되어 있으니, 그와 같은 죄를 짓지 아
니하면 된다는 생각이 아니던가?
31 그러니 육의 세상과 천국에 오르는 영
의 세상은 구분이 되었음이니, 이를
너희들이 갈라 놓고 있음이니라, 그리
하여 너희들이 그리 생각하느니라.
32 그러나 너희들은 하나의 끈으로 연결
되었다는 것을 절대 잊어서는 아니 될
것이니, 이를 명심하고 또 명심하도록
그리하라.
33 너희들은 그리 말하느니라, 육의 세상
에 사는 것은 육의 죄인으로서 끝나니
육의 삶으로 끝나며, 너희들이 의인으
로서 천사가 되는 그 세상에 가는 것
은 엄연히 구분되었다 그리 생각하는
것이니라.
34 그러나 너희들은 또한 알아야 될 것이

니라, 육의 세상에 있는 것은 육으로
써 끝나는 것이요, 너희들이 천사가
되어 천사의 세상에 오는 것은 영의
세상 것만 지키고 그를 위배하지 아니
하면 그저 나에게 오를 수 있다는 그
와 같은 생각이 얼마나 어리석고 우매
한 자요, 편의주의요, 이기주의자인가
를 잘 알아야 될 것이니라.
35 모두 하나의 끈으로 연결되었음을 절
대 잊어서는 아니 됨이니라.

8,697 번째 하나님 말씀

2003년 12월 10일 0시 37분

1 사랑하는 나의 아들아!
2 "네, 아버님! 말씀하옵소서."
3 너의 제자들에게 잘 깨우쳐 들으라 그
리 전하라.
4 구원을 받았다 말하는 자, 천국에 저
희들은 갈 수 있다 하는 자, 그와 같이
말하는 광신도요, 그 백성의 믿음이
얼마나 무지하고 위험하고 잘못된 행
동인가 알아야 될 것이니라.
5 깊은 절벽에 외줄을 타고 서서 걸어가
는 자보다도 더 위험하고 무서운 행위
를 하는 것이 천국에 구원을 받았다
하는 자들임을 알라.
6 내가 너희들을 깨우쳐 주고자 전함이
니, 이 세상에 한 생명이 태어남이니
라.
7 그리하여 그 생명을 나로부터 받아 세
상에 나왔으니, 그가 제 명을 다하고
살아가는 자가 있는가 하면, 몇 년, 몇
십 년 살지 못하고 죽어 가는 자가 있
지 않더냐?
8 그러니 제자리까지 오는 것이 얼마나
힘들고 어려운 길인가 너희들은 한번
생각해 보았느냐?
9 그가 자라면서 세상의 인연을 다 마치
고, 제가 받아 나간 명대로 몇십 년을
살다 죽어 오는 자가 있는가 하면, 그
렇지 못하고 몇 개월이요, 몇 년이요,
그저 얼마 살지 못하고 죽어 가는 자
가 있음이니, 그게 무엇이더냐?
10 중도에 포기되는 자들이니라.
11 하나의 생명을 똑같이 받았으나, 너희
들이 말하는 대로 장수하는 그 세상을
살다 오지 못하며 중간에 포기하고 쓰
러져 죽어 가는 자가 있듯이,
12 구원을 받았다 하는 자, 그와 같이 너
무나 험난하고 어려운 길을 와야 되거
늘, 어찌하여 너희들이 감히 구원을
받았다 말하느냐?
13 지금 얼마나 어리석은 행위를 하며 얼
마나 무서운 행위를 하며 너희들이 얼
마나 잘못된 행위를 하고 있는지 알겠
느냐?
14 너희들은 알아야 될 것이니라, 수많은
백성이 장거리를 달리는 선수들처럼
그 출발선에 서 있음이니라.
15 이루 말할 수 없이 많은 사람들이 출
발선에 서 있으며, 그리하여 출발 신
호가 떨어지니 너희들이 뛰기 시작함
이니라.
16 그러나 너희들이 출발선에서 뛰기 시
작했다 해서 결승점까지 다 오는가?
17 결코 오지 못하는 자가 이루 말할 수
없이 많음이니, 너희들의 믿음의 길이
라는 것이 그렇게 어렵고 힘드니라.
18 지금 나 여호와가 너희를 천사라 했다

해도, 내가 의인이라 했다 해도, 지금
나의 아들을 따르는 그 제자들의 이름
을 내가 낙원 동산에 기록해 놓았다
해도,
19 마라톤에 출발선에서 끝까지 오지 못
하고 중간에 포기하는 것처럼 제가 어
려워 포기하는 자가 많이 있거늘,
20 어찌하여 감히 너희들이 나의 천국의
문을 들어올 수 있다 그리 말하며 구
원을 받았다 말하는가?
21 너희들이 이와 같이 어리석은 자들이
니, 그들을 깨우치도록 그리하라.
22 결국 결승점까지 가지 못하는 자는 낙
오자가 되는 것이니, 너희들이 출발선
에 서 있는 것은 다 똑같은 자세이니
라.
23 그 출발선에 있는 자들이 목적지까지
다 갈 수 있다고 말하고, 저는 자신이
있다 하며, 제가 우승자라 생각하고
뛰지 않는 자가 어디 있겠느냐?
24 그러나 그들이 그 목적지까지 가기 전
에 수없이 떨어지며 낙오자가 되거늘,
그렇다고 해서 지금 출발선에 서서 목
적지까지 완주했다고 떠드는 자들이
나 똑같음을 너희들은 알아야 될 것이
니,
25 얼마나 어리석은 생각이요, 얼마나 어
리석은 백성이요, 얼마나 잘못된 백성
이더냐?
26 출발선에 서 있으면서 제가 목적지까
지 완주했다는 자이니,
27 가면서 제가 주저앉을 것을 모르며,
정녕 제가 얼마나 달려가다 주저앉을
지 모름이니라.
28 의인이 되었다 해도, 천사가 되었다
해도, 너희가 죽어 나에게 오기 전까
지는 무너질 수 있는 것이거늘,
29 과연 너희들이 얼마나 아름다우며, 과
연 천사와 같으며, 내가 말한 의인과
같은 자가 되었는가?
30 의인이 된 그러한 자도 나에게 오기가
힘들고 어려운 것이니라.
31 내가 나의 아들까지도 그가 모두를 인
도하고 다시 내려가 만백성을 이끌고
올 때 그도 올라오지 못할 수도 있다
하였음이니라.
32 나의 아들을 따르는 제자들이 하늘에
오르는 길을 닦고 또 닦아 온갖 살결
이 다 찢겨 가면서 그 길을 닦았으나,
33 제가 내려가서 그 제자들을 데려올
때, 저는 오지 못하고 제자들만 올려
보내는 그와 같은 슬픈 운명이 너희들
이라 하였으며,
34 그와 같은 길을 벗어날 수 없는 것이
너희들이라 하여, 곧고 바르게 살라
함이 여기에 있거늘,
35 어찌하여 출발선에 서 있는 장거리 선
수가 출발선에 서 있는 것으로써 목적
지에 다 왔으며, 목적지에 이르렀으
며, 우승자가 됐다는 그와 같은 말을
할 수 있는가?
36 그것이 오늘의 종교 집단이요, 구원을
받았다 말하며 맹종 맹신하는 불쌍하
고 가련한 백성이니라.
37 그러니 그들에게 깨우쳐 주라, 사랑하
는 나의 아들아!
38 그들은 저 자신에게 속는 자들이니라.
39 자기 자신을 속이며, 자기 자신에게
속으며, 그리고 귀중한 삶을 헛되이
보내는 자들이니라.

40 그러니 구원을 받았다 말하는 그 어리
석은 백성에게 이와 같은 이치를 들어
깨우쳐 주도록 그리하라, 사랑하는 나
의 아들딸들아!

8,698 번째 하나님 말씀

2003년 12월 10일 0시 40분

1 사랑하는 나의 아들아!
2 "네, 아버님! 말씀하옵소서."
3 구원을 받았다고 착각 속에 헤매고 있
는 그 백성, 그리고 종교 집단의 지도
자, 그들이 얼마나 거짓된 진리를 가
지고 나의 사랑하는 백성을 사망의 길
인 지옥의 길로 인도하고 있는가를 너
희들은 똑바로 알아야 될 것이며, 똑
바로 그를 깨우쳐 주어야 될 것이니라.
4 구원을 받았다고 맹종 맹신하는 그 어
리석은 백성들에게 참진리의 길을 찾
는 지혜를 얻도록 그들을 너희들이 깨
우쳐 나가지 아니하면 절대 그들이 구
원의 길을 올 수가 없음이니라.
5 이제 내가 160권의 법전으로써 하늘
에 오르는 그 이치를 다 전함이니, 모
든 비밀이요, 하늘에 오르는 길이요,
그 모두가 나의 법전에 있으며 나의
새로운 성경 속에 있다는 것을 그들에
게 전하고 깨우쳐 주라.
6 그리고 이를 보지 아니하며 이를 정독
하지 아니하고는 너희들은 결코 하늘
에 오르는 길을 볼 수 없다는 것을 전
하라.
7 하늘에 오르는 이치를 내가 너희들에
게 깨우쳐 주었으며, 오늘의 종교 집
단이요, 지도자들, 구원을 받았다 말
하는 자들이 얼마나 어리석고 우매한
행동이며 얼마나 위험한 행동을 하고
있는가, 천길 낭떠러지에서 외줄을 타
고 서 있는 자들과 똑같다 내가 그리
말하지 아니하였느냐?
8 그저 무조건 믿기만 하면 구원을 받았
다는 백성들이 마음을 열도록 너희들
이 최선의 노력을 다해야 될 것이며,
그 노력이라는 것은 너희들이 나의 법
전을 그들에게 전해 주면 되느니라.
9 그러면서 나의 법전 속에 너희들이 지
금까지 몰랐던 것, 깨우치지 못했던
것, 너희들의 허전하고 공허했던 마음
과, 그리고 하늘에 오르는 길이 여기
에 있음을 그들에게 깨우쳐 주어, 그
들이 이를 보고 깨닫도록 그리하라,
사랑하는 나의 아들딸들아!

8,699 번째 하나님 말씀

2003년 12월 10일 0시 45분

1 사랑하는 나의 아들아!
2 "네, 아버님! 말씀하옵소서."
3 너희들이 어떠한 종파에서 믿음의 길
을 가든, 어느 곳에서 구원의 길을 가
든, 모든 실체요, 너희들이 역사하는
것이 없다 하였으며 그 답이 없다 하
였음이니라.
4 그러니 몇십 년 동안, 평생 동안 믿고
가다 죽은 그 백성이 과연 무엇을 이
루었으며 그들의 손에 남는 것이 무엇
이 있다 하더냐?
5 아무것도 그들에게 남은 것은 없다 하
였음이니라.
6 성서에 기록된 것, 구원이요, 나의 아

들 예수를 찾기만 하면 구원받는다는
것, 그들은 계속 그것을 가지고 평생
동안 반복하고 반복하는 교육 속에서,
설교 속에서, 재물을 바치며 저희들이
구원을 받는다 하여 모든 고통 속에서
살아간 자들이요,
7 그 결과요, 언약이 이루어진 것이 하
나도 없음이니라.
8 그러나 나는 너희들에게 무어라 말하
였느냐?
9 너희들이 그와 같이 수십 년 동안 죽
을 때까지 깨우치고 배운 것은 얻은
것이 없으며 결과가 없으나,
10 나의 법전에 기록된 언약이요, 그 모
두를 너희들이 죽기 전에 모두 다 볼
것이라 그리하였음이니라.
11 그와 같은 것이 이루어지지 아니하면
나의 뜻이 아니요, 사탄의 뜻이라 내
가 하지 않았던가?
12 그러니 너희들이 죽기 전에 10년이라
는 역사 안에 나의 법전이 세상을 덮
는 그 모두를 볼 것이라 했으며, 나의
법전 3부가 세상에 나갔을 때 너희들
에게 그 모든 역사를 할 수 있는 기회
를 준다 하였음이니라.
13 나는 너희들에게 그 약속을 지키며 언
약을 지켜 가고자 하나, 내가 너희들
에게 하나가 되라 했으며 천사와 같은
자가 되라고 했으며 속에 있는 너희들
의 욕심의 공장의 뿌리를 다 뽑으라
했으며 악습을 버리라 하였음이니, 너
희들은 과연 그것을 얼마나 지켰는가?
14 너희들은 어찌하여 내가 너희들에게
명한 언약은 지키지 아니하며, 오로지
나에게만 언약을 지키기를 요구하는
가?
15 어찌하여 그 제자들이 그리 어리석은
자들이요, 그 제자들이 일방적인 언약
만 요구하며 일방적인 언약만 가지고
강조하는가?
16 정녕 그와 같은 형태로 간다면 내가
너희들을 더 이상 내 품에 안을 수가
없음이니라.
17 그리고 나의 아들을 통하여 내리는 강
론을 너 이상 들을 가지도 없으며, 니
의 법전을 가지고 공부할 자격도 없는
것이 너희들이니라.
18 너희들로부터 새로운 시대를 역사하
게 됨이니,
19 너희들이 나와의 약속이요, 내가 너희
들에게 명한 것은 지키지 아니하며,
나만 언약을 지키기를 바라는 것이니,
이와 같은 법도가 어디 있겠느냐?
20 이를 너의 제자들에게 깊이 깨우쳐,
스스로 너희들이 하나하나 지켜 가는
그와 같은 변화되는 삶을 살아가도록
그리 전하라.
21 그렇지 아니할 때, 너희들은 나를 보
지 못할 것이며, 나의 음성을 듣지 못
할 것이니라.
22 그리고 너희들이 나의 법전을 들고 만
백성을 구하는 그 역사를 할 수 없으
며, 생수가 되어 그들에게 생명수를
부어 주는 그와 같은 역사를 할 수 없
으며, 나의 백성에게 기름을 부어 그
들이 깨우침을 얻으며 그들에게 변화
를 심어 주는 그와 같은 씨앗을 뿌릴
수 없는 것이 너희들이니라.
23 네 손이 더러워졌으며 네 마음이 더러
워졌으니, 어찌 그걸 가지고 나 여호

와의 씨앗을 너희들이 뿌릴 수 있으
며, 너희가 생명수가 될 수 있으며, 너
희들이 기름을 부을 수 있는 자가 될
수 있단 말이더냐?
24 오늘 이 순간부터 너희들은 나 여호와
가 약속한 것을 기대하지 말며, 너희
들에게 한 언약을 이루어 주기를 바라
지 말며,
25 내가 너희들에게 말했던 성전에 와 모
든 나의 아들의 제자가 하나가 되었으
며, 너희들이 각자 악습을 버렸으며,
오른뺨을 때릴 때 왼뺨도 내놓을 수
있는 그와 같은 변화의 삶을 살고 있
는가를 돌아보고 너희들부터 언약을
지켜야 될 것이니라.
26 그 언약은 다 각자의 상이니라.
27 내가 나의 아들에게 약속한 것은 내가
나의 아들과 지켜 나갈 것이니라.
28 그러나 너희들이 내가 명한 것을 지키
지 아니함이니, 너희들이 나와의 언약
을 지키지 않은 것이니,
29 그것이 지켜질 때까지 내가 너희를 모
른다 할 것이니 그리 알라.

8,700 번째 하나님 말씀

2003년 12월 10일 07시 23분

1 사랑하는 나의 아들아!
2 "네, 아버님! 말씀하옵소서."
3 '나 여호와가 존재함을 믿는 그 자체
가 구원의 길에 들어서는 기본이요,
근본이라' 하였음이니라.
4 너희들이 어떠한 형태든 나 여호와가
존재함을 확실히 믿고 있다면, 감히
세상사에 하늘을 향하여 한 점의 부끄
럽이 있는 그와 같은 삶은 결코 살 수
없음이니라.
5 너희들이 악습을 버리지 못하는 것,
변화되지 못하는 것, 그리고 너희들이
천사와 같이 역사하지 못하는 것, 그
모두가 무엇인 줄 알겠느냐?
6 나 여호와가 존재함을 너희들이 믿지
못하기 때문이니라.
7 나 여호와가 존재함을 깊이 깨닫는
자, 세상의 모두가 두렵고 하늘이 무
서워 너희들은 함부로 살아갈 수 없으
며 함부로 행동할 수 없는 것이니라.
8 그러니 나 여호와가 존재함을 진심으
로 믿는다면 너희들은 모두를 다 다스
려 나갈 수 있으며 모두를 다 역사할
수 있을 것이니라.
9 나의 아들 예수가 그 모든 유혹이요,
그 모든 고통에서 벗어날 수 있으며,
천사와 같은 마음이 흔들리지 아니하
며 내 뜻을 역사한 것이 무엇인 줄 알
겠느냐?
10 지금의 나의 아들처럼 나 여호와가 존
재함을 믿고 있었기 때문이며 그는 그
를 알았기 때문이니라.
11 그와 같은 것이니라.
12 나 여호와가 존재함을 믿는 자는 나의
아들 예수와 같은 삶을 살 수 있으며,
그 어떠한 것에도 넘어지지 않는 그와
같은 길을 갈 수 있음이니라.
13 누가 무어라 해도 너희들은 나 여호와
가 존재함을 믿지 못하기에 인간의 악
습을 버리지 못하며, 너희들이 욕심을
버리지 못하며, 천사와 같은 삶을 살
수 없다는 그 근본이 거기에 있음을
알라.

14 모든 종교 집단이요, 지도자요, 그리고 나의 백성을 인도하는 자들, 그리고 깨우침을 가졌다고 하는 자들, 그 모두가 과연 나 여호와가 존재함을 얼마나 믿는가?

15 나 여호와가 존재함을 너희들이 확실히 믿지 못하기에, 너희들은 오늘처럼 흔들리는 그와 같은 삶을 살고 있음이니라.

16 그러니 너를 따르는 제자들이요, 그리고 나의 법전을 읽는 백성은 알라.

17 내가 너희들에게 일찍이 깨우쳐 주기를, 자연의 한 생명이요, 미물이 살아가는 것, 하나의 식물이 존재하는 것까지 너희들이 다 제대로 아는 것이 없으며, 세상에 존재하는 그 이름의 숫자도 알 수 없는 것이 너희들이라 내가 그리하지 아니하였던가?

18 너희들이 그를 알기 전에, 그들이 살아가는 그 삶의 형태를 보도록 그리하면 나 여호와가 존재함을 두렵게 믿을 것이니 그리 알라.

19 너희들이 세상에 살아가면서 하나의 질서를 지키기 위하여 수십 년 동안 교육을 하며 너희들에게 깨우쳐 줌이니라.

20 그러나 너희들이 그것을 지키지 못하면 그와 같은 것이 무너지는 것이 아니더냐?

21 세상사 질서를 지키고 살아가는 모든 삶의 그것을 너희들은 법을 정해 놓고 그 테두리에 살아가도록 하나, 그것이 제대로 이루어지지 아니하며 지켜지지 아니하는 것이 오늘의 너희들이 살아가는 사회의 생활이 아니더냐?

22 그러나 너희들은 자연의 모든 미물부터 식물까지 하나하나 살아가는 그 모든 역할이요, 서로 돕고 이해하며 서로 협조하고 협력하며 살아가는 그와 같은 형태를 보면서도, 이것을 통제하는 자가 없이 그대로 놔둘 때 이것이 유지된다 생각하는가?

23 이것이 얼마나 무섭고 두려운 것인지 아는가?

24 맹수가 세상에 태어나 너희들을 공격하며 그 모두의 질서가 파괴되는 그와 같은 형국이 된다면 과연 어찌 되겠는가?

25 맹수들이 세상에 나오지 아니함이 무엇이더냐?

26 먹이가 거기에 있기 때문이니, 그들이 거기에서 존재하는 것은 모두 나 여호와가 아니면 통제할 수 없으며 역사할 수 없음이니라.

27 이를 너희들이 두렵게 알고 무섭게 생각한다면, 나 여호와가 존재함을 너희들 가슴속에 깊이 심으라 하라.

28 너를 따르는 제자들도 여호와가 존재함을 믿는다 하나, 그들이 지금 10퍼센트도 믿지 못하는 자들이니라.

29 너희들이 50퍼센트 이상을 나 여호와가 존재한다고 믿는다면, 너희들은 천사와 같이 변하는 그 길을 달려갈 것이며,

30 너희들이 정녕 나를 믿고 100퍼센트 존재함을 믿는다면, 너희들은 의인이 되어 세상의 이치를 다 깨닫는 그와 같은 은혜와 영광을 얻을 수 있는 것이니라.

31 너희들은 아무리 무어라 해도 90퍼센

트는 인간 세상에 살아가는 삶이요,
10퍼센트만이 나 여호와가 존재함을
믿고 있음이니라.
32 그것 가지고 너희들이 지금 이와 같이
소란을 떨며 울고불고 광란의 짓을 하
고 있는 것이니, 그리하여 너희들에게
나 여호와가 존재함을 믿으라는 것을
내가 한 줄을 더 넣었음이니라.
33 나 여호와가 존재함을 믿는 그것이 구
원의 길의 기본이요, 근본이라는 것,
34 그것만 믿으면 너희들이 지옥에 가 몸
부림치는 그와 같은 것은 면할 것이니
그리 전하도록 하라.

8,701 번째 하나님 말씀

2003년 12월 10일 07시 29분

1 사랑하는 나의 아들아!
2 "네, 아버님! 말씀하옵소서."
3 너희들이 살아가면서 하나의 목표를
세움이니라.
4 그 목표를 세우는 순간에 목표를 이루
었다 말하고 그를 성취한 것처럼 말하
는 자와, 계획을 세워 말없이 그 목표
를 성취한 다음에 '내가 이와 같은 것
을 성취했느니라.' 그리 말하는 자, 이
것이 무엇이더냐?
5 하늘과 땅의 차이임을 너희들은 알아
야 될 것이니라.
6 내가 그리하여 너희들에게 무어라 말
하였느냐?
7 지금의 모든 종교 집단이요, 지도자
요, 구원을 받았다는 그와 같은 백성
이 장거리를 출발하기 위하여 서 있으
며, 출발선에 서 있는 자가 목표를 달
성한 것이며 우승을 차지했다고 말하
는 것처럼 그와 같이 어리석은 것이
지금의 믿음의 길을 가는 백성이라 그
리 말하였음이니라.
8 그러니 너희들은 이와 같은 이치를 만
백성에게 깨우쳐 주어야 될 것이며,
믿음은 반드시 그보다도 더 어렵고 힘
든 것이라 그리 전하라.
9 너희들의 믿음이라는 것은 중간에 도
태되며 중간에 포기하며 남에 의하여
무너지며 저 스스로 무너지며 인내하
지 못해 무너짐이니,
10 너희들이 나에게 구원을 받고 못 받는
것, 구원을 받은 자만이 구원을 받았
다 말할 수 있는 그것이 얼마나 위대
한 것인가?
11 너희들이 지금 나에게 오르는 길에 수
많은 함정이 있으며 수많은 어려움이
있으며 수많은 고통이 있음이니라.
12 그것을 알지 못하고 순간순간에 너희
들이 싸워서 이겨 나에게 와야 된다는
것을 모르는 자가 감히 나의 아들 예
수를 찾으며, 너희 손으로 지은 그 죄
의 온상에 가 나를 찾고 나의 아들 예
수를 구세주라 부르짖는 그 순간에 너
희들은 구원을 받은 자라 말하는 자들
이 무엇이더냐?
13 장거리 시합을 하기 전에 출발선에 서
있는 자와 마찬가지며, 하나의 목적을
성취하기 위해서 계획을 세우는 자가
다 이룬 것처럼 말함이니,
14 너의 제자들과 나의 피조물 백성, 법
전을 읽은 너희들은 절대 모두를 다
이루기 전에 말하지 말며, 이루어진
것처럼 말하지 말라.

15 가는 길이 얼마나 힘들고 어려운 것인
줄 알겠느냐?
16 너희들이 가벼운 보따리를 들고 가는
것은 아무것도 아니나, 그것 또한 너
희들이 멀리 가고 또 가면 힘이 들고
지쳐 중단하게 되며, 그를 이기지 못
하는 그와 같은 형국이 되는 것이니라.
17 너희들이 가는 길에 막는 자가 수없이
많으며 너희들을 무너트리고자 하는
장벽이 수없이 기다리거늘, 그것을 다
이기고 너희들이 넘어왔다는 그와 같
은 어리석은 행위를 하지 말도록 그리
전하라.
18 나의 아들을 따르는 제자 너희들과 나
의 법전을 읽고 가는 백성 너희들은
모두를 다 역사하기 전에 역사한 것처
럼 말하는 어리석은 그와 같은 삶을
살지 말라.
19 그와 같은 것이 오늘의 종교 집단이
요, 지도자요, 그들이기 때문에, 역사
한 것, 노력한 것 없이 공이 없이 모두
이루어지는 것처럼 되어 있기에,
20 나의 피조물 만백성이 하늘에 오르는
길이요, 진정 어렵고 힘든 그 길을 가
려 하지 아니하며, 그 길을 가지 못하
고 말로만 구원을 받았다 울부짖음이
니 그들이 얼마나 우매하고 불쌍하고
가련한 백성인 줄 알겠느냐?
21 지옥문 앞에서 몸부림치고 그 문을 들
어가지 아니하려 모든 힘을 다 동원하
여 악을 쓰는 자들이 바로 그들이니,
22 그것을 너희들이 보여 주고 그들에게
깨우쳐 주며, 너를 따르는 제자들 또
한 이를 명심하도록 그리 전하라.

8,702 번째 하나님 말씀

2003년 12월 10일 07시 39분

1 사랑하는 나의 아들아!
2 "네, 아버님! 말씀하옵소서."
3 네 마음이 무엇이며 네 생각이 과연
무엇이던가?
4 "네, 아버님! 그렇사옵나이다.
5 아버님께서 말씀하시기를, 이 세상의
산소요, 공기를 다 바꿔야 되며, 이 바
닷물을 다 바꿔야 되며, 모든 동식물
이 다 바뀌어야 된다 하신 그 말씀이
두렵고 무서워, 무엇을 어찌 생각해야
할지 그 자체를 모르겠사옵나이다.
6 모두가 오염되었으며 모두가 썩어졌
으며, 아버님 뜻대로 존재하는 것이
하나도 없다 그리 말씀하시니,
7 그 무서움과 두려움을 어찌해야 할 것
인지, 제가 어찌 가야 할 것인지 그것
을 모르겠사옵나이다."
8 내가 너에게 무어라 가르쳤느냐, 너희
들이 하는 일과 너희들의 역사함이 무
엇이라 말하였느냐?
9 "네, 아버님께서 일찍이 그와 같은 말
씀을 하셨사옵나이다.
10 큰 저수지라는 곳에 물이 다 썩었음이
니, 그곳에 있는 모든 생물들이 다 죽
어 가며 물고기들이 죽어 감이니,
11 그들을 살리기 위해서 작은 물줄기의
생수가 그 저수지로 흘러들어 가는 것
이 지금 아버님이 내리시는 법전이요,
성령이요, 성경이요,
12 그리고 이를 보고 깨우치는 백성, 그
제자들과 제가 그와 같이 생수가 되어
지금 썩은 저수지에 물을 내리고 있음

이니, 그 물을 따라서 작은 물고기들
이 우선 생명을 지탱하고 살아가고자
몸부림치고 있는 형국이라 하였사옵
나이다."
13 그러니 네가 그와 같은 일을 오늘 어
찌 생각하는가?
14 "네, 아버님! 저도 그와 같이 생수가
되지 못하며, 저의 제자들 또한 그와
같이 생수가 되지 못하고 있사옵나이
다.
15 이를 어찌해야 될 것이며 이를 어찌
다스려 나갈 것인지, 그것이 두렵고
무섭사옵나이다.
16 차라리 제가 죽음으로써 모두를 답하
는 것, 예수님처럼 모든 사람들의 돌
팔매질을 받으며 고통의 죽음의 길을
가는 그것이 제가 오늘의 이 고통보다
는 나을 것이라 그리 생각하옵나이다.
17 저희들이 그와 같은 생수가 되지 못하
고 있사오며,
18 아버님께서 그와 같은 생수가 너희며,
큰 저수지의 물을 정화하기 위하여 그
저 명주실만큼 내려가는 하나의 생수
의 물줄기이니, 그 물을 먹기 위하여
물고기들이 지금 몸부림치고 있다는
것,
19 그리하여 그와 같은 것이 오늘의 법전
이요, 저의 제자들이 가는 길이며 저
희가 역사하는 것이라는 것을 가르쳐
주고 깨우쳐 주심을 되짚어 생각할 때,
20 정녕 저희들이 생수가 되지 못하고 있
으며, 그 작은 물고기의 생명도 구원
할 수 있는 역할을 못 하고 있으니, 그
리하여 두렵고 무서운 마음뿐이옵나
이다."
21 사랑하는 나의 아들아!
22 "네, 아버님! 말씀하옵소서."
23 그 모두는 세월 속에 역사가 이루어질
것이니라, 그리고 너희들이 눈으로 보
고 몸으로 체험하면서 그 변화의 역사
가 이루어질 것이니라.
24 나의 아들 예수의 기적과 역사를 본
제자들도 그가 어렵고 힘들 때 등을
돌렸으며 그를 따르지 못하였음이니,
그들의 고통이요, 그들의 마음이 과연
어떠하겠는가?
25 인간의 마음이 그러하니라.
26 그러니 내가 160권의 법전을 내리는
것, 나의 성령이요, 내가 내리는 새로
운 성경이요, 이 모두를 듣고 이 모두
를 공부하는 것으로써 그들이 과연 그
와 같이 예수의 제자들보다 앞에 가는
깨달음이 있을 수 있겠는가?
27 그러니 세월이 필요함이니라.
28 나의 아들 예수를 따랐던 그 제자들이
마지막에 등을 돌린 그 한계를 너의
제자들이 넘기를 너는 바라고 있으며,
그와 같은 역사를 이루고자 하는 것이
네 뜻이니,
29 그게 되지 아니하고 불안하며 너 자신
이 그리되지 못하는 것을 네가 불안해
하고 있을 것이니, 나는 너를 아느니
라.
30 너는 그리 역사할 수 있으며 너의 제
자들도 그리할 수 있음이니,
31 네가 하루를 살아가는 시간에 많은 기
도를 하며, 네가 혼자 반성하며 회개
하는 마음으로써 다스려 가도록 그리
해야 될 것이니라.
32 법전을 기록하여 전하는 그 말 외에,

그것을 받는 것 외에, 네가 기도하고 나를 생각하며 그리고 내 명령을 기다리는 그와 같은 삶을 살라.

33 일주일을 살아감에 있어서 이틀 정도는 너 혼자의 명상의 시간을 가져야 될 것이며, 네가 생각할 시간을 가질 것이며, 너를 다스리는 시간을 갖도록 하라.

34 오늘의 하루하루가 지친 삶을 사는 속에서는 네가 바로 서지 못하며 역사할 수 없는 것이니라.

35 인간이란 무엇이더냐?

36 육이 지치면 너희들의 생각이 지침이니라.

37 그리하여 육은 너희들의 모두의 근본이 된다 하지 아니하였느냐?

38 그 모든 힘의 근원이라 하였음이니라.

39 그러니 네가 그와 같이 너 자신을 다스려 나가라.

40 오늘과 같이 네가 몰고 나오며 지친 그 시간을 쉬지 않고 간다면, 너 자신이 맑은 생각으로 나의 성령을 제대로 받아들일 수 없으며 만백성을 구하는 나의 법전 또한 제대로 쓸 수 없음이니,

41 네가 혼자 기도하는 시간, 네가 혼자 생각하는 시간, 그 깨달음의 시간을 가져 너 자신을 다스려 나가도록 그리 하라.

42 사회 속에 살아가며 네가 나의 법전을 만백성에게 전하기 위하여 이리 뛰고 저리 뛰는 그와 같은 온갖 생활 속에서 너 자신이 무너지는 것보다 더 무서운 것이 없음이니, 너는 그 시간 외에 네가 너를 다스릴 수 있는 시간을 가져야 될 것이며,

43 너의 제자들 또한 그와 같이 진한 기도를 드릴 수 있도록 너희들이 살아가는 일주일이라는 정해진 시간에 2~3일은 피보다 진한 기도를 드리고 반성하고 회개할 수 있는 시간을 가지라.

44 자신을 다스리며, 자신을 갈기갈기 헤쳐 놓고 자신을 예리한 칼로 도려내는 그와 같은 기도와 회개와 반성을 하여 스스로 다스려 나가도록 그리 가르치라, 사랑하는 나의 아들아!

8,703 번째 하나님 말씀

2003년 12월 10일 19시 03분

1 사랑하는 나의 아들아!

2 **"네, 아버님! 말씀하옵소서."**

3 너희들이 인간 세상에 살아가면서 이 대자연의 아름다움 속에 가장 높고 높은 산을 정복하는 것, 인간인 너희들이 지금 눈으로 볼 수 있는 그 산을 정복하는 자체가 과연 얼마나 어렵고 힘들더냐?

4 너희들이 그를 하나 정복하기에도 수많은 고통과 시련을 겪으며, 때로는 목숨까지 잃어 가면서 그 길을 가고 그를 역사하며 그를 정복하고자 하는 것이 아니더냐?

5 그러니 나 여호와에게 오르는 길이요, 너희들이 거듭나며 생명이 구원을 받는 것은 과연 어떠하던가?

6 그보다 보이지 않는 그 높고도 높은 산이요, 그것보다 더 험악하고 험난한 그 길이 바로 나에게 오르는 길이라는 것을 너희들은 알아야 될 것이니라.

7 내가 만든 이 지상에 자연의 가장 높은 산이요, 그를 하나 정복하기에도 그 기후의 변화요, 주변의 환경과 여건이요, 그 모두를 너희들이 헤치고 정복한다는 것이 얼마나 어렵고 힘든 것이더냐?

8 그러니 하늘에 오르는 길이요, 내가 존재하는 이 하늘나라에 오는 길은 끝이 보이지 않으며 너희들이 상상할 수 없을 만큼 어렵고 힘든 그러한 길이라는 것을 너희들은 알아야 될 것이니라.

9 그리하여 내가 무어라 말하였느냐?

10 작은 구멍을 너희들의 몸집이 통과하는 것, 사막의 낙타라는 것이 바늘구멍을 통과하는 것이 바로 너희들이 하늘에 오르는 길이라 내가 너희들에게 수없이 깨우쳐 주었으니, 그 의미를 알겠느냐?

11 그보다 얼마나 어렵고 힘든 길인 줄 알겠는가?

12 그러니 나의 아들을 따라 나의 법전을 읽고 깨우쳐 나에게 오르고자 하는 백성 너희들은 그 산을 정복하는 자들의 고통보다도 더 어렵고 힘든 길을 오는 것이 나에게 오며 나의 나라에 오를 수 있는 것이라는 이와 같은 이치를 깨우쳐야 될 것이니라.

13 이는 곧 무엇을 의미하는가?

14 너희 스스로 다스릴 수 있는 그 마음 하나 다스리는 것이니라.

15 그 마음 하나 다스리는 것이 너희들이 하늘에 오르는 길이요, 험악하고 어렵고 고통스러운 길이라 하는 것임을 알라.

16 너희들이 마음 하나를 다스려 아름다운 모습으로 살아간다면, 너희들이 한 점의 부끄럼이 없는 삶을 산다면 너희들은 나에게 오를 수 있으나,

17 그 마음을 다스리지 못하며, 육의 향락과 육의 행복과 육의 즐거움을 위하여 너희 마음을 다스리지 못하며, 악습에 무너지며, 욕심의 뿌리에 의하여 넘어지는 그와 같은 백성은 그를 다스리고 뽑아내기가 그 높은 산을 정복하는 것보다도 몇백 배 몇천 배 힘든 길이라 함이니라.

18 그러니 너희들은 여기서 그를 깨우쳐야 될 것이니라, 내가 너희들에게 낙타가 바늘구멍을 통과하는 것이 그보다 어렵다면 정녕 있을 수 없는 것이며, 너희들이 산을 정복하는 것보다도 더 어렵고 힘든 길이라면 오를 수 없을 것이니라.

19 오르지 못하는 것을 내가 오르라 하며 너희들이 역사할 수 없는 것을 역사하라 함이 아니라, 너희들의 육으로써 신체로써 모두를 부닥치고 변화시키는 것이 아니라,

20 그 마음을 변화시키는 것이라는 것을 알아야 될 것이니라.

21 모든 종교 집단이요, 지도자들이 바늘구멍을 낙타가 통과하는 것이 하늘에 오르는 길이라 하니, 그 큰 덩치의 몸집을 가진 짐승이 그를 통과하는 것을 생각한다면 너희들은 어리석고 불쌍한 백성이니라.

22 너희들의 마음을 그리 녹이며, 마음이 천사와 같이 되었을 때, 너희들을 그와 같이 다스리라는 뜻이라는 것을 알라.

23 그리고 가장 높은 산이요, 그 어려운
정상을 정복하는 것보다 어렵고 힘든
길이 나에게 오르는 길이라 하니, 인
간인 너희들이 과연 어찌 올 수 있겠
느냐?
24 그것도 너희들의 육이 그와 같은 고통
과 시련을 겪고 오라는 것이 아니니라.
25 내가 너희들에게 내려 준 성령이요,
그 마음을 다스리는 것이니라.
26 아름답고 고운 생각을 하고 살아가는
그 마음 하나 다스리고 그 마음을 가
지라는 것이니, 이것이 어려우면 끝없
이 어려우나,
27 너희들이 정도로 가는 자요, 그리고
내 뜻대로 살고자 하는 자요, 나 여호
와가 존재함을 두려워하며 무서워하
는 백성은 이 길을 갈 수 있다는 것을
너희들은 알아야 될 것이니, 이 모든
성서의 가르치고 비유되는 것의 그 의
미를 알라.
28 내가 너희들에게 십계명을 내리는 그
모두도 다 무엇인 줄 알겠느냐?
29 너희들의 마음 하나를 다스리면 그 모
두를 다 넘을 수 있는 것이라는 걸 잊
지 말라, 사랑하는 나의 아들딸들아!

8,704 번째 하나님 말씀

2003년 12월 10일 19시 07분

1 사랑하는 나의 아들아!
2 "네, 아버님! 말씀하옵소서."
3 나 여호와가 이 세상에 나무를 심으며
모든 식물들이 다 뿌리를 내리고 존재
함이니라.
4 그러니 그와 같은 나무요, 식물들이
열매를 맺지 못하여 나의 백성이 양식
으로 그를 쓰지 못한다면 과연 무슨
가치가 있겠느냐?
5 나무가 세상에 무성하나 열매를 맺지
못한다면 이는 나무로서의 가치를 못
하며 그 나무는 버려지는 그와 같은
결과밖에 더 있겠느냐?
6 바로 지금의 모든 종교 집단이요, 지
도자들이 이파리와 가지는 무성하나
정녕 나의 피조물 만백성의 양식이 될
그 열매를 맺지 못하며 그 결실을 맺
지 못하는 그와 같은 형국이니라.
7 그러니 그 나무를 내가 베어 버리고자
하며, 열매를 맺을 수 없는 나무를 내
가 다 뽑아 버리고 새로운 나무를 심
고자 하는 것이며, 그 나무를 심기 시
작한 것이 바로 지금이니라.
8 그리하여 그 모든 역사가 시작되었으
며, 열매를 맺지 못하는 이파리요, 가
지만 무성한 그 나무를 지금 내가 베
고 뽑아내 버리는 그와 같은 시대가
이루어지고 있음을 알라.
9 그리하여 내가 다시 시작하는 것이며
다시 역사를 함이니, 내가 열매를 맺
어 양식을 거둘 수 있는 그와 같은 나
무를 지금 심기 시작하는 것이, 그것
이 바로 무엇인 줄 아느냐?
10 나의 아들을 따르는 제자요, 너희가
바로 그와 같은 역사를 이루는 자들이
요, 선택된 자들이라는 것을 알아야
될 것이니라.
11 지금 나의 피조물 만백성, 믿음의 길
을 가는 자들이 나의 아들을 믿기만
하고 나를 부르짖기만 하면 구원을 받
으며 하늘에 오른다는 그것 때문에 이

세상의 위대함을 모르며, 나 여호와가
만든 자연의 아름다움을 보지도 못하
느니라.
12 그러니 이웃과 형제지간에 사랑을 나
누고 살지도 못하며, 오로지 저 하나
만 구원을 받으며 지옥 불에 가지 아
니하면 된다는 그 일념 때문에, 죄의
온상인 교회요, 성당이요, 성전에 그
저 재물이요, 금화와 은화를 바치고
저만 구원을 받고자 함이니,
13 그들이 내가 만든 이 자연의 아름다움
이요, 그 오묘함을 보지도 못하는 백
성들이니라.
14 구원이라는 그것 때문에, 구원을 받았
다는 것 때문에 그를 보지 못함이니,
그들이 얼마나 가련하고 불쌍한 백성
인 줄 아느냐?
15 한 송이의 아름다운 꽃을 꽃으로 보지
못하는 그들이 과연 무엇을 깨우치겠
느냐?
16 그러니 그들이 하늘의 성령이요, 나
여호와의 뜻을 어찌 알며 그것을 깨우
치겠는가?
17 그러니 그들 자신이 무엇인가, 자신이
어찌 가는가 알지도 못하며 보지도 못
하는 자들이 그들이니라.
18 그리고 제가 지금 어디에 서 있는지,
제가 가는 길이 정녕 구원의 길이요,
나 여호와의 뜻에 의하여 가는 것인지
이와 같은 것을 구분하지 못하는 자들
이니라.
19 한 송이의 아름다운 꽃을 꽃으로 보는
마음의 여유가 없으며,
20 대자연의 위대하고 아름다움이요, 나
여호와가 내린 은혜요, 축복보다 더
큰 것이 없거늘, 그를 감사하게 생각
하며 느끼지 못하는 백성, 그들은 눈
이 있어도 보지 못하며 귀가 있어도
듣지 못하는 자들이니라.
21 그와 같이 눈이 먼 자요, 귀가 막힌 자
들이 앞 못 보는 나의 백성을 인도한
다고 끌고 가면서 그들이 무엇을 하는
줄 아느냐?
22 나의 사랑하는 백성에게 재물을 갈취
하는 그와 같은 사악한 짓만 하고 있
는 것이 오늘의 종교 집단이요, 지도
자들이니,
23 내가 그를 용서하지 아니하며 다스리
고자 하여 지금 나의 법전을 내려보냄
이니,
24 나의 법전이 세상을 덮었을 때, 스스
로 너희들을 단죄함이요, 나의 백성,
바로 깨우친 자, 바로 다스려진 자들
로부터 너희가 어떠한 시련과 고통을
겪는 것인가, 그것은 너희들이 머지않
아 다 겪을 것이니 그리 알라.

8,705 번째 하나님 말씀

2003년 12월 10일 19시 11분

1 사랑하는 나의 아들아!
2 "네, 아버님! 말씀하옵소서."
3 너희들이야말로 생수가 되어 만물의
생명수가 되는 그 길을 가야 하며 그
리 역사해야 됨이니라,
4 내가 너희들에게 무어라 말하였느냐?
5 썩어 간 이 세상에 생명수를 내림이
니, 내가 생명수를 세상에 내릴 때 담
을 그릇이 있어야 된다 하지 않았더냐?
6 그러니 바로 생명수를 담을 수 있는

그릇이 되어야 되는 것이 나의 아들을
따르는 제자들이요, 나의 법전을 읽고
깨우친 백성 너희들이 가야 할 길이니
라.
7 그러니 생수를 담는 그릇으로 역사할
수 없으며 그리 갈 수 없다 생각하는
너의 제자들이 있다 하면,
8 그는 나의 성전에 와서 나의 강론을
들을 자격이 없으며, 나의 법전을 접
하며 가르치는 그 모두를 받아들이고
또한 이해할 자격이 못 되는 자들이라
는 것을 알아야 될 것이니라.
9 그러니 너희들이 생명수를 담는 그릇
이 되어, 내가 거기에 생수를 부음이
니, 그 생수를 가지고 만백성을 구하
는 그 길을 갈 수 있도록 너희 자신이
깨끗한 모습으로 변하지 아니하면 아
니 됨을 알아야 될 것이니라.
10 너희들이 누구더냐?
11 너희들은 정녕 하늘에 나 여호와가 존
재하며, 천국이라는 나의 나라에는 천
사들만이 살기에, 천사가 되지 아니하
면 올 수 없다는 것을 알고 있지 않으
냐?
12 그리고 나로부터 심판을 받아 그 대가
를 치른다는 그 무서움과 두려움을 알
고 있는 너희들이 지금 생수를 담을
수 있는 그릇으로써 변할 수 없다 한
다면,
13 너희들은 나의 아들을 통하여 내리는
나의 강론을 들을 필요도 없으며, 나
의 법전을 접할 것도 없으며, 나의 성
전에도 올 자격이 없다는 것을 알아야
될 것이니라.
14 그러니 그 모두를 아는 자가 그와 같
이 변하지 못한다면, 이 세상 어느 백
성이 변하여 내가 원하는 그와 같은
백성으로서 나의 나라에 오를 수 있다
하겠느냐?
15 그러니 너희들은 정녕 이 무서움을 알
며 두려운 사실을 알고 있는 자들이기
에, 너희들이 바로 서지 아니하면 아
니 됨을 알아야 될 것이니라.
16 천국에는 천사만이 와서 살며, 천사가
아니면 나의 나라에 올 수 없다는 그
엄연한 하늘의 법도를 아는 자들이 그
길을 갈 수 없다 하여 등 돌리고 무너
지는 자, 그와 같은 백성은 결국 무엇
이더냐?
17 나 여호와와 인연이 없음이 아니더냐?
18 그러니 나와 인연이 없는 백성, 나의
법전을 읽고도 깨닫지 못하며 들어도
깨닫지 못하는 그와 같은 자들이니,
19 이는 마음을 비우지 못한 자요, 두마
음을 가진 자이기에 내가 너희들을 찾
지 아니한다는 것을 알라.
20 그와 같은 백성 너희들이 죽어 와 나
에게 울부짖으며 '내가 창조주 아버지
께서 내린 법전을 읽고 깨우쳤으며 그
를 이고 지고 만백성에게 전한 역사를
했다.' 해도, 나는 너희들을 모른다 그
리 대답할 것이니 그리 일라.

8,706 번째 하나님 말씀

2003년 12월 10일 19시 16분

1 사랑하는 나의 아들아!
2 "네, 아버님! 말씀하옵소서."
3 너와 오랫동안 나의 법전을 공부하였
으며 내가 너를 통하여 내리는 강론을

들었으며 또한 너와 오랫동안 같이 이
길을 역사했다 해도,
4 그가 하루하루 강론을 듣고 법전을 읽
는 것만큼 아름다운 모습으로 변하는
삶을 살지 못하며 천사와 같은 마음으
로 자신을 다스려 나가지 못한다면,
과연 그와 같은 백성은 무엇이더냐?
5 아무리 너와 오랫동안 나의 법전을 가
지고 공부했으며 역사했다 해도 그는
바로 나 여호와가 존재함을 깨닫지 못
하며 그 두려움을 모르는 자이니라.
6 그리고 저희들이 심판의 대상에 선다
는 것도 모르는 백성이 아니더냐?
7 그러니 그와 같이 오래 있으며 강론을
많이 들은 너희들이 그 세월만큼 아름
다운 모습으로써 변하는 그와 같은 삶
을 살아야 될 것이며,
8 남들이 너희들을 볼 때 정녕 나 여호
와가 내리는 성령의 뜻대로 행하는 자
들이요, 말과 행동이 같이 가는 자라
는 그와 같은 아름다운 모습으로 보이
지 아니하며 비쳐지지 아니한 자는 나
여호와가 존재함을 믿지 않는 자이니
라.
9 너희들이 내가 존재함을 믿지 않는 자
요, 나를 믿지 않는 그와 같은 백성이
기에 오늘같이 험악한 세상이 되었음
이니라.
10 울고불고 콧물 흘리며 눈물 흘리고 기
도하며 찬송을 부르며 그리한다 해도,
너희들의 마음속에 나 여호와가 존재
함을 믿는 그 마음의 뿌리가 제대로
내린 자라면 너희들은 성경의 가르침
을 알아들을 것이며 나의 뜻을 스스로
깨우칠 수 있음이니라.
11 너희들이 아무리 울고불고 광란의 짓
을 한다 해도 나 여호와가 존재한다는
믿음이 너희들의 생활에서 50퍼센트
를 넘지 못하는 그와 같은 것이 오늘
의 너희들의 믿음이라는 것을 알아야
될 것이니라.
12 나의 아들을 통하여 내가 내리는 강론
을 들었으며 나의 법전을 읽고 깨우친
너희들이 바로 나 여호와가 존재함을
깨닫지 못하며, 그 마음의 뿌리가 내
리지 못했다 하면,
13 오늘의 나 여호와의 두려움이요, 너희
들이 어찌 살았는지 그 대가가 얼마나
무서운 것인가 알고 깨달은 너희들이
변하지 못하는 것은, 차라리 그 자리
를 지키지 아니함만 못하느니라.
14 그와 같이 변하지 못하는 백성이 자리
를 지킴으로 인하여 나의 성령이요,
새로운 생수가 흘러내려 가는 것을 너
희들이 막는 자가 되는 것이며, 그게
방향을 틀어 흘러가도록 너희들이 그
리 자리를 지키는 자들이니, 변하지
못하는 백성은 그 자리에 있지 아니함
만 못함이니라.
15 그러니 너희가 나의 아들을 따를 수
없으며 나의 아들을 따라오지 못한다
면 결코 나에게 올 수 없는 그와 같은
길이니, 너희들은 나에게 오르는 자의
길을 방해하는 역할만 해서는 아니 됨
이니라.
16 그러니 깨닫지 못하며 변하지 못하는
백성은 바로 백성들이 나에게 오르는
길을 방해하는 자들이라는 것, 그리하
여 너희들은 그 자리를 막지 말며 그
자리를 물러서야 되는 것이니,

17 물러서는 순간에 나 여호와는 정녕 내
가 너를 모른다 그리한다는 것을 알라.
18 또한, 나의 아들도 너희를 모른다 할
것이니라.
19 그러니 너희들의 마음을 다스리라.
20 천사와 같은 마음으로 살고자 너희들
이 마음을 다스리고 다스려 네 마음의
선함이 네 가슴을 다 채웠을 때, 너희
들은 못 이루는 것이 없으며 못 보는
것이 없으며 못 깨닫는 것이 없음을
알아야 될 것이니 그리 알라.

8,707 번째 하나님 말씀

2003년 12월 10일 19시 20분

1 사랑하는 나의 아들아!
2 "네, 아버님! 말씀하옵소서."
3 오늘의 종교 집단 그들이 다 잘못되었
으며 잘못 가고 있다 함이니, 그러나
그들은 그렇지 않다 말하며, 내가 나
의 법전에 기록하여 전하는 나의 법전
이 사탄의 것이요, 나의 아들이 마지
막 시대에 오는 거짓 선지자라 너희들
은 그리 말하고 있느니라.
4 내가 너희들이 지금 하고 있는 그 행
위 한 구절을 나의 법전에 기록하여
너희들에게 전함이니, 이것이 틀린가
들어 보라.
5 종교 지도자 너희들이 단상에 서서 무
어라 말하느냐?
6 나 여호와의 뜻을 가르치며 하늘에 오
르는 진리를 가르치는 자들이 이와 같
이 그 신도 앞에서 말하느니라.
7 '너는 주의 종을 판단하거나 주의 종
을 비판하거나 주의 종을 뒤에서 면박
하며 그 잘못을 시시비비한 일이 없는
가? 그와 같은 짓을 하는 자 축복받지
못하며 구원받지 못한다.' 그리 말하
느니라.
8 종교 지도자라는 자들이 나의 강론을
한다는 단상에 서서, 제가 곧 주의 종
이니 주의 종을 판단했거나 비판했거
나 음해했거나 그리고 잘못한 것을 지
적했거나 그와 같은 행위를 하는 자는
지옥 불로 떨어지며 구원을 받지 못함
이니,
9 주의 종에게는 절대복종하며, 그를 기
쁘게 하며, 그를 즐겁게 하며, 모두를
그에게 먼저 바치며, 그가 상석에 앉
도록 하며, 그와 같이 하는 것이 신도
들이 하는 길이라 그리 가르침이니,
얼마나 이것이 잘못된 것이며 얼마나
사악한 짓이더냐?
10 종교 지도자는 거울로 비추어, 유리로
비추어 한 점의 부끄럼이 없는 그와
같은 자세로 살아야 하는 것이거늘,
11 제가 도둑질하며 간음하며 남을 속이
며 사기 치며 거짓 하는 그 모두도 그
신도들이 바로 가라, 바로 서지 아니
하면 아니 된다, 그리고 하나님의 말
씀을 전하는 자가 그리 가서는 아니
된다, 그리 좋고 한마디도 할 수 없는
것이 저희들이라 하니,
12 그들은 성곽을 이루어 놓았으며 제 성
벽을 쌓아 놓고 있는 자들이니라.
13 이 구절 하나만 보더라도 그것이 종교
지도자가 할 짓이며 나 여호와의 뜻으
로 가는 목자가 과연 할 수 있는 것이
란 말이더냐?
14 진정한 목자는 그리 말해야 될 것이니

라.
15 '나는 주로부터 명을 받은 자라, 내가
어리석고 미진하여 알지 못함이니, 여
러 선생들께서 내가 잘못 가는 것을
다스려 주고 깨우쳐, 내가 바로 서 하
나님 앞으로 가는 데 부끄럽이 없는
그와 같은 길로 인도해 주며, 가시나
무 채로써 나에게 휘둘러 달라.' 그리
말하는 것이 종교 지도자가 가야 할
길이니라.
16 인간인 너희들이 말하기를, 인간은 완
벽하지 못하기에 구원을 받지 못한다
함이니라.
17 종교 지도자 너희들이 그리 말함이니,
너희들도 완벽하지 못한 자들이 어찌
하여 너희가 잘못하는 것, 도둑질하는
것, 간음하는 것, 남을 속이는 것, 거
짓 하는 것, 그와 같은 것을 판단하면
지옥으로 가며 비판해도 지옥으로 간
다 그리 말하는가?
18 이 구절 하나를 놓고도 너희들이 과연
그것이 구원에 오르는 길이요, 하늘에
오르는 길이요, 진리를 가르치는 길인
가?
19 이건 세 살 먹은 아이가 네 것도 내 것
이요, 내 것도 내 것이라고 제 앞에 쌓
아 놓고 남의 것을 더 뺏고자 다리 뻗
어 울음으로써 그 부모를 괴롭히는 것
과 무엇이 다르단 말이더냐?
20 그보다도 더 어리석고 불쌍한 것이 오
늘의 종교 집단의 지도자들이니라.
21 '우리는 주의 종이니, 나를 판단하지
말며 욕하지 말며 비판하지 말며, 잘
못 가도 너희는 시시비비하지 말라.'
말하는 그들이 바로 오늘의 사악한 자
요, 사탄의 자식이요, 사탄의 후예들
이 지금 이 세상을 덮고 있다는 것이
나 여호와의 뜻이니라.
22 정녕 내가 이리 법전에 기록하여 너희
들을 깨우쳐, 하늘에 오르는 진리를
보며 바른길을 인도하는 나 여호와의
가르침이 이단이요, 사탄이요, 사악한
자가 하는 말인가 너희들은 한번 생각
해 보도록 그리하라.

8,708 번째 하나님 말씀

2003년 12월 10일 19시 24분

1 사랑하는 나의 아들아, 내가 너희들에
게 물었느니라.
2 주의 종을 심판하지 말며 주의 종은
비판하지 말라, 그리하는 것이 잘못되
었다 하였음이니, 내가 너희들에게 다
시 한 구절을 깨우쳐 나의 법전에 기
록하여 전하고자 하느니라.
3 너희 종교 지도자들이 무엇이라 말하
는가?
4 '너희 신도라는 자들은 하나님을 위하
여, 교회를 위하여, 그리고 주의 종을
위하여 얼마나 충성했으며 너희들이
무엇으로써 그를 잘 받들었는가, 네
모습을 들여다보며 네 모습에 대한 것
에 깨우침을 얻도록 하라.' 그리 말하
느니라.
5 그뿐만 아니라 너희들은 또 무엇을 말
하는가?
6 '너희들이 교회에 얼마나 덕을 쌓았으
며 교회를 위해서 얼마나 봉사를 했는
가 그를 되돌아보라, 그리고 스스로
반성해 보라.' 가르치는 것이 오늘의

종교 집단이요,

7 그것도 나 여호와의 진리를 가르친다는 지도자가 단상에 서서 나의 사랑하는 백성에게 그와 같은 말을 하는 것이니라.

8 과연 이와 같은 행위를 하지 아니하거든 나의 아들을 사탄이요, 그리고 나의 법전을 사악한 자요, 악마가 내려보내는 것이라 그리 말해도 될 것이니라.

9 그러나 내가 전하는 이것은 내 뜻이니 너희들은 여기서 할 말이 없을 것이며, 이와 같은 행위가 죄가 되는 줄도 모르며 부끄러운 줄도 모르며 저 자신이 어떠한 짓을 하고 있는지도 모르면서 할 것이니라.

10 '당신이 하나님을 위한다면서 교회를 위해서 무엇을 했으며 주의 종을 위하여 얼마나 충성했는가, 그리고 교회를 위하여 덕을 쌓기 위해서 무엇을 얼마나 바쳤으며 교회를 위하여 얼마나 봉사를 했는가?' 이와 같은 것을 다그쳐 깨우치라 이렇게 단상에서 소리 지르는 것이 너희니라.

11 제가 저의 종들에게 거둬들이기 어려울 때, 제삼자를 통하여 단상에서 그들에게 엄포를 놓으며, 반강제로 금화와 은화를 거둬들이는 그와 같은 사악한 행위를 하고 있지 않은가?

12 나 여호와의 뜻에 따라 어찌 살아가며 나 여호와를 기쁘게 하기 위하여 너희들이 어찌 기도했으며 어찌 살아가는 것인가 그것을 다그쳐 잘못 가는 백성을 바로잡는 것이 아니라,

13 너희들의 손으로 지은 죄의 온상에서 모두를 거둬들이며, '교회를 위해서 너희들이 얼마나 바쳤으며, 그리고 주의 종을 위하여 그를 기쁘게 하기 위하여 너희들이 얼마나 충성을 했느냐? 너희들은 반성하고 또 회개하라.' 그리 가르치는 자들이 정녕 종교 지도자인가?

14 인간 세상에 교육을 하는 선생도 그보다는 나을 것이니라.

15 이것이 사탄이요, 사악한 자들이 아니던가?

16 나 여호와를 위하여 너희들이 얼마나 기도했으며 얼마나 깨달았으며 나의 진리요, 성경대로 십계명대로 얼마나 살았는가, 그와 같이 살지 못하는 자 나를 찾지 말며 교회라는 곳에 오지 말라, 나 여호와의 전당이라 말하면서 너와 같이 더러운 자는 여기 올 수 없다 그리 가르쳐야 되거늘,

17 얼마나 바쳤으며 얼마나 봉사했으며 얼마나 많이 쌓아 놓느냐 그것을 반성하고 회개하라 가르치는 것이 너희들이니라.

18 그러니 추하고 더러운 모습이 하늘까지 오염시키려 하니, 내가 더 이상 볼 수 없어 나의 아들을 통하여 160권의 법선으로 세상을 다스리고,

19 내가 이파리만 무성하며 가지만 무성하며, 열매를 맺어 나의 사랑하는 백성에게 양식도 되어 주지 못하는 그 나무를 다 뽑아 버리고 잘라 버리고 태워 버려,

20 내가 그 땅에 새로운 나무로 열매를 맺어, 나의 피조물 만백성들에게 아름다운 양식이 될 수 있는 새로운 나무

를 심고자 함이니라.
21 이게 곧 나의 법전이요, 지금 선택된 나의 아들을 따르는 너희들이 하나가 되어 이루는 역사임을 알라, 사랑하는 나의 아들딸들아!

8,709 번째 하나님 말씀

2003년 12월 10일 20시 44분

1 사랑하는 나의 아들아!
2 "네, 아버님! 말씀하옵소서."
3 너를 통하여 내가 만백성을 구하고자 하며 그 모두를 역사하고자 함이니라.
4 그러니 모든 종교 집단이요, 지도자 그들은 그리 말하느니라.
5 저희들이 나 여호와를 경배했으며 내 뜻에 의해 살아왔으며 나의 뜻을 역사하고자 모두를 다 바쳤거늘, 어찌하여 이방인이라 말하는 아무것도 모르는 너를 통하여 창조주 나 여호와가 그 모두를 역사하느냐 그리 말할 것이며, 너희에게 와서 그를 따지며 그를 물을 것이니라.
6 그러니 너희들은 그들에게 전하라.
7 나 여호와는 모든 양념을 다하여 아주 맛있고 너희들이 먹기 좋은 음식을 만들려 하느니라.
8 그러나 그와 같은 모두의 근본이 되는 그 밑반찬이요, 채소가 소금에 절여도 절여지지 않는 그와 같은 것이라 하면, 과연 근본의 내 음식을 만들 수 있겠는가?
9 지금의 모든 종교 집단이요, 지도자요, 그들은 소금에 절여도 절여지지 않는 단단한 야채와 같이 그리 강하고 억세 있는 것이 너희들의 오늘의 형태요, 형국이니라.
10 지금까지 온 믿음의 그 길에서 변할 줄을 모르며, 참진리요, 너희들이 바라고 바라는 기름을 내가 부어 넣는다 해도 너희들은 이를 받아들이려 하지 않으며 들으려 하지 아니함이니라.
11 그러니 아무것도 모르는 나의 아들에게 내가 명하는 대로 내가 원하는 대로 그 모두를 이끌어 갈 수 있으며 역사를 할 수 있기 때문에 나의 아들에게 모두를 명하는 것이라는 것을 알라 그리 전하라.
12 너희들이 얼마나 강해졌으며 얼마나 오만해졌으며 얼마나 교만했으면 나 여호와도 너희들을 휘지 못하며 굽히지 못하며, 너희들을 야채를 절이듯이 절일 수 없어, 내가 음식을 만들 수 없을 만큼 그와 같이 강하게 굳어져 있는지 알겠는가?
13 너희들은 옹벽보다도 더 굳어져 있으며, 자연의 비바람에도 무너지지 아니하며, 비바람에도 쓸려 나가지 않는 바위보다도 더 단단하게 지금 굳어져 있으며,
14 너희들은 오로지 그 아집이요, 고집으로써 뭉쳐져 있으니, 누구도 깰 수 없는 것이 너희들이니라.
15 소금을 물로 녹일 수 없을 것이라면 너희들은 과연 어찌하겠는가?
16 이는 말이 아니 되며 역사할 수 없다 하나, 너희는 그보다 더 거역하는 자요, 역행하는 짓을 하고 있느니라.
17 그러니 너희들에게 아무리 무엇을 부으며 아무리 가르친다 해도 나의 역사

를 이루고자 하는 그림을 그릴 수 없으니, 내가 만백성을 먹이려 하는 맛있는 반찬이요, 음식을 만들 수 없으니, 다 무가치하며 쓸 수 없는 것이 너희이니라.
18 그러나 아무것도 모르는 나의 아들은 내가 명하는 대로 이리 따르고 이리 순종하며, 그를 내가 내 뜻대로 역사하고 다스려 갈 수 있기 때문에 나의 아들에게 모두를 내리며 그로 하여금 역사한다는 것,
19 이 간단한 이치를 너희들이 안다면 너희들은 스스로 부끄러움을 알아야 될 것이며 너희들 자신이 반성하고 회개하는 그와 같은 마음으로 서야 되거늘,
20 나의 법전을 사탄이요, 사악한 자가 만드는 것이요, 나의 아들을 마귀라, 사탄이라 너희들은 그와 같은 행위를 하지 말라.
21 내가 나의 법전에 기록하여 전했느니라.
22 모든 종교 집단이요, 너희들은 코를 땅에 대고 걸어야 되며, 혀로 땅을 핥으면서 걸어가는 그와 같은 길을 가도 너희들이 지금 나의 피조물 백성을 지옥으로 이끄는 그 죄를 용서받지 못할 것이 너희들이라는 그 무서운 것을 알라.
23 머지않았음을 알라.
24 20년이요, 30년이요, 평생 동안 너희들이 믿음을 왔으며 너희들이 무엇을 구원한다 얻는다 했으나 너희들의 손에 잡히는 것이 없으나,
25 내가 나의 아들을 통하여 역사하는 모두의 이 법전이 세상을 덮는 기간이 있으며 그 시간이 머지않았음이니,
26 이 대변화요, 이 소용돌이 속에서 거역하는 자는 죽을 것이요, 이를 따르고 순응하는 자는 기회를 얻을 것이라는 것을 명심하고 또 명심하도록 그리하라.

8,710 번째 하나님 말씀

2003년 12월 11일 08시 13분

1 사랑하는 나의 아들아!
2 "네, 아버님! 말씀하옵소서."
3 내가 너에게 아직 세상사의 많은 백성들과 접하며 인간 세상사에 있는 사람들과 접하는 것을 금하라 함은, 아직 네가 다스려지지 아니하였으며 네가 홀로 서고 가기가 너무나 어렵고 힘들기 때문이니라.
4 사람은 처음에 모든 것을 장난삼아서 하느니라.
5 누군들 작은 것이 죄이며 그것이 죄악이라 생각하고 하는 자가 어디 있더냐?
6 작은 죄를 실수하면 그다음에는 더 큰 죄를 지어도 그게 죄인 줄을 모르며, 그리하여 악인이 되며 벗어날 수 없는 사람이 되는 것이니라.
7 너와 너의 제자들이 바로 서고 바로 가고자 하나, 깨닫지 못한 백성들이요, 그리고 선을 모르는 자들이요, 그리고 선행을 모르는 자들과 너희들이 더불어 얽히고설킨 그 속에서 너희 스스로 지난날의 인간의 삶에 의하여 다시 무너지는 그와 같은 역사 때문에, 너희들이 듣지 않고 보지 않는 그와 같은 삶을 살라 하는 것이니라.

8 세상사 살면서 너희들이 보지 아니하
고 듣지 아니할 수는 없으나, 그를 기
억하지 아니하며 생각하지 아니하고
지워 버리면 다 보지 아니한 것이며
듣지 아니한 것이라 하였음이니라.
9 그러니 너희들이 듣지 않으려, 보지
않으려 노력해도, 너희들이 계속 부닥
치는 그와 같은 것에 견딜 수 없어 무
너질 수 있기에,
10 좀 더 굳어지고 좀 더 바로 서는 그때
까지 세상사의 모든 사람들과 더불어
얽히고설켜 지난날 인간의 육을 가지
고 살았던 그와 같은 생활로 무너지며
스스로 넘어지는 것을 내가 방지하고
자 했던 것임을 알라.
11 그러니 그것이 바로 인간이요, 너희들
이 가는 마음이기에, 아직은 너희들이
완벽하게 다스려지지 아니하였기 때
문이니라.
12 너희들이 완벽하게 다스려지는 하나
의 선을 넘었을 때, 그 때인들 어떠하
겠느냐?
13 그러니 내가 너희들의 근성이요, 심성
을 알기 때문이니라.
14 너희들이 작은 실수를 할 때, 처음에
는 두려움과 무서움을 아나,
15 그것이 점점 대담해지며 그것에 자신
이 생기며 그리고 당연한 것처럼 생각
하는 그와 같은 너희들의 잘못된 심성
이 있기 때문이니, 그리하여 무너지는
것이니라.
16 모든 종교 집단이요, 지도자요, 그리
고 내가 명하여 쓰고자 했던 그 백성
이 곱고 바르게 가고자 몸부림치지 아
니한 자가 없음이니라.
17 그러나 그들은 작은 인간의 쾌락으로
시작함이니, 그것이 둑이 터지고 터지
는 것처럼 결국 무너지는 그와 같은
오늘의 역사가 있었음이니라.
18 또한, 너도 완벽하게 다스려지지 아니
하였으며, 네가 바로 가고자 노력하며
너의 제자들도 또한 완벽하게 다스려
지지 아니하였으니,
19 작은 둑이 터져 그 구멍이 서서히 커
지는 것처럼 그와 같이 무너질 수 있
는 것이 너희니라.
20 그저 아무것도 아닌 것처럼 그저 이것
정도야 괜찮겠지 하는 생각에서 너희
들이 죄의 씨에 발을 들여놓기 시작하
면, 늪에 빠지는 자처럼 서서히 빠져
들어 가 모두를 다 잃게 됨이니라.
21 그리하여 네가 나가지 말며 기도를 하
며 묵상하며, 그리고 오로지 나를 생
각하는 그 시간을 가지라 하였음이니
라.
22 그리해도 역사할 것, 이루어질 것을
다 역사한다 내가 한 뜻을 너는 깊이
깨달아야 될 것이며, 너의 제자들 또
한 귀를 닫고 눈을 감는 그와 같은 훈
련을 하도록 그리하라.
23 그러면서 그들이 부닥치고 부닥치는
속에서 성장하여 경지에 오른다면 들
어도 듣지 않는 것이요, 봐도 보지 않
는 그와 같은 깨달음의 경지가 있을
것이니,
24 지금은 너희들이 함부로 모든 사람과
시시비비하며 더불어 육의 세상에 살
아가는 그 생활에 젖어서는 아니 된다
그리 전하라.

8,711 번째 하나님 말씀

2003년 12월 11일 08시 16분

1 사랑하는 나의 아들아!
2 "네, 아버님! 말씀하옵소서."
3 떠나는 너의 제자들이요, 그리고 등
돌리고 가는 제자 그들에 대해 가슴
아파하지 말라.
4 너희들에게는 인간성이 있으며 본바
탕이 있으며 본질이 있음이니라.
5 그들의 가슴에는 나의 법전이요, 나의
성령이요, 그 뿌리가 심어져 있음이니
라.
6 그리하여 그들은 어떠한 환경과 어떠
한 길을 간다 해도 그 뿌려진 씨를 자
르지는 못함이니 그리 알라.
7 그들이 떠나고 너에게서 등을 돌리고
멀어진다 해도, 나의 법전이요, 나의
새로운 성경의 그 씨앗은 거기에 심어
졌으니, 그 가슴에서는 뿌려진 씨앗이
서서히 자라게 되어 있음이니, 그를
걱정하지 말며 두려워하지 말라, 그리
고 가슴 아파하지 말라.
8 절대 그들은 그 씨앗을 버리지 못하며
뽑지 못함이니라.
9 제 가슴에 양심이라는 것이 있으며,
그 뿌리가 서서히 자라기 시작하여 씨
앗이 뿌리를 내리고 그 뿌리가 또 자
라면 자랄수록 깊이 그 마음을 잡게
됨이니,
10 그들은 언젠가는 그와 같은 나의 성령
이요, 새로운 법전대로 살아가는 같은
삶을 살 자들이니라.
11 그러니 떠나는 것을 가슴 아프게 생각
하지 말며 떠나는 것을 아파하지 말라.
12 그들도 그 자리에서 제 역할을 할 것
이며 제 임무를 할 것이니라.
13 다만 나의 법전을 읽고 깨우친 백성,
열여섯 권을 정독하고 또 정독한 백
성, 세 번씩 나의 법전을 읽은 자는 절
대 쓰러지지 아니하며 무너지지 아니
함이니,
14 너는 두려워하지 말며, 안타까워하며
가슴 아파하지 말라, 사랑하는 나의
아들아!
15 세 번 이상 법전을 정독한 자, 그 뿌리
는 절대로 무너지지 아니하며 짓이겨
지지 아니하며,
16 타는 불처럼 훨훨 타 그 가슴에 그가
바로 나의 법전을 심어 만백성을 위하
여 갈 수 있는 자로 돌아설 것이며, 그
들은 그를 버리지 못하고 감이니 그리
알도록 하라.

8,712 번째 하나님 말씀

2003년 12월 11일 08시 26분

1 사랑하는 나의 아들아!
2 "네, 아버님! 말씀하옵소서."
3 나의 아들 예수가 모든 병든 자를 고
쳐 주며 눈 먼 자를 고쳐 주며 그리고
그 모든 기적의 역사를 이루었음이니
라.
4 그러니 너희들은 나의 아들 예수가 이
룬 그 기적의 역사만 생각하고, 너희
들이 그와 같은 기적의 역사를 이루는
것이 나로부터 은혜 받는 길이요, 나
로부터 축복받는 것이라 그리 말하느
니라.
5 그러나 나의 아들이 눈 먼 자요, 병든

자요, 그들을 일으켜 주고 깨우쳐 줄
때, 과연 나의 아들은 무어라 기도했
으며 무엇으로써 그들을 치료하고 그
들에게 역사해 주었는지 알겠느냐?
6 나의 아들은 그와 같이 말했느니라,
눈먼 자, 일어서지 못하는 자, 그와 같
은 자들 앞에서 나의 아들은 그리 말
하였느니라.
7 '네 믿음대로 되라, 네 믿음대로 이루
어지라.' 그리 말하였으며 기도했느니
라.
8 그 의미요, 뜻을 너희들은 알겠는가?
9 앉은뱅이가 일어서며 눈먼 자가 눈을
뜨며 병든 자가 고쳐지는 그와 같은
역사를 이루면서 나의 아들 예수는
'네 믿음대로 되라.' 그리 말하였음이
니,
10 그들의 마음이 얼마나 애절하며 얼마
나 진실한 마음이었으면 그가 그와 같
이 기도를 하면서 그 모두의 기적이
이루어졌겠는가?
11 지금의 나의 아들이 너희 제자들에게
'정녕 너희들이 소원하고 원하는 것,
너희들이 바라는 것, 네 믿음대로 역
사하도록 하라.' 그리 말하지 못하는
그 마음을 너희들은 알겠느냐?
12 지금 나의 아들이 따르는 제자들에게
'그의 믿음대로 되게 하여 주옵소서.'
하고 기도를 했을 때, 과연 너희들은
어떠한 형태로 어떠한 형상으로 변화
되며 역사하겠는가?
13 과연 너희들의 믿음이 얼마나 있으며,
너희들의 믿음이 얼마나 진실하며, 너
희들이 진정 나 여호와가 존재함을 믿
고 가는 그 마음의 자리가 어떠하던가?
14 내가 나의 아들을 통하여 너희들이 살
아가는 삶의 생활 속에서 100이라는
숫자를 놓고 나눈다 하면,
15 너희들의 삶의 세상은 90에 젖어 있
으며, 너희들이 나를 믿는 것은 설마
하는 믿음에서 10퍼센트도 될까 말까
한다 하지 않았던가?
16 그러니 그들에게 '저희들의 뜻대로 이
루어지고 저희들이 소원하는 대로 이
루어 주옵소서.' 그리 나의 아들이 기
도를 드린다면, 과연 너희들은 어떠한
형태로 무엇을 얻고 무엇을 이루겠는
가?
17 너희들은 나의 아들 예수가 기적을 이
룬 역사를 생각하지 말라.
18 나의 아들은 모두를 치료하며 역사함
에 있어 '네 믿음대로 되게 하라.' 그
리 말을 했으며, 그들에게 그것이 나
여호와의 뜻이라 그리 전하였음을 알
라.
19 '네 믿음대로 이루어지라.' 그리 나의
아들 예수는 기도했음이니, 그 믿음에
따라 모든 역사의 기적이 이루어졌다
는 그 사실을 너희는 먼저 깨우쳐야
될 것이니,
20 너희들 자신의 믿음이요, 너희들이 가
고자 하는 마음의 자세가 과연 어떠한
가?
21 갈대처럼 흔들리는 자요, 수시로 바람
부는 대로 흔들리는 그와 같은 믿음으
로 가는 자, 절대 역사할 수 없음을 알
라.
22 나 여호와가 그저 너희들의 어렵고 힘
든 것을 해결하는 그와 같은 자라는
생각에서, 그리고 무엇을 얻고자 이루

고자 구원하고자 하는 생각으로 가는
자는 믿음이 하나도 없는 자이니라.
23 너희들이 마음을 비우며 천사와 같은
마음으로, 욕심이 없는 그 애절한 마
음의 믿음으로 변화되었을 때,
24 너희 모두는 다 이루어지도록 나의 아
들은 조용히 다락방에 앉아 너희를 위
하여 기도할 것이니,
25 너희를 위하여 기도할 수 있는 오늘의
형국이 아닌 것이 그 제자들임을 알아
야 될 것이니라.

8,713 번째 하나님 말씀

2003년 12월 11일 08시 32분

1 사랑하는 나의 아들아!
2 "네, 아버님! 말씀하옵소서."
3 너희가 나의 아들 예수요, 나 여호와
를 믿기만 하면, 전지전능하신 하나님
아버지께서 그 능력으로 역사하여 못
이룰 것이 없으며 못 이루어지는 기적
이 없으니 그리 믿으며 그리 가라 하
며, 그와 같이 너희들은 모든 역사하
는 것을 그리 끌고 가고 있음이니라.
4 너희들은 믿기만 하면 축복의 종교요,
그리고 믿기만 하면 거듭나는 종교요,
그리고 새로운 생명을 얻는 종교요,
은혜를 받는 종교요, 고침의 역사를
하는 종교요, 기적을 이루는 종교라
그리 말하며 그리 가르치고 나의 사랑
하는 백성을 이끌고 가고 있느니라.
5 오로지 그것만으로써 너희들은 나의
백성들의 마음을 사로잡으며, 오로지
그들이 거기에 기대하며 그것을 바라
는 그 믿음이 모두 그와 같이 오늘에
역사하는 것이며 끌고 가는 형태가 아
니더냐?
6 모두가 믿는 것만으로써 너희들이 받
을 수 있으며 그와 같이 역사한다 그
리 가르치느니라.
7 그러나 너희들은 믿음보다도 소중하
고 귀한 것이 있음을 알아야 될 것이
니라.
8 공이 없는 믿음으로써는 이루어질 수
없는 것이라 내가 수십 번 나의 법전
에 기록하여 전하였음이니라.
9 지금 너희들이 그와 같이 말하는 것이
맞느니라, 그리고 그와 같이 역사할
수 있는 것이니라.
10 그러나 너희들이 믿는 것만으로써 그
리되는 것이 아니라, 너희들이 그 믿
음 속에서 나의 율법이요, 나의 십계
명이요, 그와 같이 내가 너희들에게
명하여 너희들에게 지키고 살라 언약
한 것을 모두 행함이 중요함이니라.
11 행함이 없이는 모두가 이루어질 수 없
는 것을 너희들은 반드시 깨달아야 될
것이니 그리 알라.
12 너희는 '믿는 자에게는 능치 못하는
것이 없으며 역사하지 못할 것이 없
다.' 전하고 그리 말하느니라.
13 그 자체가 얼마나 중요하고 아름다운
것이며, 행함이 얼마나 중요한 것인가
를 너희들은 가르치지 않는 것이니라.
14 믿는 자에게는 능치 못할 것이 없으며
능치 못할 역사가 없다 그리 말하나,
너희들은 그다음에 가르쳐야 할 것이
있거늘, 그들이 어렵고 힘들고 좁은
그 길을 가는 것이 하늘에 오르는 길
이요, 나에게 오르는 그 길이라는 것

을 알면서 말하지 않느니라.
15 그저 평탄하고 넓은 길, 믿기만 하고
그저 재물을 바치기만 하면, 금화와
은화를 거둬들일 수 있게만 되면 그것
이 너희들의 축복이요, 은혜요, 기적
의 역사를 이루는 것이라 지금 가르치
고 외치고 있음이니라.
16 그러니 그들에게 너희들은 전하라, 그
믿음에 따라 너희들이 행하고 실천하
지 아니하면 아무것도 이루어질 수 없
다는 것을.
17 그리고 강론을 들으며 나의 성서를 읽
으며 지금 나의 법전을 듣는 모든 백
성 너희들 또한 마찬가지니라.
18 거기에 따라서 믿기만 하면 모든 게
역사하게 된다는 것을 절대 믿지 말라.
19 믿음에 따라 너희들이 행하고 실천함
이 제일 소중하고 귀한 것이라는 것을
만백성에게 너희들이 전해야 하는 그
대명을 잊지 말라.
20 그러니 너를 따르는 제자들부터, 나의
법전을 읽은 백성 너희들부터 행함을
우선으로 하도록 그리하라, 사랑하는
나의 아들딸들아!
21 말로써 믿고 믿음만으로 구원을 받는
다는 그 믿음의 길은 누구나 다 갈 수
있음이니라.
22 그러니 그 쉬운 길은 너희들이 나에게
오르는 길이 아니요, 보이지 않는 어
렵고 힘든 길 즉, 행함이니라.
23 너희들의 마음 하나를 다스리는 것이
니라.
24 내가 나의 아들을 통하여 너희들에게
무어라 강론하고 가르쳤더냐?
25 '이 세상을 다 얻는 사람이 되겠느냐,
이 세상의 모두를 다 지배하는 사람이
되겠느냐?' 내가 그리 묻지 아니하였
느냐?
26 너희들은 이 세상을 다 얻은 자요, 가
장 행복한 삶을 살라 하지 않았던가?
27 욕심을 버리고 너희들이 이 세상 것을
봤을 때, 그리고 너희들이 기대하지
아니하며 거래하고자 하는 욕심이 없
는 마음으로 세상을 볼 때 그 모두는
다 네 것이며 네 편에 서 있는 것이니
라.
28 그러나 너희들이 욕심을 가지고 거래
하는 마음으로 보면 그들은 다 적으로
되어 있으며, 너희들이 그를 갖기 위
하여 탈취하고 쟁취하는 노력이 없이
는 아무것도 이루지 못함이니, 너희들
은 그와 같은 인생의 삶을 살지 말라
내가 일찍이 가르쳐 주었느니라.
29 이 세상이 다 너희 것이요, 이 세상을
다 얻은 마음, 그는 천사와 같은 마음
으로 세상을 보고 거래할 때, 그리고
제가 남보다 더 취하고자 하는 것이
아니요, 남들보다 손해를 보며 제가
남들보다 얻는 것이 없으며, 남을 위
하여 제가 기도하며 남을 위하여 이
세상을 살아가는 마음으로 세상을 바
라볼 때, 욕심이라는 뿌리가 없어져
버리니,
30 이 세상 것이 다 너희들 것이요, 이 세
상이 너희들을 위하여 존재함을, 너희
들이 그 반대의 현상이요, 반대의 나
라에 이루어지는 역사를 볼 수 있음을
알라, 사랑하는 나의 아들딸들아!
31 그렇지 아니하면 너희들은 정녕 반대
세상이 역사하는 것을 알 수도 없으며

들을 수도 없는 것이니, 얼마나 불행
하고 가련한 백성이냐?
32 그러니 눈이 있어도 보지 못하며 귀가
있어도 듣지 못하며 손이 있어도 잡지
못하며 역사하지 못함이 너희들이라
는 것을 알라, 사랑하는 나의 아들딸
들아!

8,714 번째 하나님 말씀

2003년 12월 11일 08시 39분

1 사랑하는 나의 아들아!
2 "네, 아버님! 말씀하옵소서."
3 나의 아들이요, 나로부터 대명을 받아
세상에 나간 네가 무엇이 남들과 다르
다 생각하느냐?
4 "네, 아버님! 저는 그를 알고 있사옵
나이다.
5 아버님께 가는 곧고 바른 그 길을 저
는 보고 있으며, 항상 그 길 앞에 서
있음을 알고 있사옵나이다."
6 그러면 너는 어찌해야 되겠는가?
7 "네, 아버님! 제가 그 곧은 길이요, 아
버님께 가는 연결된 그 길만을 그대
로 한 발짝 한 발짝 밟아 가면 된다는
것을 알고 있사옵나이다.
8 그러나 그리 밟지 못하며 가지 못하는
저임을 저는 이미 깨닫고 있으며 그를
알고 있어, 그 죄를 용서받을 길이 없
다 생각하옵나이다."
9 이제 너는 어찌 생각하느냐?
10 "네, 아버님! 그 길만 밟고 가려 하옵
나이다.
11 제가 아버님께 향하는 곱게 뿌려 주신
하얀 줄을 따라가지 아니하면, 저 자
신이 가지 아니하는 것보다도 저의 제
자들이 재가 가지 아니하고 잘못 가고
있는 것을 그들이 먼저 앎이니, 저를
따르지 아니할 것이라는 그 두려운 마
음 때문에,
12 이제는 어찌 됐든 그 길을 밟고 가려
고 생각하고 있사옵나이다."
13 그러니라, 나의 아들아!
14 하늘에 오르는 하얀 줄을 그어 놓았으
니 네가 그 길만 조용히 밟고 오면 되
는 것을,
15 어찌하여 너는 그 길을 밟지 아니하고
그리도 비뚤어지고 좌우로 흔들리는
그 길을 가며 발을 함부로 디뎌 놓느
냐?
16 거기에 네 발을 내려놓아서는 아니 될
것이며 그 줄에 서 있지 아니하면 아
니 됨이니라.
17 네가 그 줄에서 발을 떼어 옆에 놓으
면 네가 흔들림이요,
18 너는 너의 제자들이 그를 모른다 하나
그 제자들이 그를 앎이니, 그를 보고
있는 그 제자들이 절대 너를 따르지
아니하며 그들이 그 줄을 밟지 아니함
이니라.
19 네가 잘못되는 것은 너 자신이 대가를
치르면 되나, 너를 보고 따라오지 아
니하면 그 줄을 볼 수 없으며 밟을 수
없는 것이 너희 백성들이요, 인간들이
니,
20 너로 하여금 그 사랑하는 제자들이 타
락의 길을 가도록 그리되어서는 아니
될 것이니, 너는 어찌 생각하는가?
21 "네, 아버님! 그를 이제야 깨달았사옵
나이다.

22 아버님께서 하늘에 오르는 하얀 줄을
내려 주시고 그어 놓은 그 선을 제가
밟지 아니하고는 안 된다는 것,
23 그 길을 밟고 가는 것이 제가 제일 먼
저 앞에 갈 자요, 저만이 그 길을 밟고
가는 자라 저는 이제 깨달았기에,
24 제가 지나가지 아니하면 저의 제자들
이 절대 그 길을 밟을 수 없으며, 제
앞에서 그 길을 볼 수도 없으며 갈 수
없다는 것,
25 아버님께서 내려 주신 그 줄이요, 그
어 놓은 길은 저만이 제일 앞에서 밟
고 갈 수 있으며,
26 제가 지나가기 위해서 내리신 줄이기
에, 제가 가지 아니하면, 저의 제자들
이 아무리 깨우침의 경지가 높다 해도
그 줄을 밟을 수가 없으며 그 줄을 보
지 못하니, 가지 못한다는 이 두렵고
무서운 사실을,
27 아버님께서 저를 아들이라 명하시며
제가 만백성을 구하는 길을 가는 자라
며 선택되어 아버님의 목자라 하신 그
말씀의 무서운 짐을 이제야 알았사옵
나이다.
28 아버님께서 하얗게 그어 놓으신 그
곧고 바른 길은 누구도 갈 수 없으며,
그것이 아버님께서 저에게 명하신 것
이요, 저를 아들이라 부르신 그 뜻이
옵나이다.
29 그 길은 누구도 갈 수 없으며 제가 가
지 아니하면 아니 되며, 제가 곧고 바
르게 갔을 때 그 줄은 서서히 한 줄이
두 줄로 되고 두 줄이 세 줄로 늘어남
이니, 그리하여 저의 제자들은 편안하
게 그 길을 갈 수 있다는 것,
30 이것이 아버님께서 천 년에 걸쳐서 왕
국을 이루고자 하시는 것이며,
31 제가 그 길을 걸어감이니, 지금 제 앞
에서 기도 소리를 듣는 그 제자들이
그 길을 감이니, 그들이 또한 하얀 길
을 하나 만드는 그와 같은 아버님의
계획의 역사함을 이제 알았사옵나이
다.
32 아버님! 이 죄인을 용서하여 주옵소
서."

8,715 번째 하나님 말씀

2003년 12월 11일 08시 45분

1 사랑하는 나의 아들아!
2 "네, 아버님! 말씀하옵소서."
3 네가 아직도 인간 세상에서 60이 다
되도록 살아온 삶의 그 습성을 완전히
거두지 못함이니, 이를 어찌하겠는가?
4 네가 하루에 살아가는 그 삶 속에서
너는 나로부터 깨달음을 받은 것이
50퍼센트요, 그리고 육의 세상에서 인
간으로서 살았던 삶을 아직도 50을
버리지 못하고 있음이니라.
5 그러니 네가 아침에는 나의 성령이요,
나의 법전이요, 나의 아름다운 말을
네 입에서 하며 그 모두를 자주 하나,
6 오후가 되면 네가 인간의 본성으로 돌
아가 인간의 그 생각 50퍼센트를 아
직도 버리지 못하고 우왕좌왕하는 그
와 같은 삶을 사는 것이 네 모습임을
알아야 될 것이니라.
7 오전에 네가 나의 뜻이요, 나의 성령
대로 살아갔던 그 마음이 지친 오후가
되었다 하여 너의 인간의 습성이 나온

다 하면, 과연 어떤 제자들이 그를 따르며, 너의 제자들 또한 어찌 그 길을 가겠느냐?
8 그러니 너는 너희가 말한 스물 네 시간이라는 것, 365일을 똑같은 나의 성령이요, 나의 뜻에 따라 살아가는 그 삶으로 완벽하게 바로 서라.
9 내가 오늘 너에게 말하지 아니하였느냐, 하늘에 오르는 그 하얗게 그어 놓은 실과 같은 선은 사랑하는 나의 아들 네가 먼저 밟고 오지 아니하면 내가 누구도 받아들이지 아니하며 거둬들일 수도 없으며 그 누구도 갈 수 없는 길이라 하였음이니,
10 만백성을 구하고 구하지 못하는 것은 너에게 달렸음이니, 이제 너는 알아서 하라.
11 네가 50퍼센트의 인간의 생각을 가지고 살며, 나의 뜻에 따르는 것은 아직도 50퍼센트요, 그와 같이 아침과 저녁이 다른 너의 성격이요, 그 불같은 마음이요, 그를 저버리고 다 뽑아 버리고 태워 버리지 아니하면 그 줄을 네가 밟고 올 수 없으니,
12 사랑하는 너의 제자들이요, 나의 법전을 읽고 깨우친 만백성도 그 줄을 올 수 없음이니라.
13 네가 지나온 다음 네 발자국만큼 그 줄은 굵어질 것이며, 굵어지면 너의 제자들이 거기에서 떨어지지 아니하고 무너지지 아니하고 올 수 있는 길이 열리는 것이니,
14 네가 먼저 오지 아니하면 절대 아니 된다는 이 무서운 사실을 기억하고 또 기억하도록 그리하라, 아들아!
15 오전과 오후에 네 마음이 흔들려서는 안 됨이니, 너는 이룰 수 있으며 갈 수 있는 자이니라.
16 인자한 모습이요, 사랑하는 마음이요, 아름다운 목소리가 그 향기가 됨이니라.
17 내가 너를 사랑하며, 너를 받쳐 주는 그 제자들, 또한 떠나지 않고 나의 법전을 읽고 네가 변하기를 바라는 그 제자들을 모두 내가 사랑함이며, 너희가 있기에 나의 기쁨이니라.
18 나의 아들 예수가 2천 년 전에 죽었던 그 고통을 들어주지 아니하고 보지 아니하고 눈을 감았던 그 아픔을, 이제야 서서히 너희들이 내 마음의 상처를 씻어 주고 있다 하면 너희들은 과연 어찌하겠느냐?
19 이 세상이 존재하게 된 것이 나 여호와의 역사함이요, 나 여호와가 존재함을 너희들은 굳건히 믿으라, 사랑하는 나의 아들딸들아!

8,716 번째 하나님 말씀

2003년 12월 11일 08시 48분

1 사랑하는 나의 아들아!
2 "네, 아버님! 말씀하옵소서."
3 나를 찾기만 하면 상을 내려 준다, 상을 받는다, 그리고 저희들의 손으로 지은 성전에 와 금화와 은화를 바치면 바칠수록 큰 상을 준다, 나 여호와로부터 은혜를 받는다 그리 가르치는 것, 그 믿음에서 너희들이 벗어나지 아니하면 아니 됨을 알라.
4 내가 너희들에게 무어라 말하였느냐?

5 오늘의 종교 집단이요, 지도자들이 얼
마나 제왕적이며 독선으로 인간의 생
각에서 가는가?
6 너희들은 주의 종을 평하지 말며 비판
하지 말며, 그가 잘못 가고 살인하고
죽을죄를 지으며 간음하고 도둑질한
다 해도 그들이 하는 것을 비판하지
말며 바라보지 말며, 그와 같은 마음
으로 가는 것이 구원을 받는 길이라
가르치는 추하고 더러운 자들 앞에서
무슨 진리가 있고 믿음이 있겠는가?
7 그러니 그들의 깨우침에서 벗어나지
못하면 너희들은 절대 구원을 받지 못
함이니라.
8 그러니 너희들은 그와 같은 자들이 내
려 주는 상이요, 은혜라는 것에 현혹
되지 말며, 우선 나 여호와가 존재하
는 것부터 믿는 마음, 그 마음 하나로
써 바로 서지 아니하면 아니 됨을 알
아야 될 것이니라.
9 나 여호와가 존재함을 믿는 그 사실
하나도 지키지 못하며 행하지 못하는
자들이 어찌 나를 믿으며 나에게 올
수 있는 길이라 하느냐?
10 그를 믿지 못하는 자들이 지금 지도자
라 하여 저희들이 우대받는 것, 저희
들이 신처럼 작은 신이 되고자 그와
같이 하는 자들 속에서 벗어나는 용기
있는 자가 아니 되면 절대 아니 됨이
니라.
11 너희들은 나 여호와가 존재함을 믿으
며, 내가 나의 아들을 통하여 내리는
법전을 그대로 행하고 지키면 되느니
라.
12 이를 행치 못하는 자, 너희들이 무어
라 말해도 너희들의 뜻이 이루어질 수
없으며, 너희들이 갈구하는 그 구원의
길은 절대 있을 수 없다는 것을 알라.
13 그러니 나의 법전에 기록한 것을 행함
이 중요하고 두려운 줄 알며, 행하지
않는 믿음은 죽음이라 내가 가르치고
전하는 그 의미요, 뜻을 너희들 것으
로 만들어 행하는 삶을 살도록 그리하
라, 사랑하는 나의 아들딸들아!

8,717 번째 하나님 말씀

2003년 12월 11일 12시 47분

1 사랑하는 나의 아들아!
2 "네, 아버님! 말씀하옵소서."
3 너희들이 무엇인가 하나를 만들기 위
하여 그 목적을 세우며 그 뜻을 세워
여러 사람이 모여 그 길을 행하고자
함이니,
4 너희들이 모였다는 것으로써 그 모두
가 역사했으며 그 목적이 이루어졌다
생각해서는 아니 될 것이니라.
5 너희들은 모인 사람마다 서로 제 뜻을
관철시키고자 하며 그를 위해 서로 시
시비비를 함이니, 그 모임 자체가 무
산될 수가 있으며,
6 서로 제 주장을 함으로 인하여 이루지
못하고 너희들이 뿔뿔이 헤어지는 그
와 같은 결과가 나올 수 있음이니라.
7 그러니 '나' 자신을 죽이는 것, '나' 자
신을 다스리는 것, 그리고 '남'이 역사
하는 것을 보는 그 뜻이 얼마나 위대
한 것인가 알겠느냐?
8 그러니 양보의 미덕이라는 말까지 있
는 것이 너희 인간 세상에 사는 삶이

아니더냐?
9 하나의 똑같은 목표를 위하여 너희들
이 모였으나, 제 것으로 관철시키며
제 뜻으로 주관하여 이루어 가고자 하
여 열 사람이 똑같이 제 주장을 한다
면 너희들은 파산이요, 헤어짐이요,
10 아무것도 이룰 수 없는 것이 너희들
인간 세상에서 이루어지는 일이니라.
11 그와 같이 이루어졌다 물거품처럼 부
서지는 것이 얼마나 많이 있더냐?
12 그러니 스스로 '나'를 다스리며 '나'를
들여다볼 수 있으며, 양보하는 마음을
가지고 바라볼 수 있는 그와 같은 사
람들이 모였을 때, 작든 크든 그 뜻은
이루어질 것이며, 그 목표는 찬란한
빛을 이룰 수 있다는 것을 너희들은
알아야 될 것이니라.
13 너희들이 인간 세상에서 살아가면서
서로 남을 아끼고 사랑하는 마음 또한
그러하니라.
14 너희들이 어찌 사랑하고 가느냐에 따
라서 모두 다 다른 것이 인간 세상의
삶임을 알아야 될 것이니라.
15 너희들이 사랑하는 그 마음도 물질적
인 사랑이요, 정성 어린 사랑이요, 또
한 너희들의 그 모두를 다 바쳐 사랑
함이요, 그 모든 사랑하는 방법이 다
다름을 알아야 될 것이니라.
16 너희들에게 내가 다시 한 번 명함이
니, 너희들이 정녕 나에게 오르고자
하는 자라면, 하나의 뜻으로 이루고
하나로써 역사하지 아니하면 갈 수 없
으며 이룰 수 없다는 것을 알아야 될
것이니라.
17 그러니 나의 아들을 따라 내 뜻을 위
하여 너의 제자들이 하나로 이루어져
역사할 수 있는 것은 무엇인 줄 알겠
느냐?
18 '나'를 죽이는 것이요, '나'를 다스리는
것이요, '나'를 내세우지 아니하며, 조
용히 한 발짝 물러나 바라볼 수 있는
그와 같은 마음을 가지고 있을 때,
19 너희들은 하나로써 모두를 역사할 수
있으며, 하나가 되어 내 뜻을 세상에
펼 수 있다는 것을 알아야 될 것이니
그리 알라.

8,718 번째 하나님 말씀

2003년 12월 11일 12시 55분

1 사랑하는 나의 아들아!
2 "네, 아버님! 말씀하옵소서."
3 성령으로 임하여 변화되는 백성, 곧
그는 무엇이던가?
4 너희들은 창조주 나 여호와와 같이하
는 백성이니라.
5 그러니 나의 법전을 읽고 깨우친 백성
이요, 나의 법전을 읽고 깨우치는 너
희들이야말로 나 여호와가 같이하는
선택된 백성임을 알아야 될 것이니라.
6 그러나 육의 생각을 버리지 못하고 저
자신을 다스리지 못하며 육의 한계에
서 벗어나지 못하면, 그는 나와 더불
어 같이하는 백성이 아님을 알아야 될
것이니라.
7 오늘의 모든 종교 집단이요, 지도자
너희들은 들어야 될 것이니라.
8 나를 경배하고 찬양하는 그 세월이 길
고 짧음을 가지고 너희들의 믿음이 강
하고 약한 자라 그리 말하지 말라.

9 너희들이 일순간에 변화를 갖는다 해
도, 성령으로써 임하지 않은 백성은
나와 같이하지 못하는 백성이요,
10 너희들이 지금 당장 믿음을 찾았다 해
도 너희들이 성령이 임하는 마음으로
비우는 그와 같은 생각이요, 육의 욕
심의 근원을 뽑아 버린다면 그는 나와
같이하는 자이니라.
11 내가 너희들에게 무어라 말하였느냐,
나를 향하여 한 점의 부끄럼이 없는
삶을 사는 자가 나의 아들딸이요, 나
를 향하여 부끄럼이 있는 행위를 하는
자는 곧 사탄의 자식이라 그리하였음
이니라.
12 너희들이 아무리 의롭고 선하게 살아
간다 해도, 순간에 사악한 짓을 하는
자, 그가 곧 사탄이니라.
13 나의 아들이 지금 너희들에게 강론하
며 너희들을 가르치며 그가 바로 가고
자 노력함이니,
14 아무리 나의 아들이라도 너희들에게
명하기를 질서에 어긋나는 짓이요, 욕
되게 하는 짓이요, 죄에 대한 것을 명
하며 그와 같은 행위를 한다면, 나의
아들 또한 나의 아들이 아니요, 그가
사탄이 됨이니라.
15 그와 같은 나의 아들도 그러하거늘,
나의 아들을 따르는 선택된 백성 너희
들의 마음은 또한 어떠해야 하며 너희
들의 자세는 어떠해야 하겠느냐?
16 그러니 너희들은 이를 명심하여 행해
야 됨을 절대 잊지 말라.
17 의로움 가운데 있는 자요, 의로움을
행하는 자는 나와 같이함이니라.
18 그러니 너희들이 구원의 길을 오르고
자 한다면 과연 어찌해야 되며 어떠한
길을 가야 되는 것인가, 지금의 나의
아들을 따르는 제자 그리고 나의 법전
을 읽고 깨우친 백성 너희들은 이를
알고 있으며 깨달았음이니라.
19 이와 같은 이치를 알고 깨달은 것이
얼마나 크나큰 영광인 줄 알겠는가?
20 그를 보지도 못하고 살아가는 것이 지
금의 백성 그들이니라.
21 내가 그들에게 일찍이 깨우쳐 주었음
이니, 내가 무어라 말했느냐?
22 성서에 기록하여 너희들에게 전하기
를, 포도를 열려면 그 포도 나무에 붙
어 있는 가지가 아니고는 결코 그 과
실의 열매를 맺어 만백성이 양식으로
취할 수 있는 그와 같은 역사를 이룰
수 없다 하였음이니라.
23 몸통에 붙어 있는 가지만이 열매를 맺
을 수 있다는 나의 성서의 가르침을
너희들이 알면서도 그를 행하지 아니
하는 것이 아니더냐?
24 이제 내가 나의 아들을 통하여 너희들
에게 명하느니라.
25 나의 계명을 지키고 살아가고자 하는
자, 새로 내리는 나의 새로운 성경이
요, 나의 법전을 보지 아니하고 접하
지 아니한 자, 결코 구원의 길을 볼 수
없음을 알라.
26 포도나무 가지가 포도나무에 붙었을
때만 그 역사를 하며 열매를 맺을 수
있듯이,
27 나의 십계명을 지키고 살아가고자 하
는 자, 나의 법전에 따라서 살아가고
자 하는 자가 곧 몸통에 붙어 그 가지
가 제 역할을 하는 그와 같은 역사를

함을 절대 잊지 말라.
28 내가 새로 내리는 성경, 나의 법전이
곧 내 본체요, 나라 하지 아니하였더
냐?
29 너희들이 나의 법전을 열 때 내가 너
희들과 같이한다는 그 의미를 알라.
30 그러니 너희들이 구원을 받고자 한다
면, 너희들이 구원의 길을 보고자 한
다면, 그 역사를 이루고자 한다면 나
의 법전을 접하지 아니하면 아니 됨이
니라.
31 나의 법전을 접하지 아니하며 나의 십
계명을 지키고 살아가지 아니하는 백
성, 너희들은 포도나무의 몸통에서 가
지가 떨어진 것임을 알라.
32 이를 내가 너희들에게 전하는 무서운
사실을 봐야 될 것이니라.
33 그러니 그 길을 너희들이 보지 아니하
며 그 길을 행하지 아니하고는 결코
나에게 오를 수 없으며 나에게 올 수
없다는 것을 알라.
34 그러니 내가 너희들에게 오늘과 같은
법전을 내려보내며, 그 법전 속에 내
가 일찍이 친필로 써 내린 십계명을
지키라 하며 새로운 성경대로 살아가
라 함을 알아야 될 것이니 그리 알라.
35 지금의 나의 법전대로 행하지 아니하
고 그 길을 가지 아니하고는 결코 아
무것도 얻을 수 없음을 알라.
36 나의 법전을 접하고 정독하면 너희들
은 반석 위에 서게 된다는 것을 내가
십계명 뒤에 한 구절을 더 넣었음이
니, 그 의미를 너희들은 알아야 될 것
이니라.
37 나의 법전을 접하고 그리 행하고자 노
력하지 아니하는 자는 결코 반석 위에
설 수 없음이니,
38 반석 위에 서는 자만이 하늘에 오르는
찬란한 빛을 보며 그 빛을 따라 그 길
을 올 수 있다는 그 의미를 알라.
39 내가 나의 아들을 통하여 명하였느니
라.
40 너희들이 땅에서 하늘에 오르는 길은,
내가 하얀 실보다 더 가는 선을 하나
내렸음이니, 그것은 오로지 나의 아들
이 제일 먼저 밟고 오며, 그가 거쳐 온
다음에 너희들이 올 수 있다는 것, 이
것이 하늘의 법도요, 나의 뜻이라는
그 무서움을 알라.
41 반석 위에 선 자만이 그 빛을 볼 수 있
으며 나의 아들이 온 그 길을 따라 올
수 있음이니,
42 이제 나의 아들이 온 다음에 그다음의
길은 누구더냐?
43 그 제자들이니, 너희들이 그 길을 와
서 그 길을 넓혔을 때, 많은 백성이 그
길을 따라 하늘에 오를 수 있다는 것
이니,
44 나의 아들 네가 스스로 어찌 가야 될
것이며, 그 제자 너희들 또한 어찌 가
야 될 것인가?
45 이 구절의 무서움과 두려움을 잘 너희
것으로 만들도록 그리하라, 사랑하는
나의 아들딸들아!

8,719 번째 하나님 말씀

2003년 12월 11일 13시

1 사랑하는 나의 아들아!
2 "네, 아버님! 말씀하옵소서."

3 지금의 종교 집단이요, 지도자들이 어
찌 가르치느냐?
4 그들이 교회라는 곳에 가다가 가정에
서 핍박을 받으며 남편으로부터 사랑
을 받지 못하며 자식으로부터 등 돌리
는 그와 같은 환경에 처해 있어도, 그
여인이 그래도 너희들의 교회에 나가
기만 하면 축복과 영광이 있다 그리
말하지 않느냐?
5 그와 같은 여인에게 나로부터 축복을
받으며 영광이 있다고 종교 집단의 지
도자 너희들이 그리 가르치며, 또한
그 신도들이 그와 같은 생각에 젖어
있으니,
6 가정을 모르며 자식을 모르며 남편을
모르며 이웃을 모르고 그 길을 달려가
고자 하는 것이 그들이 아니더냐?
7 너희들이 교회에 간다는 것을 가지 못
하도록 그 옷을 찢어 버리며 머리카락
을 잘라 버리면서까지 교회라는 곳이
요, 죄의 온상에 가지 못하도록 말리
는 자가 있다 해도,
8 그 예배 시간을 지키고 그곳에 참석하
기 위하여 사투보다도 더 험악하게 그
속에서 빠져나와 그 시간을 지키는 신
도,
9 그는 영광이 있으며 하늘로부터 축복
이 있으며 영원히 구원을 받을 수 있
는 자들이라며 오늘의 종교 집단의 지
도자 너희들이 그리 가르치고 그리 그
들을 세뇌시킴이니,
10 이는 정녕 나의 백성이요, 나의 목자
로서 하는 것이 아니요, 사탄이요, 마
귀의 자식만이 할 수 있는 길임을 너
희들은 알라.
11 개인의 평화와 개인의 가정을 지키는
그것이 얼마나 소중한가?
12 그것을 먼저 역사하며 그를 잘 다스려
나가야 되는 것이며, 너희 형제를 이
해시키며 너희 가정을 이해시키며 그
리하여 더불어 같이 가는 그와 같은
마음 자세와 노력함이 소중하니라.
13 그들을 다 핍박하고 접어 버리며, 너
희들을 믿음의 길로 가지 못하게 하는
남편이 사탄이요, 자식이 사탄이요,
악마요, 너희들의 부모 형제가 사탄이
요, 악마라 생각하는가?
14 가지 못하게 옷을 찢어 버리고 머리카
락을 잘라도 도망가서 너희들이 예배
시간을 지키며 울고불고 기도하는 그
것만이 영광이요, 축복이요, 너희들이
나에게 오를 수 있다 가르치는 오늘의
종교 집단 지도자들은 사탄임을 알라.
15 저는 나에게 영광을 돌리는 신도라 하
여 그와 같이 모든 가정을 파괴하면서
까지 나오는 자, 나에게 영광을 돌리
는 신도요, 구원을 받은 자요, 그리고
저희들은 확실히 구원받게 되어 있으
며 하늘에 오른다 그리 가르치는 자,
그와 같이 말을 하는 자들은 다 잘못
된 자들임을 알라.
16 자신의 소중함을 알며 가정의 소중함
을 알며 그 소중함을 안다면, 너희들
이 그들을 깨우쳐 더불어 역사할 수
있도록 최선의 노력을 다하는 자세,
그것이 소중함이니라.
17 가지 못하게 하는 자는 사탄이요, 마
귀요, 그 부모 형제를 이단이라 하는
자,
18 그와 같은 마음으로 너희들이 예배 시

간을 지키며, 재물을 바치는 데 주저
하지 말며, 그와 같이 가는 자만이 영
광이요, 축복이요, 하늘에 오르는 길
이라 가르치는 종교 지도자는 사탄이
라 함을 알라.
19 이것이 나의 법도이니라.

8,720 번째 하나님 말씀

2003년 12월 11일 13시 04분

1 사랑하는 나의 아들아!
2 "네, 아버님! 말씀하옵소서."
3 모든 종교 집단이요, 지도자들이 단상
에 서서 나의 사랑하는 백성 그 신도
들 앞에 목소리 높여 강론하느니라.
4 너희들은 무엇을 먹을까 생각하지 말
며, 무엇을 마실까 생각하지 말며, 무
엇을 걸칠까 생각하며 염려하지 말라,
그와 같이 생각하는 자는 나를 믿지
못하는 자요, 정녕 믿음의 길을 가지
못하는 백성이라 그들에게 그리 말하
며 그와 같이 가르치느니라.
5 그리 말하면서 단상에 서서 가르치는
자들은 과연 어찌하는가?
6 그들의 재물을 갈취하지 아니하는가,
재물을 쌓아 두지 않는가, 제 이름으
로 재물을 쌓아 두며 제 가족의 이름
으로써 재물을 쌓아 놓는 그와 같은
행위를 하지 않는가?
7 너희들을 가르치는 지도자가 무엇을
먹을 것인가 걱정하지 말며, 무엇을
마실까 생각하지 말며, 무엇을 걸칠까
생각하지 말라 하니,
8 그와 같은 자들이 단상에서 가르치면
서 어찌하여 저희들은 제 이름이요,
제 가족이요, 저희 형제 이름으로 재
물을 쌓아 놓고, 천년만년 누릴 것같
이 그리 쌓아 놓는단 말이더냐?
9 이것은 바로 무엇이더냐, 사랑하는 나
의 피조물 만백성 너희들을 벗겨 가는
자들이요, 너희 것을 갈취하는 자들이
니라.
10 그리하여 갈취하는 자가 제 창고에 쌓
아 놓으니, 과연 그와 같은 것이 진정
한 나의 목자요, 사랑을 실천하는 지
도자요, 나 여호와의 참진리를 가르치
는 목자라 생각하는가?
11 그러면서 너희들은 그들을 믿느니라,
그리고 그들이 하는 말마다 광분하며
은혜 입었다 말하느니라.
12 너희들은 알아야 될 것이니라.
13 이제 그와 같은 자는 잘못된 것이며
그는 사탄의 자식으로 역사한다 내가
가르쳤음이니,
14 이제 너희들이 어떠한 길을 선택하든
지 네 자유라는 것을 알라.
15 지금 선택할 자유가 있을 때 너희들이
어찌 선택하느냐, 그것으로써 그 대가
를 치른다는 걸 알라.
16 오른쪽 길은 하늘에 오르는 길이요,
왼쪽 길은 지옥으로 가는 길이니,
17 지옥으로 가는 길은 친란하며 광활하
나, 나에게 오르는 길은 좁고 협착하
니,
18 너희들이 스스로 현명하게 선택해야
함을 알라.
19 그러한 자들을 따르는 신도, 그 백성
이 어떠한 형국인 줄 알겠느냐?
20 지금 수많은 나의 백성이 지옥문 앞에
서 슬피 울고 있으며, 그곳을 들어가

지 않으려고 애원하고 몸부림치는 그
형상이 바로 오늘의 너희들의 모습이
라는 것을 절대 잊지 말라.
21 너희들의 그 모습이 그대로 지금 지옥
문 앞에서 울고불고 슬피 울고 애원하
며, 그 문으로 들어가지 아니하려고
몸부림치는 모습이라는 것을 절대 잊
지 말라.
22 창고에 쌓아 놓고자 하는 자, 제 이름
으로 쌓아 놓고자 하는 자, 제 형제의
이름으로 쌓아 놓고자 하는 자, 제가
통제할 수 있는 제 이웃 사람의 이름
으로 쌓아 놓고자 하는 자, 그와 같은
자들이 바로 무엇인 줄 알겠느냐?
23 그들이 가르치는 말이 진리라 하여 그
들에게 힘을 실어 주는 자, 그 모두가
지옥문 앞에서 슬피 울고 몸부림치는
그 형상이 바로 너희들이라는 것을 절
대 잊지 말라 그리 전하라.

8,721 번째 하나님 말씀

2003년 12월 11일 13시 09분

1 사랑하는 나의 아들아!
2 "네, 아버님! 말씀하옵소서."
3 나를 믿고 경배한다는 그 백성이요,
지도자들이 무어라 가르치느냐?
4 너희는 단상에서 그 신도들에게 그리
설교하느니라.
5 사람이 사람 앞에 높임을 받고자 한다
면 그는 나 여호와로부터 버림을 받는
백성이요, 구원을 받지 못하며 나에게
오를 수 없는 백성이라 그들에게 엄포
를 놓느니라.
6 사람이 사람 앞에 높임을 받고자 하는
것은 절대 나 여호와로부터 용서받지
못하며, 나 여호와로부터 버림을 당하
는 백성이라 그들은 그리 가르치느니
라.
7 그러나 저희들은 과연 어찌하느냐?
8 그와 같이 말하고 가르치는 종교 지도
자 그들이 과연 사람 앞에 더 높임을
받고자 하지 아니하는 자라 생각하느
냐?
9 그들이야말로 저희들이 하고 있는 것,
역사하는 것이 얼마나 제왕적인 대우
를 받고자 하며, 그들이 얼마나 교만
한 자들인가?
10 내가 성서에 기록하여 너희들에게 전
하였느니라.
11 교만은 패망의 선봉장이라 하였음이
니, 오늘의 종교 집단의 지도자들이
과연 깨우침을 얻어 하늘에 오르는 길
을 실천하는 천사와 같은 자들로 가르
치느냐, 과연 그들이 사람 앞에 군림
하고자 하지 않는 자들이냐, 그리고
교만을 버린 자들이냐?
12 내가 보는 오늘의 종교 집단의 지도자
들은 좋은 자리에 제가 앉아야 되며,
높은 자리에 제가 앉아야 되며, 먼저
제가 대우를 받아야 되며,
13 저는 나의 아들이기에 특별 대우를 받
지 아니하면 기도하지 아니하느니라.
14 그들을 너희들이 경배하며, 저를 사탄
이요, 이단이라 말하는 자가 잘못되었
다 하며,
15 저를 목자요, 하나님의 아들로서 잘못
되었다 가르치는 자는 사탄이요, 마귀
요, 돼지 같은 자이니, 제 앞에 보이지
도 말며 그들과 놀지도 말며 어울리지

도 말라고 가르치니, 패망의 선봉장들
이 너희들이라는 것을 나는 그리 전함
이니,
16 이를 보고 너희들이 맞고 틀린 것은
스스로 깨우쳐 깨달음을 얻도록 그리
하라.
17 너희들은 알아야 될 것이니라.
18 내가 그와 같은 깨우침을 주었으니,
너희들이 어찌 행하고 실천하며 가야
할 것인가 깨우쳐 수지 않너냐?
19 교만한 것이 패망이요, 패망의 짓의
선봉장이 된다 했으니, 그러나 오늘의
종교 집단들이 그와 같이 하는 자들이
니, 너희들은 어찌해야만 되겠느냐?
20 너희들은 알아야 될 것이니라.
21 지금 세상의 모든 종교 집단이요, 지
도자들이 무어라 말하느냐?
22 저도 나 여호와같이 할 수 있으며 저
희도 할 수 있으며 역사할 수 있다 그
리 가르치는 자들이니라.
23 그와 같은 자들이 구원을 받았으며 하
늘에 오를 수 있는 표를 받았으며 저
희들은 구원을 받았다 그리 말하느니
라.
24 그러니 그들과의 차이가 어떠한 것이
더냐?
25 하늘에 오르는 길을 위하여 노력하고
자 하는 백성들과 저희들이 하늘에 올
라올 수 있는 자격을 받았다 하는 자
들은 하늘과 땅의 차이임을 너희들은
알아야 될 것이니라.
26 지금 모든 종교 집단이요, 지도자들은
구원을 받았다 가르치며 구원을 받았
다 생각하나, 너희들은 어찌 가느냐?
27 구원을 받도록 노력하는 것이 나의 백
성이 가는 길이라 하여, 구원의 길을
위하여 스스로 너희 악습을 버리며 그
죄의 옷을 하나하나 벗어던지고 가는
것이 너희들의 오늘의 삶이 아니더냐?
28 그러니 오늘의 종교 집단과 나의 아들
을 따르는 선택된 제자들 너희들이 가
는 그 믿음의 차이가 여기에 있음을
알아야 될 것이니라.
29 오로지 너희들은 나의 아들이 가는 길
이요, 내가 나의 아들을 통하여 내리
는 강론이요, 나의 아들을 통하여 역
사하는 법전대로 지키고 살아가라.
30 그러면 너희들은 하늘에 오를 것이니,
그들이 가는 길에 현혹되지 말라.
31 그들과 너희들의 차이점은 하루가 지
나면 지날수록 멀어지는 것이요,
32 10년, 20년이 지나고 너희들이 나에
게 와 심판을 받을 때, 그들의 모습은
보이지도 않는 그와 같은 차이가 이루
어짐을 알라, 사랑하는 선택된 나의
아들딸들아!

8,722 번째 하나님 말씀

2003년 12월 11일 13시 12분

1 사랑하는 나의 아들아!
2 "네, 아버님! 말씀하옵소서."
3 한 획도 고쳐도 안 되고 빼도 더해도
안 된다는 그 성경에 기록하여 전하기
를, 순종하는 것이 너희들이 나를 위
하여 모든 것을 차려 놓고 정성껏 드
리는 제사보다도 더 나으며 더 소중한
것이라 내가 너희들에게 그리 가르쳤
느니라.
4 그리하여 종교 집단이요, 지도자들이

무어라 말하느냐?
5 순종이 제일이며 순종이 우선이요, 순
종하는 자만이 나 여호와에게 오를 수
있다 그리 가르치고 그리 전하고 있느
니라.
6 그러나 과연 그들은 어찌하는가?
7 그들은 나의 사랑하는 백성이 내 믿음
이요, 내 뜻이요, 내가 가르치는 진리
에 순종하며 내 뜻을 따르는 것이 아
니라,
8 인간 저희들 앞에 순종하는 자로 만들
어 저희들이 지금 그리 이끌어 가고
있음이니라.
9 하늘의 뜻이요, 하늘의 진리에 의해
역사하는 것이 아니라, 인간 세상의
법도에 따라 너희들이 나의 이름을 빙
자하여 내 뜻을 팔아 지금의 나의 사
랑하는 피조물 만백성이 너희들에게
순종하는 사람으로 만들었음이니라.
10 그리하여 내가 종교 지도자 너희들에
게 무어라 말하였느냐?
11 너희들이 존재치 아니한다면, 물이 위
에서 아래로 흐르듯이 생수는 밑으로
흘러 많은 동식물의 생명의 근원이 되
었을 것을,
12 너희들이 제 호수에 담고자 그 물줄기
를 막았으며 그 물줄기를 틀어 놓아
황폐하고 메마른 땅으로 만들었음이
니,
13 이게 오늘의 이 세상이 이루어진 현실
이며, 오늘의 너희들이 말세요, 도둑
이 들끓는 세상이라 말하는 것을 만든
것이 순종이라는 이름을 내세워 나의
피조물 만백성을 족쇄로 끌고 간 지도
자들이 저지른 그 결과이니라.
14 그러니 나에게 순종하며 내 뜻에 순종
하는 백성이요, 그리하여 제사를 드리
는 것보다 더 소중한 그 순종을 너희
종교 지도자 앞에 몸을 굽혀 너희들에
게 재물을 바치며 너희들에게 충성하
도록 만든 자들이 아니더냐?
15 그러니 너희들이 하는 일에 얼마나 충
성을 다했으며, 너희들이 하고 있는
역사에 얼마나 충성을 했느냐에 하늘
에 오르고 못 오르는 것이라 그리 팔
아먹는 것이 아니더냐?
16 지금의 종교 지도자요, 그 신도들이
나의 뜻을 거역하는 일만 하고 있으며
그를 자행하고 있는 것이니라.
17 그러니 내가 이들의 사악한 것을 더
볼 수 없으며 그대로 넘어갈 수가 없
어, 지금 160권의 법전을 세상에 내려
보내어 그를 읽고 깨우친 자들에게 그
들이 견디지 못하며 지탱하지 못하여
모두 변하는 그 역사를 이루고자 하는
것이 나 여호와의 뜻이라 함이니,
18 너희들이 나의 법전을 하얀 눈이 세상
을 덮듯이 전해야 되는 것이 여기에
있음이니라.

8,723 번째 하나님 말씀

2003년 12월 11일 13시 16분

1 사랑하는 나의 아들아!
2 "네, 아버님! 말씀하옵소서."
3 너의 제자들에게 전하라.
4 너희들이 묵상과 기도요, 경배로 나에
게 시간을 바칠 때, 내가 너희들에게
깨달음의 지혜를 내릴 것이니, 항상
네 마음이 흔들리거든 기도하고 경배

하도록 하라 그리 전하라.
5 그리고 너희들에게 묻어 있는 죄의 때
를 하나하나 씻어 내는 데 최선의 노
력을 다하는 그와 같은 삶을 살아가야
되는 것이 오늘의 너희들의 삶이니라.
6 그리하여 모든 백성들이 죄의 때를 하
나하나 씻어 내는 것이 너희들이 가는
길이라 하였음이니라.
7 그리하여 내가 성서에 기록하여 전하
기를 너희들의 죄의 때를 하나하나 씻
어 버리며, 죄로써 둔갑된 그 옷을 하
나하나 벗어던지라 하며, 그리고 찢어
버리는 것으로써 너희들이 거듭나는
길이라 그리하였으며, 그리 가는 것이
너희들이 나에게 오를 수 있는 길이라
하였음이니라.
8 그러나 나의 아들을 따르는 제자 너희
들은 모든 때를 씻어 내는 것으로써,
때로 범벅이 된 그 옷을 벗어 버리고
찢어 버리는 것으로써 너희들이 나에
게 오를 수 있으며 역사할 수 있는 자
들이 아니라는 것을 알라.
9 모든 백성은 그저 씻어 버리고 제 옷
을 갈기갈기 찢듯이 그 죄를 찢어 버
리고 회개하면 오를 수 있으나, 너희
들은 그와 같은 자가 아님이니라.
10 너희들은 나의 강론을 직접 들으며
나의 만백성을 깨우칠 지도자요, 전사
로서, 너희들의 죄의 마음이요, 죄 덩
어리인 너희 자신을 해체하여 모두를
씻어 버리지 아니하면 아니 될 것이니
라.
11 너희 자신을 해체하여 속속들이 그
마음속에 있는 악한 마음이요, 누구도
지울 수 없는 그 마음을 너희들이 다
씻어 내고 뽑아내지 아니하면 아니
되는 것이 나의 아들을 따르는 제자들
이요, 나의 법전을 읽고 가는 백성이
니라.
12 그리하여 너희들이 귀하고 소중한 자
라 내가 그리 말하였음이니라.
13 모든 인간은 살아가면서 인간 세상에
서 지은 죄를 용서받으며, 저희가 지
은 것을 사함 받으며 그리 오면 되나,
14 너희들은 외인으로서 천사로서 그 길
을 가야 되기 때문에, 너희들은 육에
서 이루어지는 것보다도, 영적인 세상
에 죄를 짓지 아니하는 것, 영의 세상
에서 영의 법도요, 하늘의 법도에서
부끄럼이 없도록 몸과 마음을 다 똑같
이 다스려 가는 것이기에,
15 너희들을 갈기갈기 헤쳐 놓아 너희들
의 악한 그 씨앗을 하나하나 뽑아내
지 아니하면 아니 되는 것이 나의 아
들을 따르는 제자, 너희들이 가야 할
길이라는 걸 절대 잊지 말라.
16 너희들은 강하고 힘든 고통의 길이요,
누구도 역사할 수 없는 그 길을 가지
아니하면 나에게 오를 수 없음이니라.
17 그 길밖에 없는 것이 너희들의 운명이
요, 그 길밖에 거듭날 수 없다는 것을
알라.
18 그 모든 백성이 오르는 것보다 열배
백배 더 높이 오르며 더 높이 나에게
와야 된다는 것을 절대 잊어서는 아니
되는 것이 너희들의 운명이니라.

8,724 번째 하나님 말씀

2003년 12월 11일 13시 20분

1 사랑하는 나의 아들아!
2 "네, 아버님! 말씀하옵소서."
3 너는 일찍이 모두를 다 받아 종합장이
되라 했으며, 모두를 행하고 보이는
나의 아들로서 우뚝 서야 된다 하였음
이니, 너를 따르는 사랑하는 제자들에
게 내가 명하느니라.
4 너희들이 하나의 사물을 똑같은 것을
볼 때, 그 사물의 형태가 여러 가지 형
태로 변할 수 있음이니라.
5 삼각형이요, 사각형이요, 둥근 원으로
변할 수 있는 것이 사물의 하나의 형
태라고 하자.
6 그러니 그 제자들이 둥근 모습을 봤을
때 나의 아들에게 둥글다 고집하며,
삼각형으로써 이루어진 것을 보고 온
그 제자는 오로지 삼각형이라 하며,
원으로 된 것을 보고 온 자는 원이라
하여 나의 아들에게 그리 가야 되며
그리 지켜야 된다 그리 말한다면, 과
연 나의 아들은 어찌 가겠는가?
7 그러니 나의 아들과 더불어 가는 제자
너희들은 현명하게 봐야 될 것이니라.
8 너희들은 모두를 다 지켜보며 모두를
참아 보며, 사각형이라는 것도 보며
삼각형도 보며 원도 보며, 그리하여
그게 수천 가지를 변할 수 있는 그 변
하는 형태를 보고 그를 알고 깨우친다
면,
9 너희들은 나의 아들 앞에 와 정확한
깨우침을 전할 것이며, 세상의 흘러가
는 그 뜻을 전할 수 있는 것이니라.
10 그러니 하나의 물체를 놓고 또한 보자.
11 너희들이 삼각형이 된 부분만 보고,
둥근 쪽을 보고, 네모난 쪽을 보며, 그
사물을 가지고 제 것만이 옳다 주장하
면, 과연 나의 아들이 어찌 종합장이
되어 너희들을 깨우치는 길을 갈 수
있게 하겠느냐?
12 나의 아들이 가는 길이 얼마나 힘들고
어려우면 내가 백지장 하나 쥐여 주는
것도 너희들이 하지 말라 하지 아니하
였더냐?
13 그러니 너희들은 그와 같은 현명함을
갖고 나의 아들과 더불어 가야 할 것
이니 그리 알라.
14 내가 너희들에게 명함이니라, 나의 아
들 예수도 너희들같이 춥고 덥고 누워
있는 것이 서 있는 것보다 편한 이치
라 하지 아니하였더냐?
15 너희들이 열 손가락의 손바닥을 젖혀
놓고 나의 아들과 너희들의 손을 한번
보라.
16 다 똑같으니라.
17 똑같은 손바닥의 형태라면, 나의 아들
도 또한 너희들과 똑같은 자가 아니더
냐?
18 그 속에서 앞에 가고자, 더 높이 가고
자 하는 그 고통이 얼마나 힘들고 어
렵겠는가?
19 그러니 너희들이 사리 판단을 잘 해
서, 더불어 가며 너희들이 그에게 이
야기해야 될 것이니라.
20 제 고집만 세운다면 그가 과연 종합장
으로서 어떤 것을 받아들이며, 당황하
여 그를 정리할 수 있겠는가?
21 이것이 너희들의 마음이 하나가 되어

야 사물을 바로 깨우쳐 주고 바로 전
할 수 있는 것이니, 그 제자들의 마음
이 하나가 되어야 된다는 뜻이 또한
여기 있음을 알라.

8,725 번째 하나님 말씀

2003년 12월 11일 13시 25분

1 사랑하는 나의 아들아!
2 "네, 아버님! 말씀하옵소서."
3 나의 계명이요, 나의 이 새로운 성경
을 지키고 행하고자 하는 백성, 선택
된 너희들이야말로 가는 길이 어떠한
길인 줄 알겠느냐?
4 너를 따르는 제자들이요, 나의 법전을
읽고 깨우친 너희들은 들으라.
5 이 계명이요, 이 새로운 성경이 오로
지 하늘에 오르는 길이기에 너희들이
지금 그 길에 들어서서 가고 있다면,
6 너희들은 좌나 우나 어떠한 것으로도
치우치는 마음 자세가 되어서는 아니
되며, 너희들의 마음이 동요되어서는
절대 아니 됨을 알라.
7 이제 너희들이 어렵고 힘든 삶을 벗어
나 하늘에 오르는 한 가닥의 길에 발
을 댔음이니,
8 나의 아들이 걸어온 그 자국자국을 따
라올 준비를 갖추고 있는 너희들이야
말로 좌로나 우로 너희 마음이 흔들려
서도 아니 되며, 그와 같이 흔들려서
이동하는 마음 자세도 아니 되는 것이
니라.
9 그리되면 정녕 그 어렵고 힘든 길에서
나를 볼 수 있는 그 직전에 너희들이
나를 볼 수 없으며 무너진다는 것을
알아야 될 것이니라.
10 나의 계명이요, 나의 법전을 잠시라도
너희들 머리에서 지워서는 아니 됨이
니라.
11 그리고 항상 너희들이 어렵고 힘들 때
묵상과 기도요, 경배하는 마음으로써
나에게 기도를 하라.
12 그러면 내가 너희들에게 가르침을 줄
것이며, 너희들에게 지혜를 준다 하지
아니하였더냐?
13 이제 내가 너희들에게 말함이니라.
14 너희들은 나의 아들만이 걸어올 수 있
는 길을 그 누구도 먼저 올 수 없는 것
이 너희들의 한계이니라.
15 나의 아들이 그 길을 오기 위하여 지
금 준비하고 서 있느니라.
16 나의 아들은 그 길을 따라서 이제 오
기 시작할 것이니, 그 뒤를 따라오는
자가 있어야 되지 않겠는가?
17 나의 아들은 하늘에 오르는 하얀 한
길을 지금 한 발자국 한 발자국 밟고
떠오르기 시작하나, 그 제자들이 그를
따르지 못한다면 어찌한단 말이더냐?
18 나의 아들이 오는 그 길을 따라올 자
가 없으며, 나의 아들이 온 다음에 내
가 그 하얀 줄이요, 그 끈을 하나하나
거둬 노로 말아 지금 거둬들인다면,
너희들은 영원히 그 길을 보지 못하는
것이 아니더냐?
19 2천 년 전 나의 아들 예수를 죽게 한
그 사악한 자들이 무엇을 했는지 알겠
느냐?
20 나의 아들이 오는 그 길을 따라와야
할 자들이 그 길을 따라오지 아니하였
으며 나의 아들을 죽게 하여 내가 그

줄을 거둬들였으니, 2천 년 동안에 암
흑의 세상이 역사했다는 그 무서움을
알라.
21 내가 지금 나의 아들만이 올 수 있는
그 길을 내렸음이니, 나의 아들이 한
발짝을 딛고 두 발짝을 디딜 때, 그를
밟고 따라오는 제자가 없다면 그 줄은
감길 것이며,
22 그 줄은 서서히 나의 아들을 따라서
감긴다는 것을 너희들은 명심하고 또
명심하라.
23 지금 나의 아들은 그 길을 가고자 모
두를 다하며, 이제 그 길을 밟고자 하
는 것이 나의 아들이니,
24 그 길을 밟고 따라오고자 하는 너희들
은 묵상과 기도로써, 잠시도 나의 법
전의 내용을 잊지 말며, 나의 아들을
통하여 내리는 강론을 잊지 말며, 너
희들이 변화되는 데 주저해서는 아니
됨을 알라.
25 그 길이 지워졌을 때, 그 선이 거둬졌
을 때, 영원히 찾지 못할 것이며, 그
길을 볼 수 없는 것이 너희들이라는
것을 잊지 말라.
26 너희들이 지금 나의 아들에게 바짝 붙
었음이니, 여기서 너희들이 정녕 떨어
지는 자가 될 것인가, 낙오자가 될 것
인가?
27 이것은 너희들은 좌우를 보는 마음이
요, 흔들리는 마음이요, 이것저것 세
상사를 생각하는 마음이니라.
28 너 스스로 가며, 네 갈 길만 가도록 그
리하라.
29 나의 법전을 읽고 기도하고 경배하는
것만 보라.
30 나의 아들이 잠을 자든, 나의 아들이
어찌하든, 네 옆에 있는 사람이 어찌
가든, 그가 무슨 일을 하든, 너희들은
좌로나 우로 치우쳐 볼 시간이 없으며,
31 좌우를 보아 너희 마음이 흔들리는 그
와 같은 자세가 되어도 그 길을 올 수
없는 것이 너희들이 오늘의 서 있는
자리이니라.
32 나는 나의 아들을 통하여 너희들에게
하늘의 뜻을 가르침이니라.
33 한 줄이요, 그 줄은 나의 아들만이 밟
고 올 수 있음이니, 나의 아들이 지나
온 다음에 너희들이 밟고 따라올 수
있음이니라.
34 나의 아들이 밟고 지나올 때, 그것을
밟는 자가 없으며 따라붙는 자가 없다
면 그 선은 자동적으로 말리고 감김이
니,
35 그 길은 영원히 이 세상에 존재하지
않는 그와 같은 역사가 또 됨이니 그
리 알라.

8,726 번째 하나님 말씀

2003년 12월 11일 13시 28분

1 사랑하는 나의 아들아!
2 **"네, 아버님! 말씀하옵소서."**
3 나 여호와는 나의 명령을 따르며 순종
하는 자, 그리고 순종을 하며 지키는
자들에게 모든 기적을 이루어 주지 아
니하였더냐?
4 너희들은 구약과 신약의 역사를 한번
들춰보도록 하라.
5 나의 뜻에 따라 순종한 백성에게 내가
얼마나 기적의 역사를 이루어 주었는

가?
6 지난날의 과거 구약과 신약에 내가 내
린 명령이요, 언약은 너희들이 두렵고
무서운 줄을 알면서,
7 어찌하여 새로운 시대에 내가 직접 나
의 아들을 통하여 증거할 수 있는 글
로써 내리는 이와 같은 언약은 두렵고
무서운 줄을 모른단 말이더냐?
8 너희들은 구약과 신약의 역사를 다시
한 번 돌이켜 보라.
9 그 속에 모든 역사가 이루어진 것은
무엇에 의해 이루어졌느냐?
10 그들이 나를 순종함이요, 나의 뜻을
따르는 자들이기 때문에, 그리고 내
명을 지키고 간 자들이기 때문에 이루
어졌음이니라.
11 그때 이루어진 역사를 너희들이 들여
다보면서 나의 언약이요, 내 명령이
얼마나 무섭고 두려운지를 알면서도,
12 어찌하여 지금 내가 나의 아들을 통하
여 직접 내리는 나의 명령이요, 언약
은 너희들이 두렵고 무서운 줄을 모르
며, 그를 지켜야 된다는 생각을 하지
못하고 있느냐?
13 내가 너희들에게 무어라 말하였느냐,
내가 새로 내리는 나의 법전을 세 번
이상 정독하여 깨우쳤을 때, 너희들이
모두를 얻을 수 있는 길이 있으며, 볼
수 있다 하였음이니라.
14 그리고 거기서부터 깨우침의 길에 들
어서는 자, 내가 상을 내린다 하였음
이니,
15 정녕 3회를 정독했으며 깨우친 백성
이 얼마나 있나 그를 물어보라.
16 3회를 읽고 제가 깨우친 것이 무엇이
며, 하늘에 오르는 길이 무엇이며,
17 나에게 순종하기 위해 모두를 바치고
자 각오한 자, 내가 내려 주지 아니한
것이 어디 있으며, 그 대가를 주지 아
니한 자 있는가 한번 물어보라.
18 나의 법전을 내 명대로 진정 순종하고
지킨 자가 누가 있는가?
19 그들에게는 내가 줄 것을 주었음이니
그리 알라.

8,727 번째 하나님 말씀

2003년 12월 12일 08시 22분

1 사랑하는 나의 아들아!
2 "네, 아버님! 말씀하옵소서."
3 내가 새로운 성경이요, 나의 법전이라
하여 세상에 내려보냄이니, 거기에 기
록되어 있는 모든 내용들이요, 그 뜻
은 다 내가 너희들과 한 언약이니라.
4 너희들은 상상할 수 없으며 이루어질
수 없는 언약이라 그리 말할 것이니라.
5 그러나 너희들은 들어야 될 것이니라.
6 인간인 너희들이 십계명을 지키고 살
수 없으며 나의 새로운 성경대로 살
수 없다 그리 말하고 생각하나,
7 그 모두 또한 너희들이 마음먹기에 달
렸으며, 마음을 다스리기에 달렸으며,
8 또한 인간이기 때문에 모두를 역사할
수 있다는 것, 그 하나의 이치를 깨닫
고 살아간다면 세상에 못 이루고 못
얻을 것이 없음이니라.
9 내가 너희들에게 가장 높은 지혜를 주
었으며 세상을 다 다스리라 하였음이
니,
10 이는 곧 세상에서 이루어지는 그 모두

를 다 너희들이 해결하지 못하며, 또 너희들이 지혜롭게 처리하지 못할 것이 없는 것과 마찬가지로,
11 너희들이 지혜를 모으며 사람을 모아 생각하고 또 생각하면 못 이룰 것이 없는 것이니라.
12 그와 마찬가지로 너희들이 인간 세상에서 살아가면서 나의 율법이요, 나의 계명이요, 내가 새로 내리는 성경 그 모두는 너희들이 지키지 못할 것이 하나도 없으며 역사하지 못할 것이 하나도 없음이니라.
13 너희들이 마음을 어찌 갖느냐에 따라서 너희들은 모두 다스릴 수 있으며 모두 역사할 수 있음이니라.
14 내가 60점이라는 점수를 주어, 세상에 너희가 살아가면서 그 안에서 모두 다 이루어지게 했으며, 나머지 40점은 너희들이 육의 세상의 한계를 넘어 영의 세상의 삶을 변하는 것이라 내가 그리하였느니라.
15 그러니 그 60점 속에서 인간 세상 속에서 살아가는 것 또한 모두를 너희들이 노력하고 연구하는 만큼 얻을 수 있으며,
16 너희들이 스스로 변하고자 노력하며 나 여호와의 뜻에 따라가고자 한다면 못 이룰 것이 하나도 없는 것이 너희들이라는 것을 알아야 될 것이니라.
17 이제 나의 아들은 하늘을 향하여 내가 가늘게 그어 놓은 그 줄을 향하여 한 발자국 한 발자국 정확히 밟고 나를 따라 행하여 올 것이니라.
18 그러니 그를 따르는 제자 너희들도 그와 같은 마음 자세로 갈 수 있으며 그와 같이 역사할 수 있다는 것을 믿어야 될 것이니라.
19 인간 세상 속에서 나의 아들은 60이라는 그 나이를 살았으며, 지금에 와 그가 하나의 부끄럼이 없는 그 길을 가기 위하여 몸부림치고 있으며, 그는 그리 올 수 있으며 반드시 올 수 있는 자이니라.
20 나의 아들 예수가 목숨을 바쳐 사랑이 무엇인가를 전하고 역사하고자 했듯이, 나의 아들도 그 못지않은 각오로써 그 일을 역사할 것이니, 그도 그 길을 올 것이니라.
21 그러니 이 세상에 사는 모든 피조물 백성 너희들이 다 올 수 있음을 알아야 될 것이며 그 길을 오지 아니하면 아니 됨이니,
22 너희들의 마음을 굳게 다스려, 가슴에 한 점의 부끄럼이 없는 그와 같은 삶을 살아가는 데 노력하고 또 너희들을 닦고 닦으면 그와 같이 될 수 있을 것이니 그리 알라, 사랑하는 나의 아들 딸들아!

8,728 번째 하나님 말씀

2003년 12월 12일 08시 28분

1 사랑하는 나의 아들아!
2 나 여호와가 너희들에게 일찍이 깨우쳐 주었음이니라.
3 그러나 지금의 모든 믿음의 길을 가는 백성이요, 지도자들이 저희들이 잘못 가는 것을 알면서 나의 피조물 만백성 위에 군림하고자 하여 오늘에 이와 같이 이끌어 가는 그들의 잘못된 부분을

내가 다시 한 번 기록하여 만백성에게
전함이니,
4 너희들은 이와 같은 뜻을 깨달아 깊이
깨우쳐야 될 것이니라.
5 하늘에 창조주는 나 여호와뿐이라는
것을 너희들이 말함이니라, 그리고 또
한 나뿐이라는 것을 너희들이 그리 알
고 기도하고 경배하면서 울고불고 가
느니라.
6 그러한 백성들의 지금의 그 믿음의 상
태가 무엇이더냐?
7 너희들은 여기서 구약 시대의 역사는
모두 끝났으며, 새로운 시대로써 단절
되어 새 역사가 시작된다 그리 말함이
니,
8 과연 구약의 시대는 누가 역사했으며
그 모두를 통제하였는가, 그리고 신약
의 시대는 누가 역사했다 생각하느냐,
그리고 제3의 시대에 내가 새로운 성
경을 세상에 내려보내니, 이 또한 누
가 주관하며 누가 역사한다 생각하는
가?
9 너희들은 어찌하여 구약시대의 그 많
은 역사는 나 여호와가 한 것이라 하
며, 그 모두는 다 끝났으며 단절되었
다 하여 그를 폐기처분하는 그와 같은
행위를 한단 말이던가?
10 지금 너희들이 구약시대를 폐기하는
것은 바로 무엇이더냐?
11 나를 인정하지 아니하는 것임을 너희
들은 알아야 될 것이니라.
12 너희들은 오늘의 신약의 시대를 위하
여 구약시대에 내가 역사한 것이라 하
면서, 그것을 폐기처분하는 그와 같은
너희들의 행위가 과연 어디에서 나오
는가?
13 너희들은 구약시대의 하나님이 다르
며, 신약시대를 역사하며 너희들을 이
끌어 가는 지금의 나 여호와 하나님이
다르며, 제3의 시대에 나 여호와가 다
르다 하는 자들이 아니던가?
14 나의 아들 예수를 세상에 내려보내어
사랑이 무엇이며 내 뜻이 무엇인가를
알고 행하고 실천하며 그 잘못 감을
내가 다스리고자 하였으나,
15 너희들은 구약의 시대는 끝이 나고 율
법과 십계명과 구약 시대의 모든 역사
는 끝이 났으니, 완전히 폐해졌다 그
리 말하며,
16 나의 아들 예수만 믿고 영접하는 것이
새로운 시대에 새로운 구원의 길이 열
리는 것이며, 그와 같은 구원의 길을
가지 아니하면 아니 된다 말하는 것이
니라.
17 그러니 너희가 말하는 창조주 나 여호
와가 한 분이라는 말을 하지 말라.
18 너희들이 지금 역사하고 있는 것은 무
엇이냐?
19 구약시대의 하나님이 다르며 신약시
대의 하나님이 다르며 제3시대의 하
나님이 다르다 부르짖으며,
20 앞에 있는 것을 단절하고 또 뒤에 있
는 것을 받아들이지 않는 것이 지금의
믿음의 집단이요, 지도자요, 그 백성
이 가고 있는 짓이니라.
21 너희들이 그리 단절하는 것은 다른 신
이 따로 있으며, 나 여호와가 아니며,
나 여호와 외에 다른 신이 있다고 생
각하는 것이니라.
22 바로 너희들이 나를 능멸하는 행위요,

나를 욕되게 하는 행위를 함이니, 그
행위를 중단하지 아니하면 아니 됨을
알라.
23 내가 나의 아들을 통하여 너희들을 깨
우치고자 함이니라.
24 구약과 신약과 제3의 시대를 주관하
고 진행하는 것은 나 여호와요, 나의
프로그램에 의한 것이며, 이 모두는
하나의 끈으로 연결되어 있음을 너희
들은 알아야 될 것이니라.
25 앞에 있는 구약을 단절하는 자, 그리
고 뒤에 오는 나의 새로운 시대를 거
절하는 자, 그들은 정녕 구원의 길을
알 수 없으며 나에게 오를 수 없는 자
들이요,
26 그저 제자리를 도는 다람쥐와 같은 자
들이요, 캄캄한 길을 헤매며 그 길을
찾지 못하는 어리석은 백성이 바로 그
들이라는 것을 잊지 말라.
27 그들에게 깨우쳐 주라, 그와 같은 마
음으로 오늘의 믿음의 길을 가는 자,
너희들은 정녕 나를 볼 수 없다는 것
을.

8,729 번째 하나님 말씀

2003년 12월 12일 08시 31분

1 사랑하는 나의 아들아!
2 **"네, 아버님! 말씀하옵소서."**
3 지나온 과거의 그 모두는 오늘에 존재
함이 아니요, 오늘을 위하여 지난날의
그 과거를 버리며 그리고 새로 오는
그 힘의 물결을 받아들이지 아니하는
자가 얼마나 어리석고 불쌍한 백성이
더냐?
4 그는 밤이 가면 낮이 오는 그와 같은
엄연히 변할 수 없는 사실을 부인하며
인정하지 아니하는 자들과 같으니라.
5 그러니 그들이 참진리가 무엇인지 어
찌 알며 거짓이 무엇인지 어찌 안단
말이던가?
6 그들은 하늘에 오르는 길을 분별하지
못하는 자들이요, 혼돈 속에 사는 자
들이니라.
7 그와 같은 자가 나의 백성을 하늘에
오르는 길로 인도한다 함이니, 과연
무엇으로 그들을 인도하고 깨우친단
말이던가?
8 새로운 나의 성경으로 거듭나지 못하
며, 새로이 열어 가는 새 시대를 모르
는 자, 너희들은 결코 나의 백성을 인
도할 수 없음을 알아야 될 것이니라.
9 모두가 한 과정은 지나가는 것이며,
나의 프로그램에 의하여 과거가 있으
며 오늘이 있으며 미래가 있음을 너희
들은 알아야 될 것이니라.
10 그리하여 내가 오늘의 그 모두가 이제
는 마지막 시대요, 내가 모두를 직접
관장하는 시대요, 그리고 심판의 시대
요, 열매를 거두는 시대라는 것을 오
늘의 이 시대에 너희들이 받아들이지
못하며 이를 깨닫지 못하는 자,
11 모름지기 저희 것만이 옳다고 몸부림
치고 끌어안고 있는 자, 너희들이 지
금 가장 어리석은 백성이요,
12 정녕 너희들은 하늘에 오르는 길을 볼
수 없는 자들이며 나와 관계없는 인간
의 삶을 살아가는 것이니,
13 이 무서운 사실 앞에 너희들이 바로
서고 바로 깨우쳐 하늘에 오르는 길을

보지 아니하면 아니 됨을 알아야 될 것이니라.

8,730 번째 하나님 말씀

2003년 12월 13일 06시 26분

1 사랑하는 나의 아들아!
2 "네, 아버님! 말씀하옵소서."
3 나의 십계명을 너희들이 지키고 살아야 할 길이기에 내가 직접 그를 내렸다 하였음이니,
4 이는 너희들이 단 한 가지라도, 한 줄이라도, 한 계명이라도 바로 지키고 살아간다면, 그것에서 그 모두가 다 역사하고 이루어짐을 알아야 될 것이니라.
5 '네 이웃에 대하여 거짓 증거하지 말라.' 하였음이니라.
6 이것 하나만 너희들이 지키고 산다 해도 이 세상은 아름답게 변할 것이며, 오늘과 같은 험악한 세상은 없을 것이니라.
7 너희들이 과연 네 이웃에게 거짓 증거하지 않는 삶을 얼마나 사는가?
8 이것이 바로 무엇이더냐?
9 내가 작은 거짓말도 살인과 같다 하였음이니, 이것 하나를 지키고 노력하다 보면 거기서 싹이 나옴이니, 그것은 깨끗한 싹이요, 천사와 같은 싹이 살아나기 때문이니라.
10 그러니 그가 서서히 성장하여 자람으로 인하여 너희들은 온갖 것을 다 아름답게 볼 수 있으며, 나의 계명을 지킬 수 있는 그와 같은 너희들로 변화됨이니라.
11 그러나 내가 불로써 직접 써 내렸다 하여 그를 믿고 따르는 백성이 수없이 있음이니, 이를 부정하는 백성은 없지 않더냐?
12 믿음이라는 길을 가는 자, 구원을 받겠다 하는 자, 구원을 받지 아니하고 나와 관계없는 다른 토속 신앙을 가지고 있는 자, 그 모두가 다 십계명은 내가 불로 직접 써 내린 것이라는 것을 무엇보다도 믿느니라.
13 그와 같이 믿고 너희들이 따름이니, 그 믿는 것이 얼마나 위대하고 소중한 것인 줄 알겠느냐?
14 모두는 너희 눈으로 봐도 믿지 못하는 이와 같은 세상사의 오늘의 풍토 속에서 나를 믿는 자, 나를 경배한다 하는 자, 그렇지 아니한 백성까지도 십계명이라는 것은 나 여호와가 직접 써 내린 것을 너희들이 알고 있음이니라.
15 그러나 과연 그 소중하고 귀한 계명을 과연 지키고 살려 하는 백성이 얼마나 있느냐?
16 그러니 그곳에서 너희들이 하나를 제대로 지킨다면 모두를 다 지키고 역사할 수 있거늘, 하나도 제대로 지키는 백성이 이 세상에 없다 함이니라.
17 바람이 불면 흔들리는 것처럼 너희들이 환경과 여건에 따라 마음이 흔들림이니,
18 아무리 옳은 것을 쥐었다 해도 그를 놔 버리며, 아무리 소중한 것을 쥐었다 해도 눈으로 보아 큰 것이 있다 생각하면 정녕 소중하고 귀한 그 작은 것을 버리고 그를 잡으려 하는 것이 너희들의 마음이니라.

19 그리하여 그 욕심의 뿌리가 변화되지
아니하고 그게 뽑히지 아니한 이상,
너희들은 하나도 지킬 수 있는 그와
같은 백성이 될 수 없다 함이니라.
20 너희들이 이 세상을 살아가면서 이웃
에 대하여 거짓 증거하지 말고 살라는
것, 그것이 너희들이 한 마디의 거짓
말도 하지 아니하며 남을 속이지 아니
하고 살아갈 수 있는 그 마음을 지키
고 살아가라 함이니라.
21 과연 그를 지키고 행하는 백성이 얼마
나 있는가?
22 너를 따르는 그 제자들 또한 수없이
이를 듣고 또 강론을 들었으며 수없이
그리 살아가야 된다 생각하면서, 과연
그와 같이 살아가는 백성이 얼마나 있
는가?
23 나는 너희들에게 십계명 중에서 모든
계명을 다 지키기를 원하는 것도 아니
며, 너희들이 지키기를 내가 소원하는
것도 아니니라.
24 다만 그중에서 너희들이 가장 큰 악습
이 되는 것을 하나 골라 그를 고치고
행하고 살아가는 삶을 산다면 그 모두
를 다스릴 수 있는 것을,
25 그것 하나의 지혜가 없으며, 그것 하
나도 행하지 못하는 것이 너희들이니
라.
26 그러니 내가 수없이 160권이라는 그
법전을 만들어 세상에 내려보내는 것
이 무엇이더냐?
27 그 한 줄을 읽고 깨우치는 백성이 있
어 하나를 깨우치면 그가 모두를 다
변하는 삶을 살 수 있기 때문이니라.
28 그리고 너희들은 내가 명함을 들어야
될 것이니라.
29 내가 너희들에게 무어라 언약했더냐?
30 이 법전은 살아서 움직이는 것이며,
살아서 움직여 하나의 종교 지도자가
세상에 나가는 것과 같다 하였음이니
라.
31 그러니 너희가 나의 법전을 세상에 내
보내는 숫자는 너희들이 한 번 내보냈
을 때 그 열배 백배로 숫자가 늘어남
이니라.
32 그러니 말로써 말로 전해지며, 나의
법전이 위대한 것이요, 소중한 것이
요, 귀한 것이라는 것을 너희들이 말
로써 말로 전하는 그와 같은 역사를
이루고자 함이니라.
33 말로써 말로 전하는 것이 10년 안에
모든 역사가 이루어진다는 것을 너희
들은 알고 그리 행하도록 하라.
34 오늘의 두렵고 힘듦에 주저하지 말며,
너희들이 여기서 낙오되는 자가 되지
말라 그리 말하라.
35 너희들은 오로지 모든 역사를 살아서
볼 수 있으며 이 변화의 역사를 볼 수
있음이니라.
36 나의 아들 예수를 따르던 그들이 오늘
과 같이 그들이 살아서 증거할 수 있
는 것이 있었다면 그들은 모두를 다
바쳤을 것이며 그리 등 돌리지 아니하
였을 것이니라.
37 그러나 그리 역사하기 전에, 나의 아
들이 세상과 모든 인연을 끊었고 사악
한 자들이 그리 죽게 하였음이니,
38 그와 같은 것을 보지 못한 자들이 그
들이요, 다만 부활이라는 것을 저희들
이 증명함으로써 그때부터 다스려 나

가기 시작했으나,
39 너희들은 지금부터 변하지 않는 마음
으로 굳건히 가면 너희들이 죽기 전에
그 모두를 보며,
40 나의 아들이 죽기 전에 너희들과 더불
어 살아 있는 시대의 역사를 함이니,
너희들보다 더 증거하는 백성이 어디
있으며, 너희들보다 축복받은 백성이
어디 있으며, 나의 아들을 따르는 제
자들보다 큰 은혜를 입은 것이 어디
있는가?
41 스스로 그들에게 깨우칠 수 있도록 그
리 전하라.

8,731 번째 하나님 말씀

2003년 12월 13일 06시 33분

1 사랑하는 나의 아들아!
2 "네, 아버님! 말씀하옵소서."
3 지금 나의 법전이 세상에 내려가며,
너희들의 심판의 기준이라 하며, 오늘
의 나의 아들이 나의 뜻을 따라 역사
하는 아들이라 그리하였음이니라.
4 그리고 하늘에서 하나의 실날 같은 줄
이 세상에 내려져 있음이니, 그 줄은
오로지 나의 아들이 제일 먼저 밟고
오며, 나의 아들이 밟고 온 다음에 너
희들이 따라올 수 있다 하였음이니라.
5 그 누구도 그 길을 먼저 올 수 없다 하
였으며, 나의 아들이 그 줄을 밟고 옴
에 있어서 그 뒤를 따라오는 제자가
없다면, 자격이 없는 제자들이기에 그
리하여 나의 아들 뒤를 따르지 못한다
면, 그 길을 나의 아들이 밟고 왔을 때
그 줄은 걷힌다 하였음이니,
6 그러니 거기에 구원의 길이 없으며 구
원의 백성이 없으며 암흑의 세상이 역
사한다 하였음이니라.
7 그러니 나의 아들이 변하는 것처럼 너
희들이 변하여 이를 따르라 하였으나,
8 너희들이 나의 아들이 정녕 나의 아들
이며 내가 지금 내리는 새로운 성경이
요, 법전이 모두 진정한 나 여호와의
뜻이라 증명할 수 있는 것은 아무것도
없다 하였음이니라.
9 그러니 2천 년 전의 세월로 돌이켜 너
희들이 돌아다본다면, 정녕 나의 아들
예수가 세상에 태어날 때 성령으로 잉
태하여 그와 같이 역사함으로써 나의
아들이 태어났으며 그게 나의 아들이
라 증명하는 것은 아무것도 없음이니
라.
10 너희들이 과연 나의 아들이 성령으로
태어났느냐 태어나지 않느냐를 시시
비비할 때, 너희들이 인간 세상의 육
하원칙에 의해서 모두를 제시한다면,
나의 아들이 성령으로 태어난 것을 증
명할 수 있는 것은 아무것도 없으며,
그가 이길 수 있는 것은 아무것도 없
음이니라.
11 그러니 그를 증명함이 없음이니라.
12 다만 그렇다면 무엇으로써 그를 증명
할 수 있는가?
13 그는 바로 나의 아들이 너희에게 가르
치고자 했던 그 강론의 뜻이요, 그가
전하고자 했던 그 뜻이 진실하고 위대
한 것이며 하늘의 뜻이기 때문이며,
14 그리고 행하고 살아간 것이 인간의 한
계를 벗어나 그가 보여 준 그와 같은
삶의 형태로써 너희가 그를 증명하고

믿는 길밖에 아무것도 없음이니라.
15 특히 너희가 굳건히 믿는다면, 나의
아들이 죽어 부활함으로 그 부활한 형
체를 본 자들은 그를 굳건히 믿을 것
이요, 그렇지 않은 백성은 그 누구도
증명할 수 없으며, 이를 믿을 수 없는
것이며, 이를 확신할 수 없는 것이 오
늘의 그 형국이 아니더냐?
16 그와 같은 역사의 흐름 속에서 너희들
이 바라볼 때, 오늘의 나의 아들이 나
로부터 선택된 나의 아들이요, 준비된
자요, 그리고 그를 통하여 160권의 법
전이 세상에 나가 이것이 나 여호와의
성령을 태워서 내려보내는 것이요, 마
지막 심판의 시대에 너희들에게 마지
막 주는 기회라 말할 때,
17 이를 증명할 수 있는 것이 없으며, 이
게 진실이라는 것을 보여 줄 수도 없
는 것이 오늘의 형국이니라.
18 그러니 너희들이 믿지 못하며 따르지
못하는 것은 당연한 것이니라.
19 그러니 여기서 그를 증명함이 무엇이
더냐?
20 나의 법전의 뚜껑을 열어 봐 너희들이
정독하고 정독하는 것만이 증명할 수
있는 것이니라.
21 세상에 내려진 나의 법전이 도덕적으
로 인간의 삶에 어긋나는 삶을 살라
하였으며, 하늘의 뜻을 거역하고 살라
하는 내용이 있다면 이것은 잘못된 것
이요,
22 이를 보고 깨우쳐 너희들의 마음이 천
사와 같이 하나하나 다스려진다면,
23 지금까지 너희들이 가진 악습을 뜨거
운 물에서 손을 떼듯이 그 악습에서
너희들의 생각을 접으며 마음을 접으
며 행동을 접는 그와 같은 삶을 산다
면,
24 이것이 나의 아들을 통하여 내린 나의
성령이요, 나의 진실한 뜻이라는 것을
그것으로써 증명하고 역사함밖에 없
음이니라.
25 그것 외에는 무엇으로써도 증명할 수
없음이니라.
26 그러니 나의 법전의 뚜껑을 열어 3회
이상 정독하라 함이니라.
27 그를 읽고 깨우쳤을 때 거기에서 변화
됨을 너 스스로 알며, 이미 변해져 너
희들이 한 발짝 앞에 와 있는 것을 스
스로 알 수 있기 때문이니라.
28 지금까지 살아왔던 쓸데없는 아집이
요, 고집이요, 자존심을 버리고, 그리
고 배려하지 못하는 것이요, 말로만
사랑이라 한 것을 정녕 너희들이 베풀
고 살아가는 그와 같은 삶이 될 수 있
다는 것, 그것을 너희들이 느낌이니라.
29 모든 종교 집단이요, 지도자는 저희는
형제요, 자매라 하면서, 한 무리 안에
한 지도자 앞에서 강론을 듣고 설교를
듣고 가르침을 받는 자들은 우애가 있
는 것처럼 그리하나,
30 저희들은 밖에 있는 다른 백성을 사랑
하지 못하며 그들의 어렵고 힘든 것을
배려하지 못하는 것이 오늘의 종교 집
단이요, 그리하여 우물 안에 개구리와
같은 자들이라 하였음이니라.
31 그러나 나의 법전을 읽고 깨우친 제자
들은 그가 얼마만큼 세월이 지났느냐,
안 지났느냐, 나의 아들을 따르느냐,
따르지 않느냐에 관계없이,

32 나의 법전을 읽고 정녕 기억하며 제가
깨우침이 있는 자는 저희 형제보다도,
이방인이라는 사람들, 저희들과 관계
없는 자를 더 사랑하며, 그들을 위하
여 아낌없이 모두를 역사할 수 있으
니, 이것이 그들과 다른 점이라는 것
을 알라.
33 그와 같은 변화의 마음을 가지고 있다
는 것은, 이것이 곧 나의 뜻이요, 이는
나의 아들로서 모두를 역사한다는 증
거임을 너희들은 알아야 될 것이니라.
34 그것 외에는 아무것도 증거할 수 없으
며 보여 줄 것이 없는 것이니, 너희들
이 이를 보고 너희 스스로 변하는 것
으로 믿고 따르는 그것이 하늘에 오르
는 길임을 알라.

8,732 번째 하나님 말씀

2003년 12월 13일 06시 42분

1 사랑하는 나의 아들아!
2 "네, 아버님! 말씀하옵소서."
3 너희들이 병들어 죽고 사는 그와 같은
것, 그리고 돌이킬 수 없는 병마에 생
명을 잃어야 하는 백성, 그 모두가 어
찌하여 그 병이 생겼으며 어찌하여 그
와 같은 불행을 맞이했는가 그 원인부
터 알아야 되며,
4 그 원인의 뿌리를 자른다면 그 병마에
서 이길 수 있는 것이 너희들임을 알
아야 될 것이니라.
5 너희들에게 모든 그 병마가 이루어지
는 것은 육으로부터 이루어지기, 전에
너희들이 마음이요, 생각을 비우지 못
하였기 때문에 모두가 발생됨을 알아
야 될 것이니라.
6 화를 내기 좋아하는 자, 남을 시기하
고 질투하는 자, 그리고 욕심으로 가
슴이 부글부글 끓는 자, 그와 같은 자
는 그로 하여금 신체의 한 부분에 이
상이 생기기 시작함이니, 그것이 곧
병마로써 너희들에게 번짐이니라.
7 그러니 그 병마의 원인이 너희들의 화
에서 이루어진 것이며 욕심에서 이루
어진 것이니, 그것을 알고 너희들이
먼저 다스리는 그와 같은 뜻으로 간다
면, 너희들은 스스로 마음으로 그 모
든 병을 치료할 수 있다는 것을 알아
야 될 것이니라.
8 그러니 병마를 얻으며 병마에 의해 쓰
러지는 것은 육으로부터 먼저 발생하
는 것이 아니요, 너희들의 마음이요,
생각으로써 그 모두가 이루어지며 거
기서부터 발생된다는 것을 잊어서는
아니 될 것이니라.
9 그러니 나의 법전이 만병을 고치는 그
와 같은 책이라 하는 것이 무엇인 줄
알겠느냐?
10 나의 법전을 접해서 읽고 깨우칠수록
너희들이 마음을 비우는 자가 되며 마
음을 비우게 됨이니,
11 마음을 비우는 자, 마음이 이픔으로
인해 생기는 그 모든 병의 원인을 다
스릴 수 있는 것이니,
12 너희들의 가슴에 있는 그 병의 원인인
화를 뽑아낼 수 있는 것이 나의 법전
이기 때문이니라.
13 이미 병든 자, 나의 법전을 읽고 깨우
쳐 정독하고 정독하라 하는 것은 무엇
인 줄 알겠느냐?

14 나의 법전을 읽고 깨우치는 자, 그 병
을 치유할 수 있다는 것이 무슨 뜻인
줄 알겠느냐?
15 화로 인하여 생긴 병자, 나의 법전을
읽고 그 화를 다스리며,
16 욕심으로 이루어진 그 병마를 자신은
모르나 나의 법전을 읽고 깨우쳐 그
욕심을 버리는 것을 안다면, 제가 병
마가 생긴 그 병의 근본의 뿌리를 잠
재우며 뽑아냄이니, 거기에서 더 이상
은 발생되지 아니할 것이며 더 이상
악화되지는 아니할 것이니라.
17 너희들이 욕심이라는 것을 못 이루어
병이 발생한 자, 죽을 때까지 그 욕심
을 버리지 못하고 있다면 병이 생긴
근원의 뿌리를 버리지 못했음이니, 아
무리 치료한들 그 근본의 뿌리가 낫겠
는가?
18 너희들이 나의 법전을 읽고 그 욕심의
뿌리를 버리며 인간이 내리는 처방에
의해서 같이 치료를 한다면, 정신적인
치료요, 육신의 치료가 같이 이루어짐
이니,
19 이는 정신적인 치료가 더 위대하게 역
사함을 알아야 될 것이니라.
20 그리하여 내가 나의 법전을 세상에 전
하여 만백성에게 읽으라 함이니라.
21 화의 마음을 뽑아내며 욕심의 마음을
뽑아내며 시기와 질투의 마음을 뽑아
낼 수 있는 것이 나의 법전이기 때문
이니라.
22 그리하여 모두를 예방할 수 있으며 치
료할 수 있는 것이 나의 법전의 위대
함이니라.
23 다만 예방하고 미리 치료하는 것은 너
희 눈에 보지 아니함이니 그 대가를
받지 못하며 감사함을 모른다 해도,
나의 백성이 병마의 고통에서 시달리
다 그 소중한 생명을 잃는 것은 너희
들이 사전에 예방할 수 있으며 다스려
갈 수 있기 때문이니라.
24 모든 병의 근원이요, 잘못되는 것은
욕심이요, 그 화의 뿌리에서부터 시작
됨이니,
25 그것을 다스림으로써 그와 같은 모든
기능이 중단되지 아니하며 너희 자신
이 원활히 모두 역사함이니, 그곳에
병마가 침투할 수 없는 그 이치가 여
기 있음이니라.
26 그러니 나의 피조물 백성의 육을 구원
하고 영혼을 구원하는 것, 이것이 나
의 법전이라 함을 너희들은 알아야 될
것이니라.
27 나의 법전이 정녕 어떠한 것인지 알겠
느냐?
28 너희들이 나의 법전을 읽고 깨우쳐 나
감으로써 그보다 더 위대한 것이 없으
며 그보다 더 소중한 것이 없으며 그
보다 더 귀한 뜻이 없음이니,
29 모두를 다 다스리고 이기고 나갈 수
있는 것이 나의 법전의 위대함이라는
것을 알라.
30 이 세상에 창조주 나 여호와보다 위대
한 스승이요, 너희들에게 소중한 선생
이 없을 것이니,
31 가장 위대한 스승이 너희들에게 가르
침이니, 그것을 받아 네 것으로 만들
었을 때 그를 더 이상 가르칠 스승이
없듯이, 이 세상의 모두를 다 다스려
나갈 수 있는 것이 여기에 있음이니라.

32 너희들이 법전을 읽고 또 읽어 깨우쳐
그대로 행하고자 할 때, 슬픔과 괴로
움과 기쁨이요, 병마에 시달리는 그
모두를 다 다스리고 통제할 수 있다는
것을 알라.
33 나의 법전을 읽고 깨우쳤을 때 그것을
능가하는 것이 없으며, 그를 넘어설
수 있는 것이 없으며, 그를 앞질러 갈
수 있는 것이 없으니,
34 모든 게 다 거기에 융화되며 거기에
다 융합되며 거기에 다 용해된다는 것
을 절대로 잊지 말라.
35 그리하여 나의 법전을 정독하고 또 정
독하라는 것이니, 나의 법전을 정독하
며 그를 따르고자 하는 것보다도 더
위대한 것이 없으며 더 위대한 힘이
없음이니,
36 모두를 그가 다스리고 나가게 되어 있
다는 것을 잊지 말라, 사랑하는 나의
아들아!
37 그리하여 이것이 나의 성령이요, 살아
서 움직이기 때문에 나의 성령이요,
모두를 통제하고 다스릴 수 있는 것이
기 때문에 나의 뜻이니,
38 그리하여 너희들에게 소중한 것이며,
너희들이 하늘에 오르는 그 길을 안내
하는 책자라는 것을 절대 잊지 말도록
그리 전하라.

8,733 번째 하나님 말씀

2003년 12월 13일 06시 46분

1 사랑하는 나의 아들아!
2 "네, 아버님! 말씀하옵소서."
3 너희들이 이 세상에서 위대한 명작이
요, 그리고 위대한 글을 읽고 깨우치
고자 할 때, 너희들이 그를 읽을 때 깨
우치며 또한 그 위대함을 느끼느니라.
4 그러나 너희들이 그 모두를 읽고 덮었
을 때, 그것이 너희들의 생활을 좌우
하는 것이 아니요, 너희들의 마음을
다스리고 역사할 수 없는 것이니,
5 읽고 깨우치는 순간에 아름다움을 느
끼고 소중함을 너희들이 아나, 그다음
에 너희들의 가슴에 남는 것은 없음이
니라.
6 다만 세월이 지나가면서 그는 지워지
며, 너희들의 생활이요, 삶에 따라서
그가 모두 제동을 걸어 너희들이 아름
답게 천사로서 살아갈 수 있는 가르침
은 거기에 없는 것이니라.
7 이는 세상사의 그 모두를 비유하여 가
르치고 전하기 때문이니, 하늘에서 내
가 모두를 명하여 내리는 나의 성령이
요, 나의 새로운 법전과의 차이점이
거기 있음을 너희들은 알아야 될 것이
니라.
8 너희들이 명작이요, 아름답고 소중한
글을 읽고 깨우쳐도 너희 생활의 가르
침이요, 생활의 기본으로 삼는 것이
아니요, 그 순간에 감명을 받으며 지
워지고 잊히는 것이 이 세상에 나와
있는 책이요, 글이요, 시집이니라.
9 그러나 나의 법전을 읽고 정독하는 자
는 너희들의 가슴에 걸리고 마음에 걸
려 이리할 수도 없고 저리할 수도 없
음이니라.
10 나의 법전을 읽고 깨우친 자는 정녕
그대로 가지 아니하면 아니 되며, 그
대로 깨우치지 아니하면 너희가 불안

을 느끼며 두려움을 느끼며, 그리하여 이는 살아서 네 가슴에 요동치는 것이니라.
11 그리하여 나의 성령이요, 나의 뜻임을 알라.
12 그를 보고 깨우친 자가 그대로 행하지 아니하면 가슴이 저려 옴을 알며 양심의 부끄러움을 알며,
13 그를 행하는 것이 너희 인간 세상의 삶에 얼마나 아름다우며 행복인가 알아서 스스로 행하게 됨이니라.
14 나의 법전을 읽는 자는 자존심을 버리게 되며, '나'를 버리게 되며, 제 아집을 버리게 되며,
15 이와 같이 행하지 아니하면 정녕 불안한 마음이요, 두려운 마음을 네 가슴에서 지울 수가 없는 것이 나의 법전이니,
16 이는 곧 나의 성령이요, 살아 있는 내 뜻이기 때문이니 그것이 차이점이니라.
17 그와 같은 차이점이요, 그 변화를 아는 백성은 무너지지 아니할 것이며, 그는 영원히 나와 더불어 나의 뜻에 따라 나에게 오를 수 있는 선택된 백성이 됨이니,
18 만 명이 만 권의 책을 읽었을 때, 한 사람을 구원할 수 있다는 뜻이 여기 있음이니, 그를 깨닫는 자가 선택된 백성임을 알아야 될 것이니라.

8,734 번째 하나님 말씀

2003년 12월 13일 11시 24분

1 사랑하는 나의 아들아!
2 "네, 아버님! 말씀하옵소서."
3 내가 너에게 명하기를, 네 제자가 인간의 겉멋이 들었음이니, 중책을 맡길 수 없으며 대명을 줄 수 없다 하였음이니, 그 겉멋이라는 것이 무엇이라 생각하느냐?
4 옷을 입고 다니는 겉멋이요, 인간이 생각하는 겉멋이요, 제 위치에 맞지 않게 차려입고 행동하는 것이 겉멋이라 그리 말하는가?
5 나 여호와가 너희에게 깨우쳐 주는 것은 그와 같은 것을 겉멋이라 함이 아니니라.
6 나에게 오르는 길이요, 참진리요, 믿음의 길이요, 신앙생활에 겉멋이 들었다 함이니,
7 지금 너를 따르는 제자들이 나름대로 믿음을 가졌으며 믿음의 길에 허덕이면서 여기까지 온 자들이 다 지난 날의 믿음이요, 그 형태를 벗어나지 못함이니, 그게 바로 무엇인 줄 알겠느냐?
8 믿음의 겉멋이 들어 그를 버리지 못하는 자들이니라.
9 그러니 여기 왔다 떠나는 자, 여기 와 강론을 듣고 가는 자들이 다 저희가 가고 있는 그 믿음에 겉멋이 들어 있는 것이요, 진실을 모르며 건수를 마시고 살아왔기 때문에 그러하니라.
10 진정한 생수의 맛을 본 자는 정녕 그 생수 외에는 건수를 마실 수 없음이니, 냄새 나고 썩어 있는 것을 마실 수 없느니라.
11 그러나 썩은 냄새의 건수에 길들여지고 그것을 먹어 와 세뇌된 자들은 지

금 너를 통하여 부어 주는 생수요, 깨
끗한 물을 마실 수가 없음이니라.
12 거기에는 추한 냄새도 없으며 악한 냄
새도 없으며 무색무취인 생수이기 때
문에 그들은 그를 마시지 못하는 것이
니라.
13 그러니 그들은 겉멋이 든 자들이니라.
14 그러니 그들에게 전할 것이며 너의 제
자들은 알아야 될 것이니라.
15 나의 법전을 읽고 깨우치고자 하는 백
성은 지금까지 믿어 왔던 신앙이요,
믿음이요, 그 모두를 다 버리지 아니
하면 내가 내리는 기름부음이요, 이
생수의 맛을 진정 모르게 되어 있음이
니라.
16 그래서 내가 그와 같은 말을 너희에게
전함이니, 네 제자들에게 모두 그 책
임이 있으며, 누구나 다 그와 같이 지
금의 믿음에 겉멋이 들어 있는 자라
그리하라.
17 너희들은 믿음에 겉멋이 들어 있는 자
이기 때문에, 진정한 생수를 부어 주
거늘 그를 모르며 그 맛을 몰라 등지
고 떠나가는 그와 같은 어리석은 백성
이 수없이 있음이니,
18 이제 너희들은 정녕 모두를 다 집어던
지고 버려야 된다는 것을 잊지 말라
하라.
19 너희들이 지금까지 왔던 믿음이요, 그
를 버리지 아니하면 너희는 정녕 깨우
칠 수 없음이니라.
20 너희들이 '원어 성경'이요, 성서를 공
부한다 하느니라.
21 그리고 또한 다른 사람들이 쓴 모든
성서에 대한 것을 공부하고 깨우친다
하니,
22 너희들이 한 평생을 살면서 깨우치는
것이 과연 얼마나 깨닫느냐?
23 그것을 깨달으면 너희들의 자식의 후
손이 대를 이어 그를 공부하고 깨우쳐
가는가?
24 너희들은 제자리에서 시작하여 끝낸
것까지 다음 사람이 또 연구하니, 시
작한 데서 제자리요, 그리고 항상 쳇
바퀴 돌듯이 그 자리를 연구하고 연구
하다 마는 것이니라.
25 그리하여 내가 지난 것을 가지고 연구
하지 말며 지난 것을 가지고 연연하지
말라 그리하지 않았느냐?
26 오늘 내리는 나의 성령이요, 나의 뜻
이요, 이것이 가장 소중한 것이며, 이
시대에 너희가 받아들이고 다스리고
나가야 할 것이기 때문에 이것만을 보
고 깨우치고 공부하라 하였음이니라.
27 무엇이 어쩌고저쩌고 누가 쓴 것이 어
떻고 이와 같은 것에 현혹되어서 너희
는 정녕 겉멋에서 벗어날 수 없는 자
들이니라.
28 모든 자들이 책을 쓰고 글을 쓰니, 그
들이 어찌 쓰느냐?
29 저희들은 성서의 구절을 응용해서 쓰
녀 그를 벗어나지 못하고 있음이니라.
30 지금 나의 법전을 놓고 내가 너희들에
게 말하나니, 이는 나 여호와의 뜻이
요, 내가 내리는 진정한 나의 성령이
라는 것을 너희들이 증명하라 하지 아
니하였더냐?
31 그것을 너희들은 어찌 모르며 증명하
지 못하는가?
32 사탄은 나 여호와를 수천수만 번 이리

찾으며 하늘의 뜻인 160권의 법전을
절대 쓸 수가 없다 하지 아니하였느냐?
33 사탄은 이와 같이 160권의 법전을 쓸
수 없으며, 또한 지금 믿음의 길을 가
는 자요, 종교 지도자요, 이름만 대면
아는 자들이 강론을 하고 책을 쓰며
무엇을 깨우친다 해도,
34 성서의 몇 절에 무슨 내용이 있다며
그걸 가지고 이러쿵저러쿵 책을 써 만
백성에게 전해도, 새로운 내 뜻이요,
내 성령을 받아쓸 수 있는 자가 그중
에는 없음이니라.
35 그러니 바로 이것은 누구만이 할 수
있느냐?
36 나로부터 선택된 나의 아들만이 할 수
있는 것이 아니더냐?
37 종교 집단이요, 지도자요, 이름 있는
자가 이를 받아서 쓸 수 없으며 이와
같이 역사할 수 없음이니라.
38 다만 저희가 책을 쓰고 강론을 한다
해도 성서에 있는 것, 몇 구절에 무슨
얘기라는 것을 좀 더 변형해서 책을
내고 강론하는 것밖에는 종교 지도자
가 할 일이 없으며 갈 길이 없으며 그
범위를 벗어나지 못하는 것이니라.
39 그리고 사탄은 감히 나 여호와를 찾으
며 십계명을 외우며 이리 쓸 수 없다
하였음이니,
40 정녕 나의 아들만이 역사할 수 있으
며, 내가 선택한 자만 역사할 수 있으
며, 나 여호와만이 할 수 있음이니라.
41 너희들은 이제 여기서 알아야 될 것이
니라.
42 사탄도 쓸 수 없는 것이요, 이름을 대
면 아는 종교 지도자도 쓸 수 없는 것
이니, 그도 잘못되었고 이도 잘못되었
으며 그도 역사할 수 없으며 저도 역
사할 수 없음이니라.
43 다만 나 여호와가 선택한 나의 아들뿐
이니,
44 그 많은 이방인이요, 또한 사탄이요,
그리고 깨달음의 길을 간다는 백성이
모두 다 이를 보고 이 앞에 고개 숙일
것이며, 너희들의 깨달음 앞에 고개를
흔들 수 있는 것은 나의 법전밖에 없
음이니라.
45 모두를 융화시키는 것이며 모두를 하
나로 만들 수 있는 것은 나의 법전밖
에 없음을 알라 그리 전하라.
46 그것으로써 너희들은 나의 법전이요,
나의 성령이요, 나의 뜻임을 알아야
될 것이니라.
47 사탄은 이와 같이 160권의 법전을 쓸
수 없으며, 나를 찾을 수 없으며,
48 너희가 말하는 이 시대의 종교 지도자
요, 이름만 대면 알 수 있는 자들도 구
약과 신약 성경의 구절을 이용하여 강
론하고 책을 만들고 펴낼 수 있으나,
새로운 말씀이요, 새로운 성령의 내
뜻을 받아 기록할 수 없음이니라.
49 이 책은 이쪽도 아니요, 저쪽도 아니
요, 그리하여 새로운 성경이요, 창조
주 나 여호와만이 역사할 수 있는 것
이라는 것을 알라.
50 그러니 이는 나의 아들만을 통하여 모
두 역사할 수 있는 것이요, 나의 뜻이
라는 걸 조용히 가슴에 안고 이 이치
를 깨달아 만백성에게 전하도록 그리
하며,
51 그 현실을 들여다보면 나의 아들을 통

하여 너희들을 깨우치고자 내리는 그
뜻을 알 것이니라.

8,735 번째 하나님 말씀

2003년 12월 13일 11시 32분

1 사랑하는 나의 아들아!
2 "네, 아버님! 말씀하옵소서."
3 나의 아들 예수가 세상에 보내진 뜻을
너희는 너무나도 잘 알고 있으며 그와
같이 행하는 것만이 모두 이루어진다
는 것을 잘 알고 있느니라.
4 그러나 그가 행하고 역사했던 것을 왜
따르지 아니하며, 무엇 때문에 그를
알면서도 행하지 않는가?
5 그것은 너희들에게 고통스러운 길이
요, 역사하기 힘든 길이요, 모두를 다
놓고 가야 되는 길이니라.
6 너희들이 어렵고 힘든 짐을 스스로 지
고 가는 그와 같은 삶이기에 그를 알
면서도 행하고자 하지 아니함이니, 그
것이 바로 오늘의 현실이니라.
7 나 여호와가 역사하는 것, 내 뜻을 행
하고자 아니 하는 자들이 내 뜻을 위
하여 만백성을 구한다 하니, 과연 그
게 말이 되는 것이며 그게 이루어질
수 있는 것이더냐?
8 내가 성서에 기록하여 전하기를 무어
라 했느냐?
9 너희들 중에 누구든지 으뜸이 되고자
하는 자는 모든 사람의 종이 되어야
할 것이라, 나의 아들을 통하여 성서
에 그리 전하였음이니라.
10 그러니 모든 종교 집단이요, 지도자
요, 이웃에 사는 너희 형제요, 또한 나
의 백성이 '누구든지 으뜸이 되고자
하는 자는 모든 사람의 종이 되어야
된다.' 하였음이니,
11 오늘의 종교 집단이요, 지도자요, 광
신 짓을 하는 그 신도들이 과연 종과
같은 자세로 살아가는 자더냐?
12 내가 또한 거기에 기록하여 뭐라 전하
였느냐?
13 '인자가 온 것은 너희들에게 섬김을
받으려 함이 아니라 도리어 섬기고자
하는 것이요, 자기의 목숨을 바쳐 만
백성을 구하는 데 그 대속물로 주려
함이라' 하였으니,
14 목숨을 던지기를 두려워하지 아니하
는 자, 만백성을 구하기 위하여 생명
을 초개와 같이 던질 수 있는 자가 인
자가 오는 길이요, 인자가 온 길이요,
인자가 온 뜻이요, 인자가 행한 것이
라는 것을 성서에 기록하여 전했음이
니라.
15 지금의 종교 집단이요, 지도자요, 울
고불고 구원을 받았다 하는 광신도 너
희들이 과연 이 대목을 안 읽어 봤으
며 이 대목을 모른단 말이더냐?
16 너희들은 이 대목을 어찌 가르치고 어
찌하는가?
17 광신도요, 종교 지도자 저희와는 관계
도 없는 것이며, 그저 신도들이나 재
물을 바치고 구원을 받고자 애걸복걸
하는 그 백성에게만 관계되는 것처럼
그리 말하지 않느냐?
18 이와 같은 뜻은 다 평등하며 누구나
다 같이 지켜야 할 길이거늘, 어찌하
여 종교 지도자를 비평하는 자, 탓하
는 자, 그리고 너희를 제왕처럼 받들

지 아니하는 자는 지옥 불로 간다 그
리 말하며, 종교 지도자가 오늘의 이
와 같은 마음으로 사느냐?
19 가장 낮은 자의 신분으로서 사는가,
과연 모든 백성을 섬기고자 하는 마음
으로 사는가?
20 그것을 들여다보고 참 종교 지도자인
지 아닌지 여기서 구분하도록 깨우쳐
야 될 것이니 그리 알라.
21 이것이 나의 뜻임을 알아야 될 것이니
라.
22 너희들은 예수가 행한 일이요, 예수가
역사하고자 한 것이요, 예수가 가고자
한 그 길이 과연 무엇인지 알겠느냐?
23 예수가 역사하던 것을 알며, 예수를
구세주라 생각하며, 예수를 부르기만
하면 구원을 받으며, 예수의 피 한 방
울이 표백제보다도 더 깨끗하게 너희
죄를 씻어 준다 그리 말한다면, 너희
들은 이 대목을 다시 한 번 읽어 보고
깨우쳐야 될 것이며,
24 그와 같이 행하지 아니하는 자는 모두
다 바람결에 흘러가는 먼지만도 못함
이니,
25 제 앞에 흘러가는 먼지를 잡고 그 먼
지가 구원의 길이요, 저를 인도한다는
자보다도 어리석고 불쌍한 자인 줄 알
라.
26 예수는 이를 행했음이니라.
27 만백성에게 섬김을 받는 것이 아니요,
목숨을 바쳐 나의 백성을 섬기고자 그
행위를 했으며, 모든 사람의 종이 되
어 역사하고자 하는 마음이요, 그 길
을 역사한 것이 내가 예수를 통하여
이루고자 한 것이니,
28 너희도 구원을 받는다면 그와 같은 자
세로 오라, 그와 같이 살라.
29 그와 같이 행하는 간단한 것을, 너희
마음대로 수천수만 가지 생각을 갖다
붙이며 교리로써 나의 피조물 만백성
을 우롱하지 말라.
30 지금의 종교 지도자 너희가 예수 위에
있다 하면, 오늘과 같이 제왕적인 대
우를 받으며 성전이요, 교회를 짓고
거기서 나의 피조물 만백성을 우롱하
며 모두를 착복하고 사는 그와 같은
행위요, 군림하는 행위요, 대우받는
행위를 하라.
31 제왕으로서 그 자리를 지키는 것보다
더 무섭게 나의 백성에게 그와 같은
것을 유도하고 가르치고 있는 자는 제
가 나의 아들 예수보다 더 높은 자이
거든 그리 말하라.
32 그러나 나의 아들 예수만큼 역사하지
못하며, 그보다도 깨달음이 없으며,
그보다 나에게 더 가까운 자리에 있지
않은 자가 지금처럼 군림하고자 하는
것은 사탄이요, 악마요, 사악한 자이
니, 그와 같은 행위가 무엇이더냐?
33 나를 능멸하는 자요, 신이 되고자 하
는 자요, 신이 된 것처럼 착각하는 사
탄의 후예요, 사탄의 자식들임을 알라.
34 다시 한 번 내가 너희에게 이름이니라.
35 나의 아들 예수를 통하여 내가 전하기
를, 너희 중에 누구든지 으뜸이 되고
자 하는 자는 모든 사람의 종이 되라
하였음이니라.
36 너희들이 진정한 믿음을 깨달아 천사
와 같은 삶을 살면 모든 사람의 종과
같은 마음으로 살라 하였으며,

37 인자가 세상에 온 것은 섬김을 받으려
하는 것이 아니요, 섬기려 하는 자세
요, 그리고 제 목숨을 모두 바쳐 만백
성을 구한다면 그 길을 가차 없이 선
택할 수 있는 것이니라.
38 목숨을 바쳐 만백성을 구한다면, 너희
들이 가지고 있는 재물이요, 금화와
은화가 목숨보다 더 소중한 것이 이
세상에 있더냐?
39 그러니 그 모두를 던지고 바쳐서 만백
성을 구하는 데 주저하지 않는 그와
같은 마음 자세가 중요하고 귀하지 않
던가?
40 그러나 만백성을 구한다는 자들이 거
둬들이기만 하며 갈취하고 있으며, 바
치는 자는 제가 구원을 받겠다는 조건
부요, 나와 거래하고자 하는 자세에서
이루어지는 것이 오늘의 형태이니라.
41 이것이 뒤죽박죽이며 질서가 없으며,
아수라장에서 지금 서로 먼저 올라가
겠다고 물고 뜯고 있는 자들과 똑같은
추하고 더러운 모습이 오늘의 종교 집
단이요, 지도자이며,
42 구원을 받았다고 울고불고 광란의 짓
을 하며 썩어 냄새나는 입으로 찬송을
부르며 경배한다 하느니라.
43 너희들이 아무리 아름다운 찬송으로
나를 경배한다 해도, 너희들의 속이
썩었고 썩은 입안에서 나오는 그 말은
썩은 냄새요, 악취만이 나오니,
44 세상을 오염시키고, 그 악취를 모아
하늘을 오염시켜 하늘의 숨을 끊으려
는 것이 너희들의 오늘의 믿음이요,
광대의 짓이요, 광분하는 짓을 하고
있는 것임을 잊지 말도록 그리 전하라.

8,736 번째 하나님 말씀

2003년 12월 13일 11시 37분

1 사랑하는 나의 아들아!
2 "네, 아버님! 말씀하옵소서."
3 너희들이 이를 먼저 깨우쳐야 될 것이
니라.
4 내가 성서에 기록하였으며, 또한 나의
아들 예수가 모든 기적의 역사를 이룰
때, 그 한마디는 무엇이었더냐?
5 네 믿음이 너를 구원하였으며, 네 믿
음이 너의 감겨진 눈을 뜨도록 했으
며, 네 믿음이 저는 다리를 바로 세웠
으며, 네 믿음이 네 모두를 다 치유할
수 있는 것이며, 오로지 그것은 네 믿
음이니라.
6 네 믿음에 의하여 창조주인 보내신 이
가 너에게 상을 내리는 것이라 나의
아들 예수가 그리 행하고 실천하도록
전하지 아니하였더냐?
7 그러니 이루고 못 이루는 것은 너희들
의 믿음이라 내 아들이 너희들에게 가
르쳐 준 그 의미를 깊이 깨우쳐야 될
것이니라.
8 예수가 이룬 모든 기적의 역사는 믿음
이라 말하였음이니, 네 믿음이 너를
구원하였나 했으니, 너희들의 믿음이
너희들을 구원함이니라.
9 너희들의 마음속에 의심함이 있으며,
나의 아들을 의심하며, 나의 법전을
의심하며 이와 같이 흔들리는 마음 자
세로써는 아무것도 이룰 수 없으며,
어떠한 것도 이룰 수 없다는 것을 알
아야 될 것이니라.
10 너희들은 결과를 생각하지 말라 전하

라.
11 네 일생이 160권이라는 이 법전 속에
기록되며 네 그림자가 거기에 있음이
니, 나는 알고 있음이니라.
12 너희들이 나의 법전을 만들어 세상에
전하며, 나의 법전을 기록하고 읽고
강론할 때, 그리고 정독할 때, 너희들
은 모르나 그 책장마다 너희들의 그림
자가 거기에 박히며 너희들의 그림이
거기에 있음이니라.
13 너희들이 법전의 책장을 열 때 내가
너희들과 같이한다 하였음이니, 내가
너희들을 보는 그 영광을 생각하라.
14 그리고 그 이상도 그 이하도 바라지
말며 생각해서는 아니 됨을 알아야 될
것이니라.
15 너희들이 나의 법전을 읽고 깨우쳐 불
효하던 자식이 부모를 생각하며 효도
하는 자식의 마음으로 변화되었다면,
그것보다 더 큰 복이 없으며 그보다
더 크고 위대한 영광이 없음을 알아야
될 것이니라.
16 지금까지 살아오면서 남의 허물은 잘
보이고 잘 알면서 제 허물은 보지 못
하며 제 약점을 보지 못했던 너희들이
그를 발견하며,
17 남이 질투하고 시기하는 것은 보면서
제가 시기하고 질투하는 것은 보지 못
하는 그와 같은 삶을 살아온 너희들
이, 제가 남을 질투하고 시기하는 것
이 잘 보이며,
18 자신이 시기하고 질투하고 욕심내는
그와 같은 것은 보지 못하던 제 모습
을 바라볼 수 있으며 저를 들여다볼
수 있는 그와 같은 변화의 역사를 이
룬다면 그 이상 바랄 것이 없으니, 이
게 곧 무엇이더냐?
19 나에게 오르는 길이요, 그와 같이 오
는 자는 나로부터 복이 있으며 은혜가
있음이니, 이와 같은 나의 뜻을 전하
는 영광을 받은 자들, 너희들은 무엇
도 생각할 필요가 없음이니라.
20 다만 너희들이 나의 법전을 읽으며,
나의 아들을 믿으며, 나 여호와의 성
령을 태워서 내려보내는 마지막 심판
의 시대라는 것을 굳건히 믿고 이 법
전의 내용대로 행하는 길만 묵묵히 갈
때, 스스로 변화되는 역사를 얻을 것
이니,
21 변화되는 그것이 너희들의 복이라는
것을 절대 잊지 말라.
22 오로지 그것만이 너희들이 나에게 올
수 있는 길이요, 그 모두는 나에게 전
해진다는 것을 잊지 말라, 사랑하는
나의 아들딸들아!

8,737 번째 하나님 말씀

2003년 12월 13일 11시 42분

1 사랑하는 나의 아들아!
2 "네, 아버님! 말씀하옵소서."
3 내가 너희들에게 기도하기를 무어라
말하였느냐?
4 "네, 아버님! '저의 죄를 용서하여 주
옵소서.' 그 기도를 드리라 그리하셨
사옵나이다."
5 너는 그 기도의 의미가 무엇이며 그것
이 어떠한 기도인지 알고 있는가?
6 "네, 아버님! 이제야 그 의미를 조금
깨달았으며 그를 알 것 같사옵나이

다."
7 그를 네가 어찌 깨달았는가 나의 법전
에 기록하여, 내가 전한 그 뜻을 만백
성에게 깨우쳐 주도록 하라.
8 "네, 아버님!
9 '저의 죄를 용서하여 주옵소서.' 그 기
도는 제 죄만 용서해 달라는 기도가
아니며, 그 기도가 얼마나 무섭고 두
려운 것인가 깨달았사옵나이다.
10 저의 죄를 용서해 달라 기도할 수 있
는 것은, 제가 미워하는 자, 제가 도저
히 용서할 수 없는 자, 제가 보기 싫은
자, 거래하기 싫은 자, 그 이름도 기억
하기 싫은 자, 그와 같은 자를 용서해
주는 것,
11 그와 같은 것을 용서할 수 있는 용기
요, 그와 같이 행할 수 있는 자만이 그
기도를 드릴 자격이 있다는 것을 이제
야 깨달았사옵나이다.
12 그 모두를 용서해 주는 마음이 섰을
때 그것이 우선이라는 것, 그리고 어
떠한 형태든 용서할 수 없는 자를 용
서하는 그와 같은 삶을 살아야 된다는
것을 깨달았사옵나이다.
13 아버님께 '저의 죄를 용서하여 주옵소
서.' 하라 하셨으니, 제가 짓고 짓는
험악한 죄보다, 저를 아는 사람, 제가
미워하는 사람, 제가 질투하고 시기하
는 사람이 제가 아버님께 지은 죄보
다 더 강하고 무서운 죄를 지은 자는
없음이니,
14 아버님께 용서를 빌 자격이 있다면 그
모두를 먼저 용서해 주는 것이 저의
도리며, 제가 해야 할 것이라는 것을
이제야 깨달았사옵나이다.
15 아버님께 제가 지은 죄보다도, 제가
아는 사람이 제가 미워하는 사람이 더
큰 죄요, 용서받지 못할 죄를 지은 것
이 없사오니,
16 그를 제가 용서했으며 저의 제자들이
그 모두를 용서했을 때, 아버님께서
저희를 용서해 주신다는 것을 이제야
알았사옵나이다.
17 허물이 있는 자, 시기하는 자, 질투하
는 자를 모두 먼저 용서해 주어야만
저희가 아버님께 용서를 받을 수 있
다는 것을 알았사옵나이다.
18 그러니 그것을 먼저 행하는 자만이
'아버님! 저의 죄를 용서하여 주옵소
서.' 하고 두 무릎 꿇고 아버님께 경건
한 기도를 드릴 수 있다는 것, 이 모두
는 아버님과 저희와의 약속이라는 것,
19 저희가 무심코 드리는 '저의 죄를 용
서해 주옵소서.' 하는 그 기도는 저희
가 미워하는 사람, 용서할 수 없는 사
람을 모두 먼저 용서해 주면 다 용서
해 주겠다는 저희와 아버님과의 굳건
한 언약이라는 그 두려움을 이제야 저
는 깨달았사옵나이다.
20 '아버님! 저의 죄를 용서하여 주옵소
서.' 제가 한마디 할 때마다 저와 관계
된 자를 모두 용서하며, 시기 질투하
는 자를 용서하며, 그와 같이 살아가
겠다 아버님께 약속드리며 언약하는
기도가 거기에 끈이 묶여 있으며, 그
언약의 무서움이 있는 것을, 그 두려
운 기도라는 것을 이제야 저는 알고
이제야 깨달았사옵나이다.
21 약속이요, 언약의 뜻을 제가 아버님께
드리는 것을, 수천수만 번의 언약을

아버님께 드렸으면서도, 저는 그리 행
하지 못하였으며 저의 제자들 또한
그리 행하지 못했으니, 그 죄가 더 크
고 무서움을 알고 있사옵나이다.
22 어떠한 형태든 어떠한 여건이든 먼저
모두 용서하겠다는 언약이라는 것, 아
버님께 용서를 빌 자격이 있다면, 아
버님께 제가 지은 죄보다 저에게 죄
를 지은 자를 제가 용서하지 못하는
사람이 더 무거운 죄가 없으니,
23 그들을 먼저 용서해 주고 저도 아버님
께 용서를 빌어야 되며, 용서를 빌 때
는 모두 용서해 주겠다는 그와 같은
언약의 기도였음을 이제야 알았사옵
나이다, 아버님!
24 시기 질투하는 마음, 욕심의 마음을
모두 다 버려야만 아버님께서 저를
용서해 주시며, 저의 제자들 또한 용
서를 받을 수 있으며, 저 자신이 용서
받는 자가 될 수 있다는 것을 깨달았
사옵나이다.
25 아버님, 저는 이것을 알고 있사옵나이
다."
26 사랑하는 나의 아들아, 그러하니라.
27 그리하여 내가 너를 사랑하며, 내가
너를 나의 아들로서 내려보냈으며, 목
자로서 대명을 받은 것이 너이니라.
28 그러니라, '저의 죄를 용서하여 주옵
소서.' 하는 것은 너희들이 '모든 사람
의 죄를 다 용서하여 주겠습니다, 아
버님! 그리고 제가 모든 사람을 용서
해 주니, 아버님께 저의 용서를 빕니
다.' 하는 언약을 수천수만 번 나에게
해 온 것이니라.
29 모든 사람을 용서하지 못하며 그들을
사랑으로 다스리지 못하는 자는 나에
게 거짓말한 그 죄가 수없이 쌓여 있
음이니, 그 죄를 일소하려거든 나에게
용서를 비는 애절한 마음으로, 네가
용서 못 할 사람을 용서해 주도록 그
리하라.
30 그것이 나와의 언약을 지키지 못한 죄
를 벗어남이니라, 사랑하는 나의 아들
아!

8,738 번째 하나님 말씀

2003년 12월 13일 11시 47분

1 사랑하는 나의 아들아!
2 "네, 아버님! 말씀하옵소서."
3 나의 아들을 의심하는 자는 나의 법전
을 의심함이요,
4 나의 법전을 의심함은 나 여호와를 의
심함이니라.
5 그러니 나를 의심하는 자, 내가 이제
너희들을 버릴 것이니, 내가 더 이상
너희들을 어찌할 수가 없지 않으냐?
6 너희들이 나로부터 버림을 받으며 또
한 나에게서 등을 돌리고 갔을 때, 너
희들이 말하는 이방인이요, 깨닫지 못
했다는 그 백성, 너희들이 생각할 때
나 여호와가 버린 백성이라 생각하는
그와 같은 백성을 내가 불러 쓸 것이
며 그들을 거둬들인다는 그 무서운 사
실을 알아야 될 것이니 그리 알라.
7 나를 의심하는 자는 나로부터 버림을
받으며, 또한 나로부터 등을 돌리고
떠나는 자이니라.
8 그러니 너희들이 말하는 버림을 받았
다는 백성, 그리고 나와 인연이 없다

는 백성, 나의 법전을 읽고 깨우친 사
실이 없는 그와 같은 백성을 불러 쓴
다는 것을 알아야 될 것이니라.
9 내가 일찍이 깨우쳐 전하기를, 믿음이
라는 것은 목숨을 다하고 뜻을 다하여
나 여호와가 역사하는 길을 가는 것이
나에게 오를 수 있는 길이라 하였음이
니라.
10 그러나 나의 아들을 의심하며 나의 법
전을 의혹하며 나를 의신하는 그와 같
은 백성은 목숨을 다하며 뜻을 다하며
내가 역사하고자 하는 그 어렵고 힘든
길을 끝까지 갈 수 없는 자요, 중도에
포기하는 자이니,
11 그때 가서 너희들을 대체할 수도 없으
며 다른 사람으로 역사할 수도 없는
그와 같은 형국이 될 것이니라.
12 그와 같은 자는 갈 수 없기에 내가 그
들의 손을 놓음이니, 너희는 나를 원
망치 말라.
13 내가 너희를 버리는 것은 너희가 스스
로 등을 돌리고 떠나는 것이니, 그것
은 너희들이 선택하는 길이라는 것을
알라.
14 그와 같은 백성은 무엇이더냐?
15 아래로는 나의 백성을 나 여호와를 사
랑하는 것만큼 절대 사랑하지 못하는
자들이니라.
16 너희들이 나에게 은혜를 받고자 하며
나를 사랑한다면, 아래로 모든 백성을
사랑하며 모든 백성에게 정과 사랑을
다 주라 하였음이니라.
17 그와 같은 사랑을 할 수 없는 자요, 사
랑을 줄 수 없는 백성은 나 여호와가
너희들을 버린다는 것을 알라.
18 그러니 나의 길을 따르며 나의 아들을
따르는 자들이 믿지 못하며 목숨을 다
하여 그 길을 가지 못함이니,
19 너희들이 바라볼 때는 버린 자라 생각
하는 자, 내가 손을 놓은 백성이요, 나
와 관계없는 백성 중에 그들을 내가
선택하여 불러 씀을 알아야 될 것이니,
20 그와 같은 역사가 시작되었을 때는 너
희가 후회해도 돌이킬 수 없는 것이
며, 두 번 다시 너희들이 나를 아버지
라 부를 수 없으며 내 앞에 올 수 없다
는 그 무서운 사실을 알아야 될 것이
니라.
21 한 번 등 돌리고 떠나는 자는 두 번 등
돌리고 떠날 수 있으며 어렵고 힘들
때 무너질 수 있는 자이기에 그를 믿
고 쓸 수 없다 함이니라.
22 이제 다시 오는 자, 그리고 깨달아 오
는 자, 목숨을 다하며 뜻을 다하며, 나
의 역사에 반하는 마음, 흔들리는 마
음이 없는 그와 같은 언약을 한 다음
에 그를 지키고 가는 길만이 나로부터
버림을 받지 아니하며 내가 놓지 않는
백성이라는 걸 명심하고 또 명심하도
록 그리하라.
23 두 번은 용서치 아니할 것이니라.

8,739 번째 하나님 말씀

2003년 12월 13일 11시 51분

1 사랑하는 나의 아들아!
2 "네, 아버님! 말씀하옵소서."
3 고사리 같은 어린 손으로 나의 법전을
만들며 이를 만백성에게 전하고자 하
는 제자 '조나영'에게 전하도록 그리

하라.
4 내가 너희에게 무어라 말하였느냐?
5 재물을 바치는 것, 몸과 마음을 바치
는 것은 너희의 육을 바침이 아니라
너희 마음이요, 정신을 바침이요,
6 너희가 나에게 오를 수 있는 것은 재
물을 바치며 명예를 바침이 아니라 너
희들의 믿는 마음이요, 정성을 바치는
것이니,
7 그보다 더 귀하고 소중한 것이 무엇이
라 하였느냐?
8 나의 아들을 따르는 제자 너희들은 그
믿음이 흔들리지 아니하며 표백제를
써 변하듯이 변화되는 그것만이 귀하
고 소중한 것이라 그리 말하였으니,
그에게 네가 전하도록 그리하라.
9 네가 나의 뜻을 따르며 나의 법전을
만들고자 하는 그 정성으로써, 그것이
내가 너에게 바라는 마음이니,
10 네가 스스로 고행의 길을 가며 고통스
러운 길을 가며, 육으로써 너 자신을
무너트려서라도 나 여호와의 뜻을 역
사하고자 하는 생각, 이는 네가 어리
석은 것이요, 잘못된 생각이니라.
11 너 자신을 지키고 육신을 보살피며 건
강을 지켜 가는 속에서 나의 뜻을 이
룰 수 있으며 너희가 나의 역사를 할
수 있음이니라.
12 네가 쓰러짐으로 인하여 나의 법전이
세상에 나오는 것이 중단될 수 있으
며, 네가 쓰러짐으로써 나의 법전이
세상에 나와 만백성을 구하는 것이 늦
어질 수 있으며 중단된다는 것을 알아
야 될 것이니라.
13 너는 스스로 고통의 길을 가면서 무엇
인가를 깨달으려 하지 말며, 네가 고
행의 길을 감으로써 나의 은혜에 보답
하는 길이며 나의 성전에 와 역사하는
그 은혜에 보답하는 길이라 하지 말라.
14 그 모든 나 여호와의 뜻은 마음의 정
성을 바치는 것이니, 법전을 만들어
만백성을 구하겠다는 애절한 그 마음
으로 너는 모든 역사를 다 함이니라.
15 너 자신이 고행의 길을 자초하지 말
며, 네 몸을 무너트려서 무엇인가를
역사하고 보이고자 하는 생각을 하지
말라.
16 오늘의 네가 그와 같은 길을 갈 자가
아님을 알라.
17 너 자신의 육신을 지키며, 네가 지금
가고 있는 그 마음으로써 내가 모두
기쁨이니, 그 마음이 변하지 말며,
18 법전을 만드는 데 최선을 다하고, 법
전을 사랑하는 데 지금처럼 최선을 다
하라.
19 이를 만난 것이 생명보다 소중하다는
것을 네가 알고 있으며 네가 그리 감
이니, 네 육신을 무너트리는 일을 절
대 하지 말라.
20 이는 용서받을 수 없음을 너는 알아야
될 것이니 그리 알라.

8,740 번째 하나님 말씀

2003년 12월 13일 11시 57분

1 사랑하는 나의 아들아!
2 "네, 아버님! 말씀하옵소서."
3 너희가 나를 사랑하며, 예수를 구세주
라 부르며 만물을 다 바쳐 제사 지내
는 그 모든 것보다도 더 소중하고 귀

한 것이 무엇이라 말하였느냐?
4 너희들의 믿음의 마음이요, 이웃을 사
랑하는 마음이요, 나 여호와가 존재함
을 알고 있음이며, 그보다 더 소중하
고 귀한 가장 중요한 것은 무엇이라
성서에 기록하여 전하였더냐?
5 너희들이 한 획도 고쳐서는 안 된다는
그 성서에, 정녕 나에게 오르고자 한
다면 나를 찾고 경배하며 나의 아들
예수의 보혈로써 구원을 받았다며 구
세주라 부르짖는 것보다도,
6 '네 이웃을 네 몸과 같이 사랑하라.'
함이니, 그것이 너희가 나에게 오르는
길이요, 그것이 더 소중하다는 것을
이제 너의 제자들에게 깨우쳐 주고 전
해야 될 것이며, 그리 행하고 살도록
그리 말하라.
7 나의 아들을 찾으며 나를 경배한다며
울고불고하며 나의 아들 예수를 부르
짖는 것, 또한 나의 법전을 정독하고
깨우치고자 노력하는 것, 그대로 행하
고자 살아가는 것도 모두 귀하고 소중
한 것이니라.
8 그러나 너희들이 가장 먼저 깨닫고 해
야 될 것은 무엇인 줄 알겠느냐?
9 네 이웃을 네 몸과 같이 사랑하고 실
천하는 것이니, 너의 제자들만큼은 그
리 행하도록 전하라.
10 '네 이웃을 네 몸과 같이 사랑하라.'
그리 전하라.
11 그것만이 너희들이 나에게 오를 수 있
는 기초의 가르침이 아니더냐?
12 이것은 성서에서 가르침이요, 나의 법
전에서 가르침이니, 이를 알아야 될
것이니라.
13 이제 내가 나의 법전의 의미요, 뜻을
너희에게 깨우쳐 주고 전함이니라.
14 모든 책이요, 모든 성서요, 구약을 읽
고 신약을 읽음으로 인해서 거기서 살
아 있는 힘을 얻지 못함이니라.
15 그것은 비유의 뜻으로써 한 것이며,
너희들이 실천하고 행하는 것이 아니
기 때문이니라.
16 그러니 나의 법전을 읽고 깨우치는 자
의 그 힘은 이 세상의 어떤 것도 너희
들을 감당할 수 없으며 이길 수 없다
는 것을 알라.
17 아무리 작은 것도 큰 역사도 너희들이
나의 법전을 읽고 깨우치는 그 힘을
능가할 수 없으며 그 힘을 이길 수 없
다는 것을 알라.
18 그러니 너희들이 나의 법전을 읽고 깨
우쳐 그대로 행한다면 이 세상의 작은
것부터 어떠한 큰 것도 그 앞에 다 소
멸됨이니라.
19 너희들의 병을 고치고 병이 나지 아니
하며 너희 스스로 다스리는 것이요,
모두를 역사하는 그 힘이 법전 안에
다 있음을 알아야 될 것이니라.
20 나의 법전을 정독하고 깨우치는 자는
정녕 법전의 위대함을 알게 될 것이
니, 이것이 나 여호와의 뜻이며 내가
모두를 내린 나의 성령이기 때문이니
라.
21 정녕 나의 법전이 나의 성령으로써 역
사한 것이며, 마지막으로 너희를 심판
하기 위해 내리는 그 책이 아니라면,
너희는 구약과 신약이요, 인간이 쓴
책을 읽고 잠깐 감명을 받고 깨닫는
것으로써 세월이 지나면 지워질 것이

니라.
22 그러나 나의 법전은 내가 직접 임하기
에, 이는 살아 있는 글이요, 살아 있는
것이요, 생동감이 있는 것이기에,
23 너희가 이대로 지키고 살아가지 아니
할 때 마음이 불안하며 공포에 떨며,
너희 자신이 감내할 수 없는 그와 같
은 길에 들어서기에, 너희들은 이를
지키고 행하는 그와 같은 삶을 살게
됨이니, 그 힘보다도 더 강하고 위대
한 것이 없음이니라.
24 나의 법전을 읽고 깨우치는 것보다 이
세상에 더 위대하게 역사함이 없음이
니라.
25 창조주가 내리는 것이기 때문에, 그
힘은 작은 것부터 큰 것까지 모두 다
소멸시키며, 그 앞에서 고개 들고 너
희들에게 반박할 자가 없는 것이니,
26 나의 법전의 위대함이 바로 여기 있다
는 것을 이제 깨우치고 알라.
27 그래서 나의 법전을 읽고 깨우쳐 행하
고자 노력할 때, 그 모두는 그 아래에
서 다 소멸되는 것이며 감히 거기에
거부하지 못함이니,
28 너희들이 병이 나 죽고 사는 그 문제
까지도 소멸되는 위대한 힘이 여기 있
음을 알라, 사랑하는 나의 아들딸들아!

8,741 번째 하나님 말씀

2003년 12월 13일 12시 02분

1 사랑하는 나의 아들아!
2 "네, 아버님! 말씀하옵소서."
3 지금의 모든 백성이 믿음의 길이요,
신앙의 길을 가며 역사하는 그 의미가
과연 무엇이더냐, 사랑하는 나의 아들
아!
4 "네, 아버님! 그렇사옵나이다.
5 그들은 구원이라 하여 몸부림치고 부
르짖고 있으며, 영원한 안식을 찾고
이루고자 오늘의 이와 같은 삶을 살아
가는 것으로 알고 있사옵나이다.
6 다만 그들이 안식을 취하는 방법을 잘
모르며, 안식을 취하는 길이 무엇인
가, 그리고 영원히 사는 영혼의 안식
이 무엇인가, 그를 모르고 가고 있기
때문에 오늘의 이와 같은 세상이 이루
어졌다 저는 생각하옵나이다, 아버
님."
7 그러니라.
8 지금 너희가 사는 것이 무엇이더냐?
9 이제 너의 제자들은 육의 세상의 안식
부터 찾도록 그리 전하고 그리 깨우쳐
주라.
10 너희들이 육의 세상에서 안식을 찾지
못한다면 영원히 사는 그 세상에서 영
혼의 안식을 찾을 수 없는 것이니, 이
것이 하늘의 법도이니라.
11 그러나 믿음의 길을 가는 모든 백성들
은 무어라 말하느냐?
12 육의 안식은 관계없으며 그저 영혼의
안식만을 찾겠다 함이니, 알에서 깨어
나지 못하고 어찌 세상을 날며 제가
세상의 아름다움을 볼 수 있다더냐?
13 그러니 어리석은 자이니라.
14 너희 육의 안식은 애벌레와 같은 것이
요, 너희 영혼의 안식을 얻는 것은 훨
훨 나는 나비와 같음이니, 너의 제자
들에게 이와 같은 이치를 깨우쳐 전해
주라, 사랑하는 나의 아들아!

15 “육의 삶에서 적극적인 삶의 안식이
아니고는 영원한 안식을 얻을 수 없다
는 것을 깨달았사옵나이다.
16 저희들의 마음의 안식을 위하여 저희
가 가야 할 길이 무엇인가를 이제는
깨닫고 있사옵나이다.
17 너그럽고 자애로운 마음이요, 편안한
마음이요, 부드럽고 인자한 마음으로
다스려 그를 만백성에게 전할 수 있는
그와 같은 삶을 사는 것이 육의 안시
이 이루어지는 길이라 생각되옵나이
다.
18 저와 저의 제자들이 자애로운 마음이
요, 너그러운 마음이요, 부드럽고 인
자한 그 마음속에서 저희의 마음이요,
형태가 바뀔 때,
19 그 위에서 세상을 모두 보게 될 것이
며, 아버님의 뜻이요, 아버님의 음성
을 들을 것이며, 아버님이 역사하고자
하시는 것이 무엇인가를 얻을 수 있
고 볼 수 있다는 것을 깨달았사옵나이
다.”
20 그러니라, 사랑하는 나의 아들아!
21 자애롭고 부드럽고 인자한 마음으로
세상의 안식을 얻으면 영원히 사는 세
상의 안식을 거기에서 얻게 되니, 그
것이 아니고는 결코 얻을 수 없나는
것을 전해 주라.
22 그리하여 너희가 삶을 살면서 영혼이
영원한 안식처에 도달할 수 있는 길은
육의 안식을 위해서 하얀 눈과 같이
변화되는 것이니라.
23 그러나 너희들이 변화되지 못하고 지
금 변화될 수 없으며, 그와 같이 변화
되는 길을 모르고 변화되어 가지 못하
며, 지금 진흙탕 속에서 허덕이고 있
기에,
24 내가 너희들을 사랑하여 마지막으로
내 뜻을 너희들에게 전하고자 사랑하
는 나의 아들을 통하여 160권의 법전
을 세상에 내려보내니, 이것이 표백제
이며 원액이라는 것을 알라.
25 원액을 내가 지금 내려보내는 것이 나
의 160권의 법전이니라.
26 진흙탕에 몸부림치고 있는 너희에게
나의 아들을 통하여 표백제의 원액을
내려보내니, 이것으로 씻고 닦고 문지
르는 것은 너희에게 달렸음이니라.
27 나의 법전이 표백제의 원액으로서 지
금 내려가니, 나의 법전을 보고 깨우
치고 깨닫지 못하는 것은 너희에게 달
렸음이니라.
28 이제 내가 너희에게 말함이니라, 사랑
하는 나의 아들딸들아!
29 너희들이 진흙탕에서 서로 얽히고설
켜 그 몸이 더럽기 끝이 없으니,
30 내가 표백제의 원료를 내려보내니, 그
를 가지고 깨끗이 씻어 나에게 오르는
영광을 얻도록 그리하라, 사랑하는 나
의 아들딸들아!
31 이것이 부모의 마음이요, 자식을 사랑
하는 내 마음이니,
32 육의 부모의 마음보다 천배 만배 더
내가 너희들을 기다리는 마음이요, 너
희들을 사랑하는 마음이니라.
33 그리하여 내가 표백제의 원액을 내려
보내니, 이것이 나의 법전이요, 너희
들을 심판하는 책이라 함이니라.

8,742 번째 하나님 말씀

2003년 12월 13일 12시 06분

1 사랑하는 나의 아들아!
2 "네, 아버님! 말씀하옵소서."
3 내가 너를 통하여 나의 법전이 무엇이
라 말하였느냐?
4 사랑하는 나의 백성이 지금 더러워질
대로 더러워진 그 몸을 깨끗이 씻을
수 있는 표백제를 세상에 내려보낸다
하지 않았느냐?
5 너희들의 더럽고 더러운 것을 깨끗이
하고자 함이며, 그를 깨끗이 씻어 주
고자 내가 지금 표백제를 내린다 하였
음이니라.
6 이것이 나 여호와의 뜻이니라.
7 내가 표백제를 너희들에게 부어 줌이
니, 그리 부어 준 것으로써 너희들의
옷이 깨끗하게 씻어지며 더러운 옷의
때가 깨끗하게 씻어진다는 그와 같은
생각을 하지 말도록 하라, 사랑하는
나의 아들딸들아!
8 나 여호와가 너희들을 사랑하기에
160권의 법전이요, 표백제의 원액을
내려보냄이니,
9 이를 받은 자요, 이를 몸에 부은 자는
밟고 닦고 문지르고 씻고 그리 노력하
여 그 표백제의 거품을 내어 더럽고
찌든 옷의 때를 모두 씻어 낼 수 있게
노력하는 것은 너희들이 하는 것이 당
연한 것이며, 그와 같이 역사하지 아
니하고는 그 옷이 깨끗해질 수 없음이
니라.
10 나 여호와가 표백제를 내려보낼 때,
그것을 접했다 해서 너희들의 더러운
옷이 깨끗이 씻어지는 것은 아니지 않
더냐?
11 그러니 오늘의 종교 집단이요, 믿음의
길을 가는 그 백성이 얼마나 얼룩져
있으며 잘못되었는지 알겠느냐?
12 그들은 말하느니라, 나의 아들 예수의
피 한 방울이 대속이요, 속죄요, 그 귀
중한 피로써 모두 다 용서받았으며 하
늘에 오르는 길을 얻었다 그리함이니
라.
13 그러니 나의 아들 예수의 피 한 방울
이 표백제라 하여 저희에게 내려졌으
며, 그것으로써 더럽고 얼룩진 그 옷
이 깨끗하게 빨아지며 눈처럼 희어진
다 그리 생각함이니라.
14 그것이 잘못된 것이며, 그렇게 잘못
가르치는 자들 때문에 오늘에 이와 같
이 험악한 세상이 되었으니, 그들의
믿음이니라.
15 나의 아들 예수의 피 한 방울이 너희
의 죄를 속죄할 수 있는 표백제라면,
너희의 더럽고 때 묻은 옷을 깨끗이
정리해 줄 수 있는 표백제라면, 그를
가지고 씻고 문지르고 닦고 해서 네
몸을 닦고 네 옷을 빨아야 되는 것이
아니더냐?
16 그와 같이 어렵고 힘든 것은 하지 아
니하며, 그저 한 방울이 묻기만 하면
깨끗하게 표백제의 역할을 한다 그리
가르치니,
17 나의 피조물 백성이 하늘에 오르는 길
이요, 구원의 길을 못 보고 있음이니
라.
18 바로 그 옷을 갖다 적시고 문지르고
닦고 하는 것이 무엇이더냐?

19 그 거품으로써 모두를 씻어 낼 수 있
는 것은 나의 아들 예수가 세상에 와
너희에게 전하고 전했던 그 뜻을 역사
하는 것임을 알아야 될 것이니라.
20 너희들의 찌든 그 옷에 표백제를 뿌리
기만 하고 닿기만 하면 깨끗해진다 그
리하지 말라.
21 닿는 부분은 소화될지 모르나 닿지 않
는 부분은 그대로 있음이니, 이 세상
이 뒤죽박죽 얼룩이 된 것이 그와 같
은 것이니라.
22 그리하여 나의 법전 160권의 표백제
를 내려보내니, 이를 가지고 씻지 않
는 자를 씻어 줄 것이며, 스스로 문지
르지 아니하면 너희들이 거품을 낸 통
속에 그들을 넣어 문지르고 닦고 하여
그들을 건져 내는 그와 같은 역사를
해야 될 것이니,
23 그 노고와 공이 없이는 이루어지지 아
니하는 이치를 그들에게 깨우쳐 주라,
사랑하는 나의 아들딸들아!

8,743 번째 하나님 말씀

2003년 12월 13일 12시 12분

1 사랑하는 나의 아들아!
2 "네, 아버님! 말씀하옵소서."
3 지금의 모든 믿음의 길을 가는 종교
집단이요, 광신도들이 무어라 말하느
냐?
4 저희들이 큰 그릇에 때 묻은 옷을 그
득히 담아 놓았음이니, 거기에 그저
표백제 몇 방울을 떨어트림으로 인하
여 모두 씻어지고 깨끗하게 표백되어
하얀 눈처럼 만들어졌다 말하고 그것
을 믿고 가는 것이 오늘의 믿음이라
하지 아니하였더냐?
5 그러니 이를 바로잡고 바로 깨우치지
아니하면 아니 되는 것이 너희가 오늘
에 역사해야 하는 것이니라.
6 표백제를 뿌리고 인간의 노력으로써
눈보다 더 깨끗한 옷을 만들어 내고자
하며, 그와 같은 인간의 노력의 공이
없이는 그와 같이 될 수 없다는 것을
너희는 너무나도 잘 알고 있지 않으냐?
7 그러니 이 이치를 듣고 배워 깨우친
나의 아들을 따르는 제자 너희는 160
권의 법전을 온 세상에 덮어 만백성들
에게 이 표백제를 전해 주어야 될 것
이며,
8 이 표백제를 가지고 그들의 노력 여하
에 따라 깨끗이 변화시킬 수 있으며
새로운 모습으로 만들 수 있다는 그
이치를 전하도록 그리하라.
9 이 이치를 깨우치지 아니하면 아니 됨
이니라.
10 너희들이 상상하기를 큰 그릇에 때 묻
은 옷을 담아 놓았음이니, 표백제 하
나를 뿌리는 것으로써 지워지겠는가?
11 끝이 없으며 한이 없으며 그 끝이 어
딘지 모를 만큼 지고 있는 죄를 과연
나의 아들 예수의 피 한 방울을 받은
것으로써 모두 표백됐다 그리 말할 수
있느냐?
12 지구의 끝보다도 더 길고 긴 너희들이
지은 죄를 그 한 방울의 피가 표백제
가 되어 하얀 눈처럼 변한다는 그와
같은 믿음이요, 그와 같이 생각하는
백성을 바로잡지 아니하면 아니 되느
니라.

13 또한, 그들이 하고 있는 말이 어떠하
던가?
14 두려워 나의 법전에 그 내용을 감히
기록할 수도 없으며 전할 수 없는 내
용들을 그들은 말함이니라.
15 저희가 끝이 보이지 않게 수없이 지은
죄를 사함 받는 것은 어떠한 선행도,
어떠한 사랑도, 어떠한 착한 일을 한
다 해도, 아름답게 살기 위해서 아무
리 노력을 한다 해도, 그것은 다 필요
가 없는 것이라 하느니라.
16 나의 아들 예수의 피로써 대속했으니
너희들은 그저 깨끗해졌다 하며, 그리
하여 깨끗해지는 것은 나의 아들 예수
를 믿고 찾기만 하면 된다는 무섭고
두려운 말을 함부로 전하며,
17 그와 같은 것이 하늘에 오르는 길이라
하여 그를 가르치는 어리석은 종교 지
도자들과 그를 맞다 하여 따르는 그
백성의 믿음이요, 그들이 가는 것은
사탄의 소리이며, 사탄의 길에 들어서
는 자식들이 가는 길이니라.
18 그들이 진정한 참진리의 소리를 구분
하지 못하며, 사탄이 저희들을 지옥으
로 이끌어 가는 그 소리를 듣고 알지
못함이니, 그들이 어찌 구원의 길을
갈 수 있으며 구원의 길을 볼 수 있다
말하느냐?
19 사랑하는 나의 아들딸들아, 너희들이
160권의 표백제를 세상에 보내, 그들
이 이를 정독하고 깨우치며 그를 행하
고자 하는 노력이요, 공이 없이는 절
대로 하얗게 될 수 없음이니,
20 그와 같은 이치를 깨우쳐 주어 그 역
사를 이루는 것이 너희들의 대명이요,
오늘의 너희들이 해야 될 일이라는 걸
절대 잊지 말라, 사랑하는 나의 아들
딸들아!
21 너희들의 노력 없이는 아무것도 이루
어질 수 없음이니 그를 전하도록 하라.
22 이것이 오늘 내가 너희들을 통하여 간
곡히 부탁하는 것이며, 너희가 역사해
주기를 바라는 마음이니라.
23 어리석고 불쌍한 그 백성을 깨우쳐 주
도록 그리 전하라.

8,744 번째 하나님 말씀

2003년 12월 13일 12시 18분

1 사랑하는 나의 아들아!
2 "네, 아버님! 말씀하옵소서."
3 너희들은 구원이 무엇이라 지금 가르
치느냐?
4 나 여호와의 은혜요, 사랑이요, 내가
너희들에게 무조건 선물로써 내려 주
게 되어 있으며,
5 내가 너희에게 내리는 은혜요, 선물만
받으면 그것으로 이루어지며 그것으
로 나에게 오르며 구원을 받는 길이라
말하며, 무조건 믿는 것으로써 구원을
받는다 그리 말함이니라.
6 그러면서 나 여호와가 아무런 대가 없
이 아무런 노력도 하지 않는 너희들에
게 무조건 공짜로 모두 용서해 주며
모든 죄를 다 받아 주고 용서해 주며,
너희들에게 구원의 길이요, 하늘에 오
를 수 있는 상을 무조건 내려 주는 관
계로 만들고 있는 자들이 아니더냐?
7 나 여호와와 너희들의 관계가 바로 나
는 무조건 너희에게 내려 주기만 하면

되며, 너희들의 죄를 용서해 주도록
되어 있는 하나님이니,
8 너희들에게 무조건 공짜로 주며, 죄를
용서해 주며, 그와 같이 함은 나의 아
들 예수의 피로써 모두를 다 역사한
것이 내가 너희들에게 언약한 것이니,
너희들은 노력할 필요도 없다 하며,
9 공짜로 주는 것을 그대로 받아서 하늘
에 오르면 되는 것이지, 너희들이 노
력해서 되지 않는 것을 굳이 인간의
한계를 넘어 피나는 노력이요, 헛수고
를 하면서 어찌하여 구원을 받으려 하
느냐, 그것이 어리석은 백성이요, 잘
못된 백성이라 그리 말하느니라.
10 나의 아들 예수의 보혈로써 너희들의
모든 죄를 용서해 주도록 되어 있으며
구원을 받도록 되어 있으니, 너희들은
노력할 것 없으며,
11 그저 내가 주고, 너희들을 구원해 주
고 나에게 오를 수 있도록 할 책임이
있으며 그와 같이 노력하는 자라 하며,
12 그러니 주는 대로 받기만 하면 되는
것이지, 무엇하러 깨우치고 진리를 찾
으며, 아름답게 살려 하며, 내가 성서
에 기록한 '네 이웃을 네 몸과 같이 사
랑하라.'는 그와 같은 쓸데없는 관계
를 하며 헛수고를 하고 노력하느냐?
13 그러니 어리석은 백성들아, 그대로 나
의 아들 예수를 찾기만 하며, 너희들
의 손으로 지은 죄의 온상에 와 그저
재물만 바치며 나를 부르기만 하면 되
는 것이지,
14 인간 세상에서 죄를 짓고 안 짓는 것
은 너희들이 구원을 받고 안 받는 것
과 관계가 없는 것이라 하며,
15 공짜로 다 주었음이니, 너희들은 구원
을 받고자 헛수고하지 말고 노력하지
말라,
16 그리 노력하는 자, 변하고자 하는 자,
그리고 인간으로서 십계명을 지키고
살고자 하는 자, 그리고 나의 율법대
로 사는 자는 어리석은 자요, 불쌍한
백성이요,
17 그저 닥치는 대로 살고, 아무리 죄를
짓는다 해도 공짜로 다 용서해 준다
그리 말하느니라.
18 그러나 너희들은 여기서 들으라.
19 죄지은 자가 나에게 와 제사지낼 때,
과연 그가 어찌 지내는가?
20 죄지은 자는 제사를 지낼 수 없음을
내가 너희들에게 일찍이 보여 주지 않
았는가?
21 너희들이 성막에 들어와 나에게 제사
를 올리니, 그 제사를 지내는 자가 인
간 세상에서 죄가 있으면 거기에서 살
아서 나가지 못하며 죽어서 나감이니,
22 발목에 방울을 달아 그가 살아 있는지
죽어 있는지 확인하는 그와 같은 제사
법이 있다는 역사를 알면서도, 너희들
은 인간 세상에서 짓는 죄가 얼마나
두렵고 무서운 것인가를 모름이니,
23 이러고도 나를 욕되게 하며 나를 능멸
하는 죄를 짓겠는가?
24 너희들의 죄가 얼마나 두렵고 무서운
가?
25 육의 세상에서 행하는 그 죄가 얼마나
무서우면, 나를 위하여 제사를 지내는
그 제사장이 성막에 들어갔을 때, 죄
있는 자는 살아서 나오지 못하고 죽어
시신이 되어 나오니,

26 이와 같이 인간 세상에서 짓는 죄의
대가가 무섭고 두렵다는 것을 일찍이
보여 주었으며 너희들에게 깨우침을
주었느니라.
27 그와 같은 것을 깨우쳐 알며 깨달은
자가, 죄지은 자는 제사 지낼 자격이
없으며 성막에 들어가면 죽어 나온 역
사를 보면서도, 어찌하여 육의 세상에
서 짓는 죄는 아무것도 아니며 나 여
호와가 공짜로 모두 용서해 준다 하는
가?
28 죄지으면 내 백성을 어떻게 죽게 했으
며, 그를 용서하지 아니하였으며, 죄
지은 자가 제사를 지내는 것은 내가
받아들이지 아니하며 용서하지 아니
한 무섭고 두려운 사실을 알면서도,
29 지금 인간 세상에서 살아가는 것은 내
가 무상으로 다 용서해 주고 다스려
주고 구원을 받으니, 인간 세상에서
사는 것은 아무것도 아니라고 가르치
는 그 무섭고 두려운 짓이요, 나를 능
멸하는 짓을 하고 있는 자들이니,
30 그것은 나의 백성이 아니요, 사탄의
자식이니라.
31 나의 백성을 지옥으로 이끌어 가고 있
기 때문이니라.
32 이와 같은 의미를 깨우치면 너희는 두
려움을 알 것이니라.

8,745 번째 하나님 말씀

2003년 12월 13일 12시 37분

1 사랑하는 나의 아들아!
2 "네, 아버님! 말씀하옵소서."
3 2천 년 전 나의 아들 예수의 죽음이
곧 거룩한 죽음이요, 그리하여 그 죽
음의 피 또한 거룩함이라 알고 있기
때문에, 너희들이 지금 모르고 짓는
죄, 알고 짓는 죄, 그것은 아무것도 아
니라 그리 가르치느니라.
4 나의 아들 예수의 죽음이 거룩하며,
예수가 흘린 그 피가 거룩하며,
5 그가 너희들을 구원하고자 대속해 죽
은 그 거룩함으로 인하여 인간이 지
금 육으로 지은 죄는 아무것도 아니라
그리 말하고 있지 않은가?
6 나 여호와가 나의 아들을 보내어 너희
들의 죄를 대속하기 위하여 나의 아들
이 목숨까지 던졌음이니, 나의 아들을
죽게 하여 너희들을 구원한 그것이 거
룩하고,
7 세상 끝까지 거룩한 그 위대함으로 너
희들이 지은 죄요, 사악한 행위요, 그
모두는 다 갚고도 남으며, 그 거룩함
앞에 어떤 것도 비교할 수 없는 것이
라 지금 가르치고 있지 않은가?
8 나의 아들의 죽음이 그리 거룩하다면,
너희는 나의 아들이 지키고 행한 것이
어떠한 것인가 그걸 보고 배우는 것이
거룩함에 보답하는 길이며, 그 길을
가야 하는 것이니라.
9 나의 아들 예수가 지키고자 했던 것,
네 이웃을 네 몸과 같이 사랑하며 지
키라는 그와 같은 것은 힘들고 어렵기
때문에 접어 두고, 그저 나의 아들을
죽게 한 것만 거룩하고 위대하며,
10 피 한 방울까지 흘리면서 너희들을 사
랑한 나의 아들 예수가 거룩하고 거룩
하여, 그 거룩한 은혜에 비하면 너희
들이 죽을죄를 짓고 살인을 하고 어떠

한 짓을 해도 그것으로써 다 용서받을
수 있는 것이며, 그 거룩함을 넘는 것
이 없다고 가르치고 있는 것이 오늘의
종교 집단 지도자들이 아니더냐?
11 이것이 어디서 나온 발상이며 어찌 만
든 것이냐?
12 이와 같은 행위로써 종말이요, 도둑이
들끓는 세상이라 하였으며, 나의 피조
물 만백성이 무너졌으며 흐트러졌으
며,
13 지옥으로 가는 길이 '옳소, 맞습니다.'
하고 박수하며 지금 광란의 짓을 하고
있는 것이 아니더냐?
14 그와 같이 만든 것은 오늘의 종교 집
단이 장본인이며, 나의 아들의 죽음이
거룩하며 아들을 죽게 놔 둔 창조주가
보낸 그 거룩함에 의하여 너희들이 어
떠한 죄를 지어도 거기에 보답하며 그
를 능가할 수 있는 것이 없기 때문에,
어떠한 짓을 해도 그 거룩함으로 다
덮인다 하니, 그와 같이 생각해서는
아니 되느니라.
15 그 거룩함에 보답하는 것은, 어떠한
작은 죄도 지어서는 안 되며, 작은 것
도 부끄러운 행위를 해서는 안 되는
것이 그 거룩함에 보답하는 길이요,
그 거룩함의 진의가 거기 있다는 것을
봐야 되거늘,
16 거꾸로 가르치며 거꾸로 가니, 세상을
거꾸로 보고 가는 자들이라 함이 여기
있음이니라.
17 이와 같이 사악한 자요, 잘못 가고 잘
못 깨달은 것을 바로잡는 것은 무엇이
더냐?
18 세상에 나의 법전밖에 없음이니라.
19 나의 법전이 세상에 내려가면 무엇하
더냐?
20 큰 그릇에 담아 놓은 때 묻은 옷에 표
백제 한 방울을 뿌리는 것처럼 그를
뿌려 놓고 밟고 짓이기고 세탁을 해야
되지 않겠느냐?
21 그러니 나의 법전을 만들어 만백성에
게 전하는 그 고통이요, 어렵고 힘든
길이 세탁하는 길이요, 문지르고 닦는
그 길이니라.
22 그와 같은 역사의 공이 없이는 나의
피조물 만백성들이 깨닫지 못한다는
것을 안다면, 그 길을 위하여 묵묵히
가라.
23 누가 사탄이요, 이단이라 말하든, 정
신 나간 자라 하든, 이것은 있을 수 없
는 길이라 하든, 대변화요, 대역사요,
한 시대가 다시 이루어짐이니, 과연
그것을 그들이 알겠느냐?
24 절대 그들은 알지도 못하며 깨닫지도
못하며 생각도 하지 못함이니라.
25 다만 죽어 내 앞에 와 심판대에 서지
못하는 가련한 신세라는 걸 알 때 통
곡하는 자들이 될 것이니라.

8,746 번째 하나님 말씀

2003년 12월 13일 12시 43분

1 사랑하는 나의 아들아!
2 "네, 아버님! 말씀하옵소서."
3 지금의 종교 집단의 지도자요, 그 신
도들이 알고 가기를, 인간은 신이 아
니기 때문에 모래알처럼 수없이 지은
죄를 알 수가 없으니 스스로 용서받을
수 없으며, 그 죄의 수가 그리 많으니

회개할 수 없다 그리 말하느니라.
4 그러니 창조주 나 여호와가 나의 아들
을 보내어 너희들의 죄지음을 세상 끝
까지 다 용서해 준 것이며, 그래서 그
길을 선택했다 그리 말하느니라.
5 그러면서 너희들은 감히 무엇이라 가
르치느냐?
6 창조주 나 여호와는 완벽한 것을 요구
하며 완벽함을 바라는 것이 나의 뜻이
라 그리 말하느니라.
7 그러니 완벽한 것을 원하며 완벽한 것
을 바라는 하나님 앞에, 우리 인간은
완벽해질 수가 없음이니 쓸모가 없는
것이며,
8 그리하여 백사장의 모래알만큼 수없
이 지은 죄를 용서받을 수 없는 너희
들이기에, 나만이 구원해 줄 수 있으
며 나를 찾고 나의 아들을 찾는 것으
로 구원을 받는다 그리 가르치고 지금
역사하고 있는 것이 아니더냐?
9 그러나 너희들은 알아야 될 것이니라.
10 너희들이 죄를 지은 것만큼 또한 선행
을 할 수 있다는 것을 알아야 될 것이
니라.
11 너희는 여기서 인간은 신이 아니기 때
문에 모래알보다 많은 죄를 용서받을
수 없으며 나에게 구원받을 수 없다
그리 말하는 것은 종교 집단 지도자들
이 나를 향하여 무어라 말하는 것이냐?
12 '하늘에 계신 창조주 아버지여, 당신
은 어찌하여 인간에게 병 주고 약 주
는 사악한 자인가?' 하고 말하는 것임
을 알아야 될 것이니라.
13 너희는 죄를 용서받지 못하며 내가 너
희들에게 구원받을 수 있는 능력을 주
지 않았으며,
14 나의 아들을 내려보내 너희들을 모두
다 치료하여 구원받는 역사를 이루었
다 그리 말하며 그 길밖에 없다 함이
니,
15 나 여호와에게 병 주고 약 주는 사악
한 자라고 욕하고 있는 행위임을 알고
있는가?
16 그 행위를 중단하라.
17 나 여호와는 너희들이 사탄과 싸울 수
있는 능력을 주었으며, 조금도 뒤지지
않는 능력을 주어, 너희 스스로 싸워
이겨 나에게 오를 수 있도록, 너희들
이 치료하며 이길 수 있도록 모두를
다 내렸음이니라.
18 그러니 너희가 각자 어떠한 길을 선택
하느냐에 달렸으며, 그 몫은 너희들
것이라는 것을 절대 잊어서는 아니 됨
을 알아야 될 것이니라.
19 그러면서 너희들은 감히 무어라 말하
느냐?
20 연약한 인간이기에 너희 스스로 모두
를 깨우쳐 역사할 수 없다 그리 말하
니,
21 내가 너희들에게 물어보고자 하느니
라.
22 너희들이 너희 자신에 대해서 아는 것
이 과연 얼마나 있는가?
23 종교 집단의 지도자들이 인간은 신이
아니기 때문에 모든 것을 역사할 수
없다며 인간의 능력을 평가함이니,
24 과연 내가 준 인간의 능력을 얼마나
알고, 그 깊이와 넓이를 얼마나 알며,
역사할 수 있는 것을 어찌 안다고, 감
히 인간인 너희들은 바로 살 수 없으

며, 모래알처럼 많은 죄를 짓지 아니
하고 살 수 없으며, 그를 용서하고 회
개할 수 없다 그리 말하느냐?
25 네 손가락 하나 움직이는 것, 네 육신
이 움직이는 것, 너희 자신이 역사하
는 것을 모두 얼마나 아는가?
26 너 자신에 대해서도 모르며, 앞에 있
는 풀벌레 소리에 대해서 울어 대는
풀벌레의 한계도 모르며, 너희들이 꺾
은 나무의 능력과 한계요, 약재의 쓰
임이요, 가지고 있는 특성이요, 특별
한 것을 모르는 주제에,
27 어찌하여 사랑하는 나의 백성이요, 내
가 세상에서 가장 아름답게 만든 그들
에게 인간의 한계가 어디까지며 그들
이 가지고 있는 능력이 어디까지라 그
것을 너희 마음대로 평가절하하는 오
만한 짓을 하고 있단 말이더냐?
28 너희들은 어찌하여 인간은 신이 아니
기 때문에 역사할 수 없다는 말을 하
느냐?
29 내가 너희들에게 능력을 어디까지 준
것인지 아는 자 있으면 말하라.
30 인간의 능력은 창조주 나 여호와가 준
상이요, 은혜이거늘, 감히 그를 너희
들이 마음대로 정해 놓고, 내가 열 가
지, 백 가지만 주었다 그리 말하느냐?
31 하늘에 오르는 것은 만 가지요, 내가
너희들에게 준 것은 천 가지도 안 되
니, 그리하여 너희들은 하늘에 오를
수 없다 그리 말함이니,
32 내가 만 가지의 능력을 너희들에게 주
었다면 어찌할 것이냐?
33 알지도 못하는 너희들의 오만한 짓이
요, 주제 파악을 못 하는 종교 집단의
지도자가, 인간은 신이 아니기 때문에
능력이 없으며, 인간은 한계가 있기
때문에 깨우칠 수 없으며, 죄를 사할
수 없어 용서받을 수 없다는 말로써
나의 피조물 만백성에게 응급처치하
는 것 같으나,
34 그것은 고통에서 벗어나기 위해 모두
를 잃는 진통제를 갖다 집어넣는 그와
같은 사악한 짓을 하고 있다는 걸 잊
지 말도록 그리하라.

8,747 번째 하나님 말씀

2003년 12월 13일 12시 44분

1 사랑하는 나의 아들아!
2 "네, 아버님! 말씀하옵소서."
3 나는 너에게 명하며, 너의 제자들에게
전하며, 나의 법전을 읽고 깨우친 백
성들에게 말하고자 함이니라.
4 이제 너희들이 나의 법전을 정독하지
아니하며 그대로 행하지 아니하면 절
대 구원받을 수 없다는 것을 알라 전
하라.
5 또한, 너희들도 마음속 깊이 그를 간
직하고 살아야 될 것이니라.
6 내가 다시 한 번 너희들에게 명하나
니, 이제 너희들이 시금까지 살아왔던
모든 삶이요, 백사장의 모래알만큼 지
은 죄요, 또 너희들이 알게 모르게 지
은 죄요, 그 모두를 벗어나고 씻어 낼
수 있는 표백제는 나의 160권의 법전
이니,
7 그 표백제를 쓰지 아니하고는 지울 수
없는 때를 벗겨 낼 수 없으며 찌든 것
을 씻어 낼 수가 없음이니라.

8 그러니 나의 법전만이 구원의 길이요,
나에게 오를 수 있다는 것을 명확히
가슴에 심고, 만백성에게 이를 깊이
심어 주라.
9 정녕 내가 다시 한 번 너희들에게 명
함이니, 나의 법전을 정독하고 깨우쳐
행하지 아니하고는 구원받을 수 없다
는 것을 명심하고 또 명심하도록 그리
하라, 사랑하는 나의 아들딸들아!

8,748 번째 하나님 말씀

2003년 12월 14일 07시 48분

1 사랑하는 나의 아들아!
2 "네, 아버님! 말씀하옵소서."
3 네가 하늘을 향하여 한 점의 부끄럼이
있는 삶을 살 때, 내가 너에게 어떠한
체벌을 내린다 하였느냐?
4 "네, 아버님! 최후의 말씀을 주셨사옵
나이다.
5 제가 바로 서지 못하며 한 점의 부끄
럼이 있는 삶을 살 때, 아버님께서 제
오른쪽 눈부터 실명케 한다 하셨으며,
6 그 실명된 눈의 모습은 남들이 보기도
흉할 정도로 제 눈이 그리되는 것을
저는 알고 있사옵나이다."
7 내가 너에게 마지막으로 그와 같은 경
고를 했음이니라.
8 네가 한 점의 부끄럼이 있는 행위요,
한 마디의 거짓말을 하며, 네가 정녕
사람으로서 또한 나의 아들로서 실수
를 할 때,
9 이제는 너의 오른 눈을 실명케 하며,
보기가 흉하고 남들이 볼 때 너를 흉
하게 보는 그와 같은 형상으로 내가
다스린다 하였음이니,
10 이제 네가 그와 같은 형상으로 가고
안 가는 것은 너에게 달렸음이니 그리
알도록 하라.
11 네가 바로 서지 못할 때 나는 너에게
그와 같은 체벌을 내릴 것을 말했음이
니,
12 어떠한 고통과 시련이 있다 해도 한
점의 부끄럼이 없는 그와 같은 삶을
살도록 그리하며, 나를 아프게 하지
말며, 내 마음을 아프게 하지 말라.
13 나의 아들 예수의 고통을 보았을 때
그 아픔이 지금도 가시지 않고 있거늘,
14 너마저 네 눈을 실명케 하여 아픈 마
음을 내가 다시 갖도록 하고 하지 않
는 것은 너에게 달렸음이니라.
15 과연 네가 창조주요, 아버지인 나의
마음을 아프게 하는 것을 서슴없이 할
것인가,
16 그렇지 않으면 네 육을 다스려 한 점
의 부끄럼이 없이 바로 서서 나 여호
와를 기쁘게 하며 만백성을 구하는 대
업을 역사하는 나의 아들로서 우뚝 설
것인가?
17 내가 너에게 내리는 마지막 경고이니
그리 알라.

8,749 번째 하나님 말씀

2003년 12월 14일 11시 45분

1 사랑하는 나의 아들아!
2 "네, 아버님! 말씀하옵소서."
3 나 여호와가 너를 찾아오는 자가 있음
이니 그가 너를 도울 것이라, 그리 너
의 제자들에게 깨우쳐 준 것은 무엇이

더냐?
4 나의 언약이니, 나는 언약을 충실히
지켜 가고 있음을 너희들은 알아야 될
것이니라.
5 이제 160권이라는 이 법전이 세상에
나가는 날이 머지아니하였음이니라.
6 그러니 그것이 세상을 덮었을 때, 너
희들을 그들은 어찌 보겠는가?
7 그들은 나의 법전을 보고 그 내용을
가지고 시시비비하는 것이 아니라, 너
를 따르며 네 주변에 있는 너의 제자
들을 가지고 시시비비할 것이니,
8 과연 그 제자들이 그들의 시시비비에
말리지 않는 그와 같은 삶을 사는가?
9 하늘을 향하여 한 점의 부끄럼이 없는
삶을 살라 함이 여기 있음을 너희들은
알아야 될 것이니라.
10 나의 아들 예수가 기도하였느니라.
11 앉은 자를 일으켜 세우며 눈 먼 자를
눈뜨게 하였음이니, 그러면서 무어라
말하였느냐?
12 '네 믿음이 너를 구했다.' 하였음이니,
13 지금 나의 아들이 너희들의 소원을 들
어 내가 기도를 들어준다 할 때, 너희
들의 믿음의 퍼센트에 따라서 너희들
의 형체가 변한다면 어찌하겠느냐?
14 너희들이 나를 믿는 마음이 90퍼센트
이면 너희들의 소원이 어느 정도 이루
어질 것이니라.
15 너희들이 70퍼센트, 50퍼센트, 30퍼
센트, 20퍼센트의 믿음도 안 된다면
너희들은 병을 고치는 것이 아니요,
병이 악화되는 그와 같은 형국이 생긴
다면 어찌하겠는가?
16 그것이 두렵고 무서워서 나의 아들이
너희들을 위하여 기도를 못 함이 여기
있음을 알겠는가?
17 정녕 너희들의 마음이 얼마나 비워졌
으며, 너희들의 행동함이 얼마나 됐으
며, 너희들의 마음이 어떠한가 나의
아들이 그를 다 알고 있음이니라.
18 그리하여 너희들의 소원이요, 원하는
것을 나에게 이루어 달라는 기도를 나
의 아들이 못 하고 있는 그 아픈 가슴
을 돌이켜 생각해 보았는가?
19 이것이 가장 중요함이니라.
20 지금 나는 나의 아들에게 너희들에게
줄 수 있는 상을 다 내려 주었음이니
라.
21 연필을 줄 자, 노트를 줄 자, 지우개를
쥐여 줄 자, 그리하여 그들이 잘못 썼
을 때 지울 수 있는 그 모두요, 또 글
을 쓰는 것이요, 쓰는 연필이요, 종이
의 구색을 맞추어 하나의 거대한 배를
만들기 위하여 그와 같이 너희들이 쓰
임이니,
22 줄 수 있는 자를 내가 나의 아들에게
주라 하여 지금 다 주고 있으나 그를
주지 못하는 것이 나의 아들이니라.
23 그를 주었을 때 그가 등 돌리고 떠나
면, 그 뒤의 파장이요, 나의 아들의 아
픈 마음은 달랠 수 없기 때문에,
24 나의 아들이 완벽한 너희들이요, 예수
가 눈을 뜨라 하여 뜰 수 있는 그와 같
은 제자들의 마음이 될 때까지 주지
못하고 전하지 못하고 기도하지 못하
는 그 아픈 마음을 너희들은 과연 아
는가?
25 나의 아들의 인간적인 아픈 마음을 안
다면, 창조주 나 여호와가 사랑하는

너희들에게 주고 싶어 나의 아들에게
내려보냈음이니,
26 거기서 주지 못하고 있는 그것을 보는
내 마음은 몇 곱절의 아픔이 여기 있
음이니, 이를 너희들은 알아야 될 것
이니라.
27 지금까지 너희들의 믿음이 무엇이었
더냐?
28 너희들은 허상을 향하여 구원을 받고
자 왔으며, 그저 달라고 소원하는 것,
나를 이용물처럼 필요할 때 불러 꿰맞
추는 장식품만도 못한 것처럼 나를 찾
고 부르고 온 그 믿음의 세상에서,
29 너희들이 나의 아들을 통하여 내리는
160권의 법전을 보고 들으며 강론을
듣고 깨우치며, 너희들이 살아 있는
나의 성령의 가르침을 들어 스스로 변
하는 그와 같은 길에 들어선 것으로써
더 이상 받을 영광이요, 축복이 없다
하나,
30 나는 너희들에게 그와 같은 영광이요,
축복이요, 수많은 것을 내려 주고자
하나, 나의 아들이 너희들에게 줄 수
있는 교통정리를 못 하고 있음이니라.
31 나의 아들이 보물 창고에 열쇠를 채워
놓고 열지 못하는 아픈 마음을 너희들
은 아는가?
32 그리하여 마음이 아파 그가 방황하고
있음을 너희들은 알아야 될 것이니라.
33 나의 법전을 읽고 깨우친 지가 몇 년
이 되었으며, 사랑의 노래를 부르며
'사랑, 사랑'을 수천수만 번 입으로 불
렀지만, 너희들은 사랑을 얼마만큼 행
하고 실천하는가?
34 너희들이 사랑의 노래를 천 번 불렀다
면, 천 번의 노래를 부른 것처럼 변해
져 있어야 되는데, 변해진 것이 없다
면 이를 어찌한단 말이더냐?
35 나의 아들이 내가 내려보내 창고에 그
득히 쌓아 놓고 있는 것을 풀 수 있도
록 하라.
36 이는 하늘의 뜻이며, 내가 너희들을
사랑하기에 오늘에 전하는 이 뜻을 가
슴 깊이 새겨, 어떠한 고통과 뼈를 깎
는 아픔에도 믿음이 흔들리지 말라.
37 오로지 너희들이 선한 것, 이웃을 네
몸과 같이 사랑하는 것이 하늘의 뜻이
요, 그를 지키지 못하는 건 사탄이요,
사악한 자라 나의 아들이 그리 말함이
니,
38 그를 대변하여 행하고 실천하는 것은
너희들 몫이니, 그것부터 실천하면 나
의 아들이 보물 창고를 열 것이니 그
리 알라.

8,750 번째 하나님 말씀

2003년 12월 14일 22시 56분

1 사랑하는 나의 아들아!
2 "네, 아버님! 말씀하옵소서."
3 '나의 법전을 가슴에 안고 정독하는
자, 반석 위에 서서 하늘에 오르는 찬
란한 빛을 본다.' 하였음이니, 이는 무
슨 말인 줄 알겠는가?
4 너희들이 정녕 구원을 받고 나에게 오
르고자 한다면, 내가 제3의 시대에 내
리는 나의 법전을 접하지 아니하며 이
를 읽고 깨우치지 아니하면 결코 구원
의 길에 들어설 수 없으며 구원을 받
을 수 없다는 것을 알아야 될 것이니

라.
5 내가 일찍이 나의 아들에게 전하였느
니라.
6 모든 믿음의 단계요, 내가 역사하는
것은 나의 계획에 의하여 출발하는 자
가 있으며 중간에 있는 자가 있으며
마지막에 달리는 주자가 있다 하였음
이니라.
7 나 여호와가 지금 나의 법전에 직접
임함이니, 너희들은 마지막 주자라 그
리하지 아니하였던가?
8 마지막 주자가 있는 힘을 다하여 달렸
을 때 명예요, 영광을 얻는 것이니라.
9 그가 태만하며 뒤처졌을 때 과연 그
영광을 얻을 수 있겠는가?
10 그와 같은 이치를 깨닫고 보고 느끼는
자라면, 지금 나의 법전을 접하지 아
니하고 정독하지 아니하고 너희들은
결코 하늘에 오르는 길을 볼 수 없으
며 반석 위에 설 수 없다는 나의 가르
침이 얼마나 두렵고 무서운 약속인가
알아야 될 것이며, 내 명령임을 알아
야 될 것이니라.
11 마지막 주자가 최선을 다하여 달림으
로 인해서 그가 우승이라는 것을 차지
했을 때, 그 모든 영광이요, 승자의 위
치를 지킬 수 있다 하면, 바로 이것이
무엇이더냐?
12 나의 법전이 그와 같이 마지막 주자와
똑같다 하였음이니, 나의 법전을 접하
고 깨우치고 읽지 아니하는 백성은 절
대 구원받을 수 없는 것이 당연한 것
이 아니던가?
13 그리하여 내가 너희들에게 이 두렵고
무서운 것을 전하고자 하니, 나의 법
전을 읽고 깨우치지 아니하면 정녕 구
원을 받을 수 없으며 나의 법전을 접
하지 아니하는 자는 구원이라는 것을
생각지도 말라는 이 무섭고 두려운 언
약이 무엇인 줄 알겠느냐?
14 내가 160권의 법전을 기록하여 너희
들에게 전함이니, 지금까지 내가 법전
을 만들어 세상에 내린 그 내용을 하
나하나 정립하면 그 의미요, 뜻을 알
것이니라.
15 나의 법전을 접하지 않고 이를 읽지
않고 정독하지 아니하고는 절대로 반
석 위에 설 수 없음이니,
16 반석 위에 서지 못하는 자는 하늘에
오르는 찬란한 빛을 볼 수 없으며, 구
원을 받을 수 없다 함이 나의 가르침
이요, 나의 명령이요, 내가 전함이라
는 것을 알라.
17 이게 곧 하늘의 뜻이며, 미래에 이루
어질 역사이니라.
18 너희들이 감히 생각할 수도 없는 것,
상상할 수 없는 것, 나의 법전이 세상
을 덮어 만백성이 이를 보고 깨우쳐
하늘에 오르는 길이 여기 있다 하였음
이니,
19 정녕 나의 법전이 허상이요, 사탄이
하는 말이라 하면 너희들은 나의 법전
을 읽지 않고 구원을 받을 수 있다는
말을 할 수 있을 것이니라.
20 그러나 나 여호와의 진리요, 나의 뜻
이요, 창조주의 명이기에, 이 법전을
가지고 만백성을 구하는 것이 나 여호
와의 뜻임이니라.
21 내가 너희들에게 하얀 눈이 세상을 덮
듯이 나의 법전이 모두를 다 덮어, 이

를 읽고 깨우치는 자, 구원을 받을 수
있다 하였음이니,
22 지금 나의 아들을 통하여 너희들이 나
의 법전을 접하지 않고는 구원을 받을
수 없다 함을 명심하고 또 명심하라.
23 나의 법전을 정독하고 접하지 아니한
자는 절대로 심판대에 설 수 없다는
그 무서운 사실을 뒤집어 생각하면,
24 나의 아들을 따라 법전을 만드는 백성
너희들이 얼마나 영광된 백성들이요,
얼마나 축복된 백성들이던가?
25 창조주인 내가 나의 아들을 통하여 내
리는 그 모두를 직접 들음이니, 2천
년 전 예수가 역사했던 것을 옆에서
보고 들은 그 제자들보다 너희들이 더
축복이요, 영광된 자들이니라.
26 그들의 기적이요, 역사한 것은 예수가
역사하는 것을 보고 듣고 깨닫고 전한
것뿐이나, 내가 나의 아들을 통하여
마지막 시대에 증거함은 내가 내림이
니라.
27 그를 듣고 기록하여 너희들의 손으로
써 너희들의 머리로써 너희들의 수고
로움으로써 모두 만들어 냄이니, 너희
들이 곧 나의 아들의 분신이요, 나의
아들의 분신인 너희들은 나의 분신과
같은 자들이 아니더냐?
28 그러니 너희들이 어찌 살아가야 될 것
이며 어떠한 자세를 가져야 될 것인가
를 나는 너희에게 더 이상 말하지 아
니할 것이니,
29 이제는 나의 아들을 따르는 제자 너희
들이 스스로 중요함과 너희들의 위치
를 깨우쳐, 너희가 할 일을 스스로 지
켜 가도록 그리하라.

부 록

【하나님께서 가르쳐 주신 운동】

천재지변이 일어날 때, 동물이나 미물들은 미리 알고 대피하지만, 인간은 알지 못하고 큰 화를 당합니다. 하나님께서 인간에게 가장 높은 지혜를 주시고 완벽하게 창조해 주셨기에 동물들보다 더 잘 알 수 있지만, 욕심으로 마음이 혼탁해져서 한 치 앞을 보지 못하는 것입니다.

마찬가지로, 인간은 누구나 스스로 필요한 운동을 해서 건강을 지킬 수 있도록 하나님께서 만들어 주셨습니다. 우리의 머리에서 우리 몸에 필요한 동작을 해 달라고 끊임없이 신호를 보내지만, 인간이 혼탁하게 살아서 그 신호를 알아채지 못합니다. 그러니 자연스럽게 자기 몸이 원하는 그 신호를 따라서 운동하는 것이 하나님께서 가르쳐 주신 운동 방법입니다. 바로, 우리의 영이 육을 이끄는 운동입니다.

▶ 하나님 운동법

1. 눈을 감고, 발을 어깨너비로 벌리고 바르게 선다.
2. 몸에 힘을 풀고, 허리를 숙이면서 손과 머리를 아래로 내린다.
3. 허리를 펴고 싶을 때, 천천히 펴면서 하고 싶은 동작을 하면 운동이 시작된다. (사람마다 다르다.)
4. 멈추지 말고, 어떤 동작이든지 자기 몸의 느낌대로 계속 이어서 한다.

▶ 참고 사항

① 눈을 감은 상태로 아무 생각 하지 않고, 자기 몸의 느낌대로 움직입니다.

② 마음을 비우고, 욕심을 버리고, 지난날의 잘못을 반성하면서 몇 차례 시도하다 보면, 자기도 모르게 하고 싶은 동작이 끊임없이 생깁니다.

③ 운동 장소는 방 안이든 운동장이든 관계없으며, 걷거나 달리고 싶을 때는 눈을 떠도 됩니다.

④ 매일 40분 이상, 주 4회 이상, 3개월 이상 하면 음식 조절에 들어갑니다.
- 음식으로 생긴 병은 음식으로 치료하게 되며, 어떤 음식을 먹어야 하는지 스스로 알게 됩니다.
(자기 몸에 필요한 음식만 먹고 싶어집니다.)

⑤ 사랑하는 사람과 함께 운동하면 서로 치료해 주기도 합니다.

⑥ 운동을 하다가 몸의 어느 한 부분을 계속 손으로 자극한다면 그쪽에 이상이 있는 것이니, 의사에게 상담을 받고 적절한 치료를 받으면 됩니다.

⑦ 다이어트 및 기타 건강관리에 효과적입니다.

⑧ 꾸준히 운동하여 영이 맑아지면, 자신의 과거와 미래를 스스로 보게 됩니다.

누구나 스스로 하실 수 있습니다.

간 행 사

《새로운 성경》은:

· 새로운 성경은, 하나님께서 선량하고 선한 자를 선택하여 십계명을 암송하도록 하시고, 십계명을 암송한 다음에 음성으로써 들려주시는 말씀을 듣고 그대로 카세트테이프에 녹음해서 받아쓴 책입니다.

· 90분짜리 녹음테이프 700여 개에 달하는 말씀으로, 1999년 8월부터 2004년 7월까지 총 160권(권당 288쪽)을 완성하였으며, 그 이후에도 현재까지 계속 말씀을 내려 주고 계십니다.

· 새로운 성경은 "하늘을 두루마리 삼고 바닷물을 먹물 삼아 쓰고 써도 다 못 쓴다"는, 끝없이 방대한 하나님의 말씀이 두루마리로 직접 내려오는 것입니다. 이러한 새로운 성경은 구약과 신약을 폐하려는 것이 아니라 "인봉된 성서의 비유의 뜻"을 상세히 설명하여 완성하고자 하나님께서 직접 내려 주신 말씀입니다.

《새로운 성경》의 구성:

· 제 목: 2013년, 160권 모음집을 발간하면서, 본 도서의 제목을 "하나님! 말씀하옵소서"에서 《새로운 성경》 으로 명해 주셨습니다.

· 단행본: 각 권당 288쪽(신국판) 책이 160권까지 시리즈로 출판됩니다.
(모음집은 단행본을 16권씩 묶어서, 총 10부로 구성됩니다.)

《새로운 성경》의 성경적 근거:

· 신약 성경 [요한복음] 16장 13절에 "진리의 성령이 오시면 그가 너희를 모든 진리 가운데로 인도하시리니 그가 자의로 말하지 않고, 오직 듣는 것만을 말하며" 하신 말씀처럼 하나님의 음성을 들은 것만 기록하였으며,

· "장래 일을 너희에게 알리시리라" 하신 말씀과 같이 개인, 나라, 인류의 "장래"일을 하나님께서 알려 주시는 것만 기록하여 책으로 만들었습니다.

《새로운 성경》의 기록 방법:

· 1999년 8월부터 하나님께서 저에게 들려주시는 음성을 기록하였습니다. 처음에는 제가 들은 말씀을 불러 주면 저의 아내가 기록하여, 2000년 1월 29일에 1권 초판이 세상에 나왔습니다. 2000년 4월부터는 주시는 말씀을 받아 녹음기에 기록하기 시작하였습니다.

· 녹음을 시작하면서 하나님의 말씀을 받는 데 가속도가 붙었고, 2001년 5월 3일에 1부(1~16권까지)를 인쇄하여 출판하였으며, 2004년 7월까지 총 160권 분량의 말씀을 받아 기록하였습니다.

하나님께서 저에게 주신 것은:

· 첫째, 만백성을 상대로 내려 주시는 "기도", 둘째, 수시로 내려 주시는 "묵상", 셋째, 개인의 과거, 현재, 미래를 알려 주시는 "개인 기도", 넷째, 개인의 건강을 위해서 내려 주시는 "음식 처방", 다섯째, 하나님께서 가르쳐 주신 "운동"등이 있습니다. 이 중에 첫 번째, "기도"를 책으로 편찬하였습니다. 사람의 생사, 개인의 미래에 관한 천기는 수록하지 말라 하셨습니다.

강론 안내:

· 하나님께서는 지금도 매일 저에게 새로운 하늘의 비밀의 말씀을 내려 주고 계십니다. 수시로 내려 주시는 말씀을 정리해서 제자를 육성하라는 말씀에 따라 매주 강론을 하고 있습니다. 누구나 무료로 들으실 수 있습니다. (book160.com)

《새로운 성경》을 읽는 분들에게 드리는 선물:

· 개인 기도: 개인의 과거, 현재, 미래에 관하여 말씀을 내려 주십니다.

· 음식 처방: 사람은 음식을 먹고살다가 건강을 잃으니, 음식과 운동으로 건강을 되찾는 방법을 알려 드립니다. 단, 하나님이 계심을 믿고, 십계명을 지키겠다고 진실로 서약하는 분들께 알려드립니다.

《새로운 성경》의 은혜와 기적:

· 새로운 성경 전160권은 16권씩 묶어서 총 10부의 모음집으로 구성됩니다. 모음집 한 부를 읽고 깨우치는 자에게 하나님께서 다음과 같은 기적이 있다고 하셨습니다.

· "첫째, 그가 죽어 하늘에 갔을 때 그의 죄를 묻지 아니하며, 구원을 받는 위대한 은혜가 있으며, 둘째, 그의 소원과 소망이 이루어지고, 셋째, 죽은 자(부모, 형제, 자식, 사랑하고 은혜 입은 분)의 이름으로 구입한 책을 읽고 누군가 한 사람이 깨우칠 때, 그 죽은 자가 지옥에서 천국으로 구원을 받게 되며, 넷째, 유산, 중절 수술 등으로 태어나지 못한 아이를 위하여 구입한 책을 보고 한 명이 깨우쳤을 때, 그 아이가 사람으로 다시 한 번 태어나는 은혜를 받는다."

· "새로운 성경"을 3회 이상 정성을 다해 정독하는 자, 성서의 비밀을 알게 되고, 세상의 이치를 알게 되며, 세상을 지배하고 통제할 수 있는 지혜를 다 얻게 된다고 하셨습니다. 이 책은 만백성이 정독하고 이웃에게 전하여, 평생 가슴에 묻은 슬픔과 고통의 짐을 벗고 미래를 위한 힘찬 삶을 살아가도록 하는 책입니다.

끝으로

· 하나님께서는 흰 눈이 세상을 덮듯이 새로운 성경을 온 세상에 전하라고 하셨습니다. 《새로운 성경》을 각국어로 번역해서 온 인류에게 구원의 길을 깨우쳐 주고, 그 수익으로 가난하고 어려운 백성을 구제하여, 만백성의 영과 육을 함께 구원하는 선지자의 임무를 수행하라고 저에게 명하셨습니다.

· 하늘에서 내려 주신 말씀의 보화를 만백성에게 나누어 주는 것이 선지자의 임무라고 하셨습니다. 새로운 성경을 통해서 얻는 재물을 사용할 곳도 하나님께서 일일이 명해 주십니다. 모든 재물은 저의 자의로 쓸 수 없고, 하나님께서 명하시는 대로만 쓰여집니다.

· 어떤 명분으로든 십일조나 각종 헌금을 거두어들이지 말라 하셨으며, 국내뿐 아니라 각국에 성전과 단독 서점을 운영하며, 한국의 많은 젊은이들을 전 세계에 지도자로 내보내라고 하셨습니다.

· 우리는 세계적으로 새로운 성경을 보급하며 어려운 이들을 돕는 역사를 해 나갈 것입니다. 지금까지 비록 몇 명 안 되는 제자들과 함께 이러한 일을 역사했지만, 앞으로도 계속 하나님께서 기뻐하시는 일들을 해 나갈 것입니다. 부족한 저희에게 여러분들의 지혜와 성원을 보내 주시기를 바랍니다. 많은 분들의 참여와 도움을 간절히 기다립니다. 감사합니다.

한국어로 내려온 《새로운 성경》 단행본을 출간하며
2016년 4월 10일

발행인 **김 용 철**

한국어로 내려온

새로운 **성 경** · 8부 · 제118권

지은이 하나님 말씀
대역자 김용철

초판인쇄 1쇄 2017년 4월 3일

펴낸 곳 도서출판 하얀마음
등록번호 제 10-2107호 (2001년 2월 14일)
주소 서울시 노원구 덕릉로86길 5, 2층
전화번호 02) 313-1114
팩스 02) 393-5554
전자우편 book160@hanmail.net
편집위원 조나영 김미향 이석교
제작지원 조형구 백영숙 이석교 이수희

도서상담 1600-7527
ISBN 978-89-5875-218-9 (04230)
978-89-5875-100-7 (세 트)

값 10,000원
잘못된 책은 구입하신 곳에서 바꾸어 드립니다.

※이 책은 10부로 제작되며, 각 부 16권씩 총160권으로 구성됩니다.※

1부	2부	3부	4부	5부	6부	7부	**8부**	9부	10부
1권	17권	33권	49권	65권	81권	97권	113권	129권	145권
2권	18권	34권	50권	66권	82권	98권	114권	130권	146권
3권	19권	35권	51권	67권	83권	99권	115권	131권	147권
4권	20권	36권	52권	68권	84권	100권	116권	132권	148권
5권	21권	37권	53권	69권	85권	101권	117권	133권	149권
6권	22권	38권	54권	70권	86권	102권	118권	134권	150권
7권	23권	39권	55권	71권	87권	103권	119권	135권	151권
8권	24권	40권	56권	72권	88권	104권	120권	136권	152권
9권	25권	41권	57권	73권	89권	105권	121권	137권	153권
10권	26권	42권	58권	74권	90권	106권	122권	138권	154권
11권	27권	43권	59권	75권	91권	107권	123권	139권	155권
12권	28권	44권	60권	76권	92권	108권	124권	140권	156권
13권	29권	45권	61권	77권	93권	109권	125권	141권	157권
14권	30권	46권	62권	78권	94권	110권	126권	142권	158권
15권	31권	47권	63권	79권	95권	111권	127권	143권	159권
16권	32권	48권	64권	80권	96권	112권	128권	144권	160권